승자의
지략 術道

術道 Copyright ⓒ by Shi Guang, Ren Hao Zhi
Korean Translation Copyright ⓒ 2012 by Culturebooks
This translation is published by arrangement with Xinhua Publishing House through SilkRoadAgency, Seoul, Korea.
All rights reserved.

이 책의 한국어판 저작권은 실크로드 에이젠시를 통해 신화출판사와 독점계약한 컬처북스가 가집니다. 저작권법에 의해 한국 내에서 보호를 받으므로 무단전재와 무단복제를 금합니다.

승자의 지략 術道

초판 1쇄 인쇄 2012년 6월 25일
초판 1쇄 발행 2012년 7월 5일

지은이 | 시광時光·임호지任浩之
옮긴이 | 박혜린·이건영
기　획 | 시원 아키브 콘텐츠 프로덕션
펴낸이 | 오창준
펴낸곳 | 컬처북스
디자인 | 박정은 안가현

주소 | 서울 마포구 성산동 월드컵북로9길 17 해평빌딩 201호
전화 | 02-3141-6798, 6799
팩시밀리 | 02-3141-6790
전자우편 | culturebooks@hanmail.net
블 로 그 | blog.naver.com/culturebooks
출판등록 | 2003년 7월 14일 제312-2003-000066호

ⓒ 시광時光·임호지任浩之, 2012
ISBN 978-89-92074-54-4　03800

* 잘못된 책은 구입한 곳에서 바꿔 드립니다.
* 값은 뒤표지에 있습니다.

이 도서의 국립중앙도서관 출판시도서목록(CIP)은 e-CIP 홈페이지(http://www.nl.go.kr/ecip)에서 이용하실 수 있습니다(CIP 제어번호: CIP2012002727).

* 중국 인명, 지명 등은 한자 음대로 표기했습니다.

승자의 지략 術·道

난세를 평정한
중국 역사 속
승자의 8가지 기술

시광時光·임호지任浩之 지음　박혜린·이건영 옮김

CULTURE BOOKS 컬처북스

| 서문 |
중국 역사 속에서 찾아낸 승자의 지략

인간 관계는 그림자처럼 우리 삶을 따라다닌다. 인간 관계와 우리의 삶은 마치 물과 물고기처럼 떼려야 뗄 수 없는 관계다. 우리들이 삶을 꾸려 나가는 세상사 역시 그 깊이를 가늠할 수 없는 우물과도 같다. '세상사를 아는 것이 학문이요, 사람의 마음을 닦는 것이 글이다世事洞明皆學問, 人情練達亦文章'라는 말처럼 세상사를 제대로 알고, 자신이 원하는 것을 얻는 것은 지극히 어려운 학문을 공부하고 마음을 닦는 것처럼 힘든 일이다.

우리는 누구나 자신의 삶에서 승자勝子가 되고 싶어 한다. 특히 요즘처럼 인간 관계가 복잡하고, 그 변화의 속도가 너무 빨라서 삶 자체가 혼란스러운 난세에서 승자가 되기는 참으로 어려운 일이다. 물론 승자에 대한 생각들은 개인이 추구하는 삶의 가치에 따라 다를 수 있다. 그러나 우리들 모두 자신의 행복을 추구하고, 또 행복을 얻기 위해 노력하며, 그러기 위해 앞으로의 삶, 즉 미래를 내다볼 수 있는 능력을 갖고 싶어 한다. 그런데 이 모든 과정의 중심에 앞서 말한 대로 인간 관계가 있다. 즉, 행복 역시 인간 관계 속에서 나오는 것이다. 행복은 현대인 누구나 추구하는 가치이다. 그리고 인간 관계 속에서 승자가 되어 행복을 얻을 수 있는 길은 분명 있다. 필자는 중국 역사 속에서 그 길을 찾았다.

중국은 수천 년의 역사 속에서 수많은 영웅호걸들이 등장해 수많은 사건들을 만들어 왔다. 그 수많은 역사적 사건과 사례들을 잘 살펴보면 승자가 되기 위해 그들이 취했던 방법들, 즉 '승자의 지략'을 읽어 낼 수 있다. 그들 역시 난세 속을 살았다. 급변하는 정세 속에서 합종연횡을 거듭하면서 승자가 되기 위해 나름의 기술을 터득했고, 모든 것을 걸었다. 그리고 마침내 승자가 되었다. 물론 승자가 있으면 패자도 있게 마련이다. 승자의 지략 못지않게 패자가 주는 교훈도 잘 챙겨야 할 것이다. 필자는 이 책을 집필하면서 다양한 역사적 사례를 발굴하려고 애썼다. 난세를 돌파하여 승자에 오른 이들의 사례들을 통해서 그들이 취한 '승자의 지략'을 여덟 가지로 나누었다.

프랑스의 유명한 작가 발작Balzac은 "사고思考할 줄 아는 사람이야말로 무한한 힘을 가진 사람이다"라고 말했다. 즉, 생각할 수 있는 능력이 힘의 원천이라는 말이다. 필자는 여기에 행동할 수 있는 결단력을 보태고 싶다. 생각만 해서는 아무 소용이 없는 것이다. 결국 생각한 바를 이루기 위해서는 실천해야 하고, 그 실천에서 승자가 되어야만 원하는 것을 얻을 수도 있는 것이다. 이 책은 그러한 실천의 지략을 담고 있다.

책을 완성하기까지 3년의 시간이 걸렸다. 집필 기간 중에 사천四川 대지진이 일어나서 수많은 사람들이 가족과 재산을 잃었다. 필자는 팔순의 할머니가 지진이 남긴 잔해 속을 며칠 동안이나 파내어 꼭꼭 숨겨 두었던 옥수수 보따리를 꺼내는 사진을 보고는 흐르는 눈물을 참을 수 없었다. 인간이 이토록 강인했단 말인가! 이런 강인함이야 말로 승리의 원천이다. '승자의 지략' 중에 하나인 것이다. 이 책은 읽으시는 독자들 모두 '승자의 지략'을 터득하시어, 삶의 승자로서 행복을 얻으시기를 기원한다.

시광時光 · 임호지任浩之

차례

저자 서문 **4**

‖제1장‖ 승부술 勝負術
유쾌한 모험, 지략을 배워라

승부를 겨루는 것을 게임이라고 한다. 중국 역사는 흥미진진한 승부의 연속이다. 수천 년의 역사 속에 수없이 많은 영웅호걸들의 명운을 갈랐던 승부, 이 승부를 둘러싼 모략과 책략이 무궁무진하다. 중국 역사는 이러한 승부의 보고인 것이다. 사실 우리의 인생도 끝없는 승부의 연속이다. 역사 속의 승부를 살펴보며 우리 인생의 승부에서 승리하기를 기대해 본다.

1. 강자와 약자, 숙명이 아닌 선택이다 **13**
2. 탄탄한 기반, 대업을 이루는 전제 조건이다 **34**
3. 마음을 얻는 자가 천하를 얻는다 **41**
4. 위기의 난국, 역발상으로 돌파하라 **50**

‖제2장‖ 도회술 韜晦術
진퇴를 결정하는 지혜, 똑똑한 바보가 이긴다

미인에게는 질투가 따르고, 영웅에게는 어려움이 따르는 법이다. 몸을 낮추고 때를 기다려야 한다. 재능을 감추고 때를 기다리는 사람은 인내심이 있어야 하고, 기회를 포착할 수 있어야 한다. 몸을 낮추고 때를 기다리는 이유는 나서야 할 때 제대로 나서기 위함이다. 원세개와 장개석 같은 인물들은 이러한 도회술의 고수였다.

1. 달도 차면 기우는 법, 스스로 몸을 낮추어라 **67**
2. 아침에 버리고 저녁에 거두어라 **75**
3. 물러서라! 참아라! 깊이 들여다보아라! **83**
4. 재능을 숨겨라. 똑똑한 바보가 뜻을 이룬다 **91**
5. 스스로를 단속하고, 주위에 귀를 활짝 열어라 **100**

‖제3장‖ 입위술立威術
위풍당당, 위엄을 세워 대중을 제압하라

위신을 제대로 세워야 휘하의 사람들이 복종하고 따르며, 그들로부터 존중을 받아야 능력 있는 리더가 될 수 있다. 무릇 리더란 자신을 굽히거나 내세울 줄 알아야 하고, 강직함과 부드러움, 관용과 엄격함을 겸비하여 은혜를 베풀면서도 위용을 지켜야 한다. 그러므로 리더는 아랫사람을 다룰 때 상과 벌을 적절히 사용할 줄 알아야 한다.

1. 홍보도 처세다. 스스로 격려하며 미래를 준비하라 **109**
2. 난세에 영웅 난다. 거침없이 본성을 드러내라 **115**
3. 신비주의! 이미지로 대중을 사로잡아라 **122**
4. 결단과 행동, 상대방을 단숨에 제압하라 **132**
5. 위풍당당, 기세가 형국을 결정한다 **138**

‖제4장‖ 감인술鑑人術
사람 보는 눈, 결정적 인물에 집중하라

모택동은 이런 말을 남겼다. "우리의 동지는 누구인가? 우리의 적은 누구인가? 이것이 혁명의 첫 번째 문제다." 적과 동지를 구분하지 못하면 엄청난 혼란이 온다. 적과 동지를 구분하는 것, 주변의 사람들을 제대로 판단하는 것이 감인술이다. 각자가 나름대로 확실하고 명료한 기준으로 판단하고 구분해야 한다. 증국번은 인재의 등용과 감별에 정통했다고 한다.

1. 입신과 출세, 결정적 인물에 집중하라 **147**
2. 감춰진 본색, 무심결에 드러나니 조심하라 **156**
3. 악행 유전? 집안 내력을 따져 보아라 **161**
4. 첫인상! 성패를 가르는 첫 번째 기회이다 **171**
5. 감인술, 어느 부류의 사람과 함께 해야 하는가 **175**

제5장 통전술統戰術
인맥과 리더십, 단체를 조직하고 경영하라

개인이 모이면 단체가 되고, 단체와 구성원들 사이에는 유한한 자원을 차지하기 위해 경쟁·공생·협력의 관계가 형성된다. 이러한 단체를 조직하고 경영하는 책략이 통전술이다. 사실 통전술의 개념은 춘추전국시대의 종횡학설을 현대적으로 해석해 놓은 것이다. 리더가 되려면 단체를 잘 경영해야 하며, 자신과 뜻을 함께 할 수 있는 동지들을 만들어야 한다.

1. 단체! 꿈틀대는 단체를 도모하라   **185**
2. 사교력, 인맥에 장기 투자하라   **193**
3. 포용과 관용! 후환을 키우지는 마라   **203**
4. 군자여! 소인배를 피하지 말고 맞서 물리쳐라   **213**
5. 인정 투자, 상황에 맞게 적절한 시기에 과감하게 하라   **226**

제6장 전신술全身術
심신 수련, 삶의 지혜가 승부를 가른다

몸은 모든 것의 기본이다. 그러므로 스스로 몸과 마음을 잘 단련하여야 성장을 할 수가 있다. 또한 인생의 지혜를 충분히 갖추어야 어려움 속에서 자신을 구할 수 있으며, 식견을 넓혀서 형세를 읽을 수 있어야 한다. 한 시대를 읽지 못하면 찰나도 읽지 못하는 법이다. 비용과 효율을 분석해 제대로 된 결정을 내릴 줄도 알아야 한다. 이 모든 것이 전신술이다.

1. 오직 자신뿐! 스스로 믿고, 판단하고, 실행하라   **243**
2. 잡식동물, 변화에 적응하며 미래를 도모하라   **247**
3. 대범한 생각과 행동, 목표를 높이 세워 매진하라   **263**
4. 더 멀리, 더 길게! 정치적 통찰력을 키워라   **269**
5. 과도한 욕심, 공신에서 역신으로 몰락한다   **276**

제7장 돌위술 突圍術
절체절명의 순간, 두려워 말고 목숨을 걸어라

누구나 위험에 처할 때가 있다. 죽느냐, 사느냐? 승부를 가르는 이 절체절명의 순간에 무엇을 해야 하는가? 두려워 말고 맞서야 한다. 어쩌면 마지막일지도 모르는 기회를 움켜 쥐고 목숨을 아끼지 않고 진력을 다해야 한다. 결정적 순간을 기다리며 준비를 해야 하고, 허를 찔러서 판세를 일순간에 뒤집어야 한다. 당나라의 이연이 태자를 제거하고 황위를 차지하는 과정이 그랬다.

1. 결정적 순간, 허를 찔러 판세를 뒤집어라 **287**
2. 먼저 버려라! 위기에 맞서 주변을 정리하라 **302**
3. 위기 극복, 간단하고 쉬운 일부터 시작해라 **309**

제8장 평형술 平衡術
A와 -A의 관계, 중용과 타협으로 새 판을 짜라

균형이란 중용과 타협이다. 균형을 유지하는 지혜와 타협하는 능력을 키워야 한다. 이러한 능력이 평형술이다. 평형술은 상하 관계가 복잡하게 얽혀 있고, 여러 세력이 각축전을 벌이는 시기에 더욱 빛을 발한다. 특히 관료 사회에서는 이러한 평형 감각이 필요한데, 청나라의 호종헌을 귀감으로 삼을 만하다. 그의 평형술은 자신의 안위는 물론 국가와 민생에도 도움이 되었다.

1. 태양, 한 하늘에 오직 하나뿐이다 **319**
2. 절묘한 균형, 삼각 관계를 적극 활용하라 **324**
3. 언행 일치, 융통성으로 승부하라 **334**
4. 보상과 체벌, 새로운 균형을 만들어라 **340**

역자 후기 **346**

1장

승부술 勝負術

유쾌한 모험,
지략을 배워라

승부를 겨루는 것을 게임이라고 한다.

중국 역사는 흥미진진한 승부의 연속이다.

수천 년의 역사 속에

수없이 많은 영웅호걸들의 명운을 갈랐던 승부,

이 승부를 둘러싼 모략과 책략이 무궁무진하다.

중국 역사는 이러한 승부의 보고인 것이다.

사실 우리의 인생도 끝없는 승부의 연속이다.

역사 속의 승부를 살펴보며 우리 인생의 승부에서

승리하기를 기대해 본다.

1

강자와 약자,
숙명이 아닌 선택이다

　어미를 죽여 자식의 지위를 세운다는 '살모립자殺母立子'. 너무도 잔인한 이 게임은 이익만을 좇는 인간의 심성과 승부의 냉혹함을 가장 노골적으로 드러낸다. 맨 처음 이 방법을 고안한 사람은 한漢나라의 무제武帝*였다. 그는 과거 진秦나라의 시황제始皇帝를 떠올릴 만큼 뛰어난 지략과 잔악무도한 성격을 함께 지닌 탓에, 실제로도 '진황한무秦皇漢武'라 하여 자주 시황제와 함께 거론되고는 한다. 이 두 황제는 모두 어린 나이에 즉위했고, 아버지에게서 보위를 물려받은 다음에는 온 나라를 재편하려고 했다. 이들은 강산을 새로 뜯어고쳐 온전히 자신만의 제국을 건설하고자 했다. 신하를 대하는 방법도 서로 비슷한 양상을 보였다. 시황제는 오늘날까지도 유명한 분서갱유焚書坑儒**를 선택했고, 한무제의 문무대신들 역시 멸문지화滅門之禍와 참형慘刑의 그늘에서 벗어날 수 없었다. 가족 관계를 놓고 보면, 시황제는 결혼이나

---
*　재위 기원전 141~기원전 87년
**　학자들의 정치적 비판을 막고자, 의약과 농업 등에 관한 것만을 제외하고 모든 서적을 불태우고 수많은 유생을 구덩이에 묻어 죽인 사건

사적인 감정에 관한 기록이 전혀 남아 있지 않다. 하지만 한무제의 곁에는 진아교陳阿嬌, 위자부衛子夫, 이부인李夫人, 조구익趙鉤弋 등 여러 황후와 후궁들이 있었을 뿐 아니라, 구중궁궐 속에 숨어 있는 미녀들이 누렸던 부귀영화와 회몽초懷夢草의 고사*도 전해지고 있다. 그러나 이들도 결국에는 궁궐 밖으로 한 발짝도 나설 수 없는 처지를 면치 못했을 뿐만 아니라, 조구익처럼 아들이 보위에 오르기 위한 희생양으로 전락하는 경우도 있었다.

한무제 유철劉徹은 마음 속 깊이 언제나 불안감을 떨치지 못했던 듯하다. 그리고 이런 불안감이 황제라는 신분에 난폭한 성격과 더해져 결국 피비린내 나는 혈투로 발전하게 되었다. 조정 간신들의 이간질 속에서 태자太子 유거劉據와 어미 위자부衛子夫는 어쩔 수 없이 자살을 선택했고, 뒤늦게 이를 후회한 무제는 결국 조구익이 낳은 어린 아들을 태자로 책봉할 수밖에 없었다. 그러나 태자의 모후母后인 조구익이 대권을 쥐게 될까 염려한 그는 결국 조구익에게 사약을 내리고 아들의 장래에 걸림돌이 될 만한 모든 요소를 제거하기 시작했다. 그리하여 조구익은 '살모립자'의 첫 번째 희생양이 되었고, 일찍부터 어미를 여읜 그의 아들 역시 잔인한 게임의 피해자나 다름없었다.

같은 처지의 인물로 북위北魏 왕조의 황제들을 들 수 있다. 선비족鮮卑族에 의해 세워진 이 왕조는 한족에 동화되는 과정 속에서 수많은 선진 문화를 접했는데, 이때 이 잔인한 술책까지 함께 익혔다. 사실 한무제부터 선비족의 등장에 이르는 몇백 년 동안, 어미를 죽여 자식의 입지를 굳건히 하는 일

---

* 전설 속의 기이한 풀. 품고 있으면 자기가 그리워하는 사람을 꿈 속에서 볼 수 있다고 한다.

이 어느 특정 왕조의 공식 국가 정책으로 채택되었던 적은 없다. 다만, 선비족만이 이같이 잔혹한 수법을 공식 국가 정책으로 시행했을 뿐이다.

물론 탁발부拓跋部 선비鮮卑가 이 같은 정책을 편 데에는 그만한 이유가 있었다. 초기 부족 시기에는 정략결혼을 통해 종종 두 개 부족을 하나로 합치고는 했는데, 이렇게 하면 부족의 족장과 그 아내가 각자 강력한 세력을 형성하여 대등한 지위를 누린다. 이 때문에 어찌 보면 아내가 족장의 권력을 제한하는 것이나 다름없었다. 따라서 부족의 족장들은 아내의 세력과 별다른 마찰이 없어도, 완전한 대권을 독차지하고자 먼저 자신의 세력을 키운 다음 아내를 죽이고 처가 일족 중에서도 실권을 지닌 인물을 제거했다.

북위의 건국자 도무제道武帝 탁발규拓拔珪의 어머니는 그 즈음 강성했던 부족 중 하나였던 하란부賀蘭部 출신이었다. 당시 여섯 살이던 탁발규가 아직 대代나라의 왕자였을 때, 강대국이었던 전진前秦의 손에 대나라가 패망하는 일이 벌어진다. 엄청난 혼란 속에서 탁발규의 할아버지이자 대나라 국왕이었던 탁발십익건拓跋什翼犍과 어머니 하씨 그리고 탁발규 등 왕족들은 조국을 버리고 떠날 수밖에 없었다. 그러나 도망가는 길에 탁발십익건의 다른 아들인 식군寔君이 난을 일으켜 형제들을 살해하고 나머지 식구들도 죽이려 했다. 절체절명의 위기 속에서 어머니 하씨는 하란부 신하들의 지지를 등에 업고 선제공격을 감행하였다. 탁발규가 조부 탁발십익건을 사로잡아 제압한 후에 전진에 투항을 요청하고, 전진 군사들의 보호를 받고자 했다. 이러한 상황은 어린 탁발규의 마음 속에 깊은 인상을 남겼다. 성인이 된 탁발규는 당시 강성했던 독고부獨孤部에서 아내를 맞이하였는데, 점차 어머니와 아내의 배후 세력들이 자신의 권력을 위협한다고 느끼게 되었다. 처가 세력을 축출하던 전통과 더불어 어머니와 할아버지에 관한 어두운 기억들로 말미암아, 탁발규는 자신도 모계 세력의 도움으로 왕좌에 올랐으면서, 결국 자신의 큰아들 탁발사拓跋嗣의 어머니이자 독고부 출신의 아내인 유귀인劉貴人을 가장 먼저 처단하여 모계 세력의 영향력을 미리 차단했다.

이때부터 어미를 죽여 자식의 입지를 굳히는 '살모립자'가 북위의 전통으로 자리잡아, 왕자가 태자로 책봉되는 날이 곧 그 생모의 제삿날이 되고 말았다. 이렇게 잔인한 술책으로 초기에는 권력을 어느 정도 안정시키고 왕권을 강화할 수 있었지만, 이런 방법이 굳어진 뒤, 특히 북위 정권이 점차 한족에 동화되고 기존의 부족 세력이 와해된 다음에는 왕권에 영향을 미치고 간섭할 모계 세력도 얼마 남지 않게 되었다. 그래서 '살모립자'의 술책은 결국 잔혹하기만 하고 별다른 쓸모도 없는 무용지물로 전락해 버렸다.

그뿐만이 아니다. '살모립자'라는 규정으로는 태후太后의 권력 장악까지 막을 수 없었다. 비록 황제의 생모가 죽임을 당했더라도, 다른 황후皇后와 선황先皇의 여러 후궁이 권력을 휘두를 수 있었다. 북위 궁중에서는 수많은 후궁이 자신들의 이익을 위해 이처럼 생모를 제거하는 방법을 이용했다. 그들은 정치 암투에 발을 들이는 첫걸음으로 황제의 생모를 살해하고, 태후이자 황제의 계모 자격으로 조정을 통제했다. 예를 들어 '문명文明 황후'라 불리는 풍태후馮太后는 이 같은 방법으로 6대 황제 탁발홍拓跋弘 헌문제獻文帝와 7대 황제 탁발굉拓跋宏 효문제孝文帝를 손에 쥐고 흔들었다. 그녀는 20여 년간 조정을 제멋대로 주무르면서 황제를 꼭두각시처럼 조종했다. 효문제는 자신의 황후를 지키기 위해 끝까지 노력했지만, 결국 풍태후의 간섭에 못 이겨 실패하고 말았다. 이 같은 제도는 8대 황제 선무제宣武帝 탁발각拓跋恪에 이르러서야 완전히 폐지되었다. 당시 태자를 낳았던 호胡씨는 조정 대신들의 도움으로 끝까지 목숨을 부지하여, 태후의 신분으로는 처음으로 조정에 군림한 황제의 생모가 되었다.

하지만 아이러니하게도 유일하게 황제의 생모였던 호태후는 대규모 토목

사업을 벌이고 제멋대로 조정을 움직여 정치를 어지럽히고, 북위 왕조는 그녀를 마지막으로 막을 내렸다. 물론 그렇다고 해서 '살모립자'가 정당하다고 말할 수는 없다. 황제의 생모가 아니라 조정의 일개 대신이라 해도, 어느 한 사람이 권력을 장악한다면 항상 같은 비극을 초래하기 때문이다. 정상적인 권력과 질서를 유지하려면 완비된 제도와 효과적인 집행이 뒷받침되어야 한다. 누군가를 죽여야만 문제를 해결할 수 있으리라 믿으며, 형세의 변화 따위에는 아랑곳하지 않고 무조건 수십, 수백 년간 한 정책을 고수한다는 것은 '각주구검刻舟求劍'*에 다름 아니다. 이런 식으로 과연 무슨 문제를 해결할 수 있겠는가.

황제가 누구나 탐내는 자리임에는 분명하다. 따라서 그 자리를 지켜 나가는 일 또한 절대 쉽지 않다. 하루하루를 권력을 잃을까 노심초사하며 주변의 친구와 친척들까지도 일일이 의심해야만 한다면 어떨까? 탁발규의 최후가 이랬다. 인생의 막바지에 이르렀을 때 그의 곁에는 아무도 남지 않았던 것이다. 그는 동생들이 장차 자신의 권좌를 위협할까 두려워했다. 그래서 자신의 동생인 진왕秦王 탁발고拓跋觚가 후연後燕에 사로잡혔을 때에도 이를 외면해 버렸다. 결국 탁발고는 몇 년 뒤 후연에서 죽임을 당했다. 그뿐만 아니라 오랜 전쟁으로 말미암아 강력했던 하란, 독고 등 주변 부족들이 세력을 잃어 가는 와중에도 이들을 이주시키는 한편, 부족장들에게 그들의 씨족 구성원과 관계를 끊으라고 명령하는 등 갖은 수단을 동원하여 이들이 탁발 가문의 권력에 위협이 되지 못하도록 철저히 짓밟아 놓았다. 결국 자신의 부족이 몰락해 가는 처지를 보다 못한 탁발규의 어머니 하씨는 화병으로

---

* 어리석고 미련하여, 융통성 없이 현실에 맞지 않는 낡은 생각을 고집함을 이르는 말

세상을 떠났고, 제 손으로 왕좌에 앉힌 아들 탓에 눈도 편히 감지 못했다.

그러나 이는 시작에 불과했다. 탁발규는 한평생을 생명의 위협 속에서 살았다. 항상 극도의 긴장 속에서 살던 그는 갈수록 난폭하게 변해 갔으며 엄청난 스트레스에 시달렸다. 그는 아무도 믿지 않았을 뿐 아니라, 모든 사람이 자신을 시해하려 한다고 생각했다. 다른 사람의 표정이 살짝만 바뀌거나 발걸음이 약간만 빨라져도, 사소한 말 한마디에도 그는 매우 예민하게 반응하면서 상대방이 무슨 음모를 꾸미고 있다고 의심했다. 때로는 돌연 과거의 나쁜 기억을 떠올리고는, 앞에 서 있는 신하를 그 자리에서 죽인 다음 시체를 천안전天安殿 앞에 내버려 두기도 했다. 그는 이렇게 하면 다른 신하들이 겁을 먹고 감히 모반을 꾀하지 못하리라 생각했다. 이처럼 잔혹하고 극악무도한 성격을 지켜보던 탁발규의 동생 탁발의拓跋儀는 자신의 앞날을 걱정하지 않을 수 없었다. 결국 그는 북위를 탈출하리라 결심했으나 탈출에 실패하고, 이를 계기로 더욱 탁발규의 의심을 사게 되어 결국 죽임을 당하고 만다. 이때부터 북위에는 공포와 혼란의 그림자가 드리우기 시작했다. 조정의 관료나 일반 백성 가릴 것 없이 모두가 언제 죽임을 당할지 몰라 두려움에 떨었다.

그러나 정작 가장 앞날이 불투명했던 사람은 탁발규 자신이다. 울분에 못 이겨 세상을 떠난 어머니, 직·간접적으로 자신의 손에 죽임을 당한 두 동생을 생각할 때마다 그의 마음이 편안했을 리 없다. 그러나 고통은 여기에서 끝나지 않았다. 앞으로 언제 나타날지 모르는 모계 씨족들과 제후들의 왕권 침탈을 막기 위해, 그는 자신의 아내들에게조차 손을 써야만 했다. 가장 먼저 죽임을 당한 이는 장자인 탁발사를 낳은 유귀인이다. 효심이 깊었던 탁발사는 어미의 죽음을 보고 밤낮으로 통곡했다. 가뜩이나 아내를 죽여 심기가 불편했던 탁발규는 아들의 반응을 보자 화가 치밀어 그까지도 내쫓아

버리고 말았다.

태자가 기약도 없이 떠나 버리자, 탁발규는 또 다른 태자를 세울 수밖에 없었다. 그는 고민 끝에 청하왕淸河王 탁발소拓跋紹를 선택했고, 그 어미는 바로 탁발규가 가장 아끼던 하부인賀夫人이었다. 이번만큼은 아무리 냉혹한 탁발규도 결단을 내리기가 쉽지 않았다. 그는 우선 하부인을 감금하고 시간이 흐른 뒤 처치하려고 했다. 그러던 사이에 탁발규는 자신의 주변인들이 하나씩 죽어 나가는 것을 보면서 엄청난 양심의 가책과 스트레스에 시달리다가 결국 이성을 잃고 정신착란을 보이게 되었다. 매일 허공에 대고 혼잣말을 하는가 하면, 마치 원혼에 둘러싸인 사람처럼 주위를 두리번거리며 변명을 늘어놓기도 했다. 옥에 갇힌 하부인 역시 가만히 앉아서 죽을 날만 기다리고 있을 수는 없었다. 그녀는 탁발소에게 황급히 편지를 보내 구명을 요청했다. 그리하여 16세의 탁발소는 군사를 일으켜 밤낮으로 말을 달려 궁에 들어왔고, 탁발규가 머무는 천안전으로 곧장 진격했다. 당시 때마침 잠에서 깬 탁발규는 칼 한 자루 제대로 쥐어 보지도 못한 채 39세의 나이로 생을 마감하였다.

황제의 아들로 권좌로부터 가장 가까운 곳에 자리한 사람이라면 달콤한 권력의 유혹을 떨치기가 쉽지 않을 것이다. 실제로 왕조마다 항상 황제들은 왕위 계승을 두고 고민해 왔는데, 일반적으로는 정실부인이 낳은 맏아들인 적장자嫡長子에게 왕위를 물려주는 방식을 택해 왔다. 적자에게 계승함은 물론 태자 어머니의 출신에 따른 것이었다. 황후의 출신 배경은 대부분 화려했으니, 그녀의 아들이 왕위를 계승함은 곧 황후 일가에게 막대한 권력을 선사하는 것이나 다름없었다. 적출의 기준을 적용하지 않을 때에는 나이순으로 서열을 정하기도 했다. 연장자가 사회적 위신이나 경험 면에서 뛰어날 뿐만 아니라, 다른 아들들이 불복하려야 불복할 수 없는 기준이었기 때문이다. 어쨌거나 황위는 항상 일정한 순서에 따라 계승되었다.

장자가 황위에 오르면 다른 아들들은 어떻게든 그 자리를 대신하려고 애쓰게 되는데, 황위 계승으로 말미암아 빚어진 갈등의 가장 근본적인 원인이 바로 여기에 있다. 일찍이 시황제 시대의 태자였던 부소扶蘇는 환관 조고趙高의 음해를 알면서도 자결을 택했고, 시황제의 뒤를 이어 황위에 오른 둘째 호해胡亥는 환관 조고 탓에 나라를 혼란으로 몰아넣어 멸망에 이르게 하지 않았던가. 이 같은 사태를 방지하고자 수많은 황제가 장자의 지위를 지켜주려 애썼고, 한번 태자로 책봉하면 쉽사리 번복하지 않았다. 심지어 황제 자신이 아무리 태자를 갈아 치우고 싶어 해도, 태자와 가까이 지내는 조정의 무리와 정권의 혼란을 원치 않는 사람들의 거센 반발과 저항에 부딪힐 수밖에 없었다.

예를 들어 한나라의 고조高祖 유방劉邦이 말년에 총애했던 척부인戚夫人은 항상 후궁 여후呂后가 낳은 태자를 폐위시키고 자신의 아들 조왕趙王 여의如意를 태자로 세우고 싶어 했다. 그러나 장량張良*은 '창산사호蒼山四皓'라 불리는 네 명의 은사隱士**들을 데려와 태자를 보호했고, 유방은 그 동안 황제인 자신도 초빙하기 어려웠던 네 명의 현자가 태자를 보위하는 것을 보고 더는 어찌할 수 없음을 깨닫게 되었다. 자신이 세상을 떠나면 그토록 아끼던 척부인 모자도 결국 여후의 화살을 피하지 못할 것임이 자명했지만, 유방으로서도 더 이상은 어찌할 도리가 없었던 것이다.

또 다른 예로 명明나라의 태조太祖 주원장朱元璋***을 들 수 있다. 의심 많고

---

* 유방을 도와 한나라를 세운 개국 공신
** 벼슬에 오르지 않고, 숨어 살던 선비
*** 명나라 1대 황제 홍무제洪武帝, 재위 1368~1398년

난폭했던 주원장에 비해 태자 주표朱標는 너그럽고 인자한 성격의 소유자였다. 주원장은 태자에게 더욱 엄격하고 근엄해야 한다고 다그쳤지만, 태자의 성격은 마음처럼 쉽게 고쳐지지 않았다. 이 점이 항상 불만이었던 주원장은 결국 착해 빠진 태자의 성격을 더 이상 참을 수 없는 지경에 까지 이르렀다. 한 번은 주표가 주원장에게 사람을 너무 많이 죽이지 말아 달라고 청했다. 그러자 주원장은 아들에게 교훈을 심어 주기 위해 가시로 가득한 나뭇가지를 주표에게 내던지며 맨손으로 줍게 했다. 어찌할 바를 모르고 당황한 아들의 모습을 보며 주원장은 자신의 모든 행동이 장차 황위를 계승할 태자를 위함이며, 숨겨진 위험을 사전에 제거하고 곳곳에 도사린 가시들을 없애기 위함이라 말했다.

그러나 주표는 주원장의 말에 동의하지 않았다. 그는 조정 대신들의 반항과 반발이 황제의 그릇된 행동에서 비롯된다고 간언했다. 또 황제가 어떤 사람인가에 따라 신하와 백성도 달라진다고 대답했다. 태자의 대답을 듣고 분노가 하늘을 찌를 듯 솟구친 주원장은 곁에 있던 의자를 주표에게 집어서 던졌고, 이에 주표는 황망히 자리를 빠져나올 수밖에 없었다. 주표는 젊은 나이로 요절하고, 손자 주윤문朱允炆*이 그 뒤를 이었다. 그러나 너무 어렸던 손자 주윤문의 권좌가 흔들릴 것을 걱정한 주원장은 주윤문보다 나이가 많고 성격도 자신과 비슷한 넷째 아들 연왕燕王 주체朱棣**에게 황위를 물려주려 했다. 한 번은 주원장이 "바람이 불어오니 말총이 1천 가닥 실낱같네風吹馬尾千條線"에 대한 대구를 짓게 하였다. 그러자 주윤문은 "비가 내리니 양털에서는 한 가닥 노린내雨打羊毛一片羶"라고 답하여 주원장의 분노를 샀다. 그러나 주체는 "햇살이 비치니 용 비늘이 1만 조각 황금 같네日照龍鱗滿點金"

---

* 명나라 2대 황제 건문제建文帝. 재위 1398~1402년
** 명나라 3대 황제 영락제永樂帝. 재위 1402~1424년

라며 제왕의 기상을 품은 시구를 지어 올려 주원장을 기쁘게 했다. 그러나 조정 대신들과 왕위 계승을 두고 논의를 하자, 대신들은 "넷째 왕자께서 태자가 되시면 둘째와 셋째 왕자는 어찌한단 말이옵니까?"라며 반기를 들었고, 할 말을 잊은 주원장은 결국 넷째에게 왕위를 물려주려던 마음을 접고야 말았다. 주원장이 세상을 떠난 다음 주윤문은 왕위를 이어 건문제建文帝가 되었지만, 4년 뒤에는 주체의 반란으로 권력을 잃었다. 남경南京 황궁皇宮에서 일어난 큰 화재 속에서 주윤문은 홀연히 자취를 감추었고, 그 뒤 주체가 아무리 건문제의 행방을 찾으려 노력해도, 심지어 환관이며 전략가인 정화鄭和를 보내 그 행방을 뒤쫓았음에도 결국 찾지 못하였다.

그러나 그 뒤로 오랜 동안 건문제에 관한 소문은 끊이지 않았고 무수한 전설을 만들어 내게 되었는데, 그 덕분에 아직도 자신이 주윤문의 후예라 칭하는 사람들이 적지 않다. 전해 내려오는 바로는 주윤문이 도망가서 시를 한 수 지었다고 한다. 여기서 이 전설의 사실 여부는 잠시 접어 두고, 시 전체를 살펴보자. 이 시를 통해, 외로운 제왕의 마음을 노래했음을 알 수 있다.

쓸쓸히 서남쪽으로 내려온 지도 이미 마흔 해 寥落西南四十秋
머리는 어느새 백발이 가득 하네 蕭蕭白發已盈頭
하늘과 땅 사이에 원한이 들어차 있으니 나의 집은 어디인가 乾坤有恨家何在
강물은 무정하게 그대로 흘러만 가네 江漢無情水自流
장락궁의 운기는 흩어지고 長樂宮中運氣散
조원각에는 비 내리는 소리 그치네 朝元閣上雨聲收
새로 난 부들과 가는 버들은 해마다 푸른데 新蒲細柳年年綠
촌로의 훌쩍거리는 울음소리 그치지 않는구나 野老吞聲哭未休

비록 명성조明成祖 주체가 군사를 일으켜 반역을 꾀하고, 남경을 손에 넣어 제 발로 권좌에 올랐지만, 그렇다고 해서 자신의 왕위를 물려줄 계승자를 고를 때 고민에 빠지지 않았던 것은 아니다. 태자 주고치朱高熾는 뚱뚱하고 행동이 느렸기 때문에 주체는 그를 좋아하지 않았다. 반대로 둘째 아들인 주고후朱高煦는 주체가 천하를 손에 넣는 과정에 크나큰 공로를 세운 바, 주체는 항상 태자를 주고후로 바꾸려고 생각하고 있었다. 하지만 주고치가 장자인 것은 어찌할 수 없는 사실이 아닌가. 주체는 도저히 장남을 저버리고 차남의 손을 들어 줄 용기가 나지 않았다. 더구나 주고치의 아내는 태후의 신임을 한 몸에 받고 있었고, 주고치의 아들 주첨기朱瞻基는 어릴 적부터 지혜롭고 총명한데다 뛰어난 풍모를 보였기에, 주체는 손자가 자신을 쏙 빼닮았다고 생각하던 참이었다. 주고치 다음으로 주첨기가 왕위를 계승하리라 생각한 주체는 결국 태자를 바꾸지 않기로 했고, 주고후를 한왕漢王에 봉했다.

그러나 전쟁터에서 주고후가 세운 공로를 치하하며 주체가 친히 그에게 황위를 물려주겠다고 약속한 지 1년도 안 되어 그 약속을 저버리니, 주고후는 몹시 화가 났다. 그 해 주체가 죽고 주고치가 왕위를 이었으나, 1년 뒤 주고치도 세상을 떠나자 주고후는 이제야 자신의 차례가 돌아왔다고 생각했다. 그는 예전에 자신의 아버지 주체가 그러했듯 군사를 일으켜 반역을 꾀했다. 그러나 주첨기가 과감하게 대처해 직접 싸움에 나섬으로써, 단숨에 자신의 반란을 잠재우리라고는 생각하지 못했다. 그리하여 건문제와 같은 역사가 또다시 되풀이되는 일은 일어나지 않았다.

송宋나라의 태조太祖 조광윤趙匡胤*의 죽음은 아직도 풀리지 않는 미스터리로

---

* 재위 960~976년

남아 있다. 그러나 다행스럽게도 그 역시 주윤문과 마찬가지로 여러 가지 실마리를 남겨 두었다. 이 때문에 그 어떤 역사서에서도 감히 주윤문을 상商나라 주왕紂王처럼 잔인하고 부덕한 황제였다고 치부하지 못하며, 그 누구도 조광윤이 애초부터 아들이 아닌 동생에게 정권을 물려줄 생각이었다고 함부로 짐작하지 못하는 것이다.

조광윤은 앞서 언급한 몇몇 황제와 상황이 사뭇 달랐다. 왜냐하면, 황위 계승에 관해 부모가 내린 결정은 그 자신의 자발적 의지와는 별개로 그의 어머니가 순전히 가족의 이권을 지키고자 내린 결정이었기 때문이다. 애초 조광윤이 대업을 시작할 당시까지만 해도 아우 조광의趙光義는 그의 든든한 조력자였다. 진교의 변陳橋之變*으로부터 강남江南을 평정하기까지 조광의는 항상 조광윤의 곁에서 수많은 공로를 세웠다. 당시 조광윤에게는 어린 아들이 있었지만, 조광윤, 조광의 형제의 모친은 조정 대신들이 어린 황제의 권력을 침탈하리라 우려해 우선 동생인 조광의에게 황위를 물려줌으로써 송나라 조씨 왕조의 명맥을 이어 가려 했다. 조광윤 역시 어머니의 분부대로 황위를 동생에게 물려주기로 했다. 그는 죽기 전에 미리부터 황위 계승의 내용을 담은 조서詔書를 상자 안에 밀봉한 다음, 나중에 반드시 동생 조광의에게 황권을 물려줄 것임을 천하에 알렸다. 이것이 그 유명한 '금궤지맹金櫃之盟'이다.

그러나 조광윤은 채 50세도 못 넘기고 아무런 이유도 없이 세상을 떠나고 말았다. 몹쓸 병에 걸린 것도 아니었다. 당시 조광윤에게는 황손을 비롯한

---

* 오대십국 중 제일의 명군으로 꼽힌 후주의 세종이 세상을 뜨고 7세에 불과한 공제恭帝가 제위를 이어받자, 불안을 느낀 후주의 군사가 진교역陳橋驛에서 조광윤에게 술을 만취하도록 먹이고 황포를 입혀 그를 강제로 추대한 사건. 이를 통해 조광윤은 송나라를 건국하였다.

아들이 둘이나 있었다. 전반적인 상황을 종합해 보면 조광윤도 자신이 이렇게 일찍, 그것도 갑자기 세상을 떠나게 되리라고는 예상치 못했던 것 같다. 더구나 그의 아들들도 더는 황위를 계승하지 못할 만큼 어리지도 않았다. 조광윤이 갑작스럽게 세상을 떠난 것은 남당南唐을 멸하고 북한北漢으로 진격하여 수도 태원성太原城의 북쪽을 치고 있을 때였으니, 그야말로 전국 통일의 대업을 이루기 전날 밤이었다. 그러나 그는 만세전萬歲殿에서 의혹에 쌓인 죽음을 맞았고, 그의 죽음은 곧 송 왕조 최대의 의문으로 남게 되었다.

가장 대중적으로 잘 알려진 시나리오는 조광윤이 동생 조광의의 손에 살해당했다는 '촉영부성燭影斧聲'*이다. 그날 밤은 유난히 별이 밝았고 조광윤은 알 수 없이 기분이 좋았다. 그런데 갑자기 음산한 기운이 사방이 퍼지면서 눈과 우박이 쏟아지기 시작했다. 마음이 불편해진 그는 동생 조광의를 불러 함께 술잔을 기울였고, 모든 나인은 밖에서 기다리고 있었다. 술자리가 끝날 때쯤 눈은 이미 잔뜩 쌓여 있었고, 촛불 아래 흔들리는 그림자만이 아득히 보였다. 조광윤이 도끼로 눈을 내려찍는 소리가 들렸고, 이내 옷을 갈아입고 침소에 들었는지 요란하게 코 고는 소리가 들려왔다. 그런데 오경五更**이 되자 갑자기 소리가 멈추었고, 그는 이미 죽어 있었다고 한다. 또 다른 시나리오에 따르면 조광의가 형 조광윤의 후궁이었던 화예부인花蕊夫人을 남몰래 흠모하여, 조광윤이 병으로 혼수상태에 빠져 있을 때마다 밤낮없이 그녀를 희롱했다고 한다. 그러던 어느 날 조광윤에게 사실을 들켜 버리고, 분노한 조광윤은 머리맡에 두었던 옥도끼를 들어 조광의를 내리찍으려 했으나 도리어 조광의에게 살해당하고 말았다는 것이다. 일각에서는 조광윤이 조광의에

---

* '도끼 휘두르는 소리에 촛불의 그림자만 흔들리더라'라는 의미를 이르는 말
** 새벽 3시에서 5시 사이

의해 독살당했다고 주장한다. 조광의는 조광윤이 죽으면 자연스레 자기가 황위에 오르리라 생각했지만, 사실 조광윤은 자신의 아들 덕방德芳에게 황위를 넘기려고 했다. 그래서 조광의가 조광윤을 독살하고 황위를 찬탈했다고 한다.

조광윤의 진짜 사인死因이 무엇이든, 다음의 두 가지만은 분명해 보인다. 먼저 조광의는 조광윤의 자손과의 관계를 제대로 정립하지 못했고, 조광윤의 자식들이 모두 젊은 나이에 알 수 없는 원인으로 요절하고 말았다는 점이다. 두 번째는 결국 송 왕조를 그 누구의 손에 뺏기지도 않고 끝까지 철저히 지켜냈다는 점이다. 조광윤의 후손이건 조광의의 후손이건 그 후 300년간 중국의 황제는 모두 조씨였기 때문이다. 아마도 이것이 애초 조광윤·조광의 형제의 모친이 바라 마지않던 결과가 아니었을까.

조광윤의 이야기를 제외하더라도 중국 역사 속에 '선양禪讓'에 대한 기록은 많이 남아 있다. 예를 들어 요堯나라에서 순舜나라로, 순나라에서 우禹나라로 이어지는 동안에도 왕위는 언제나 평화 속에 계승되었다. 선대는 곧은 절개와 고상한 인품을 보였고, 후대는 공손하고 예의 바르게 왕위를 물려받았으니, 지켜보는 이 또한 충심으로 탄복하지 않을 수 없었다. 그러나 훗날 발굴된 문헌들은 이들 고사古事의 배후에 감춰진 실상이 우리가 알고 있는 것처럼 그리 평화롭지 않았으며, 오히려 남모르는 혈전이 존재했음을 증언하고 있다. 순나라의 황제는 하夏나라의 우禹임금에게 왕위를 물려주기는커녕, 오히려 그를 머나먼 구의산九疑山으로 유배 보내 그 곳에서 죽게 했다. 이비二妃 아황여영娥皇女英의 눈물은 아마도 이 같은 영웅의 말로를 위해 흘린 것이었으리라. 사실 순임금이 요임금에게서 왕위를 넘겨받는 과정도 참혹하기 그지없었다. 요임금 시대의 도성 유적지를 발굴하던 중, 차마 눈뜨고 보기 어려운 잔혹한 광경을 목격했다는 보도가 있었기 때문이다. 사방에 널브러진 유골들과 부서져 가루가 되어 버린 잔해와 집기들은 흡사 전쟁을 방불케 했던 당시의 참혹한 상황을 생생히 보여 주었다. 물론 이런 것들이 반드시 요임금과 관련되었다고는 볼 수 없겠지만, 적어도 역사의 배후에 아직 숨겨진 비밀이 많다는 사실 정도는 자신 있게 말할 수 있겠다. 그 중 일부는 밝혀지겠지만, 또 다른 일부는 영원히 밖으로 드러나지 않을지도 모른다.

물론 고대 역사서라고 전부 신빙성이 떨어지는 것은 아니다. 아무리 그래도 당시 사관史官들이 제멋대로 없는 왕조나 황제, 도시를 만들어 내거나 지어낼 수는 없었을 것이기 때문이다. 그러므로 모든 역사적 기록들을 의심의 눈초리로 바라볼 필요는 없다. 다만, 일부 황제들을 극단적으로 묘사한 기록에 대해서는 의심해 볼 만하다. 만약 어떤 황제가 자발적으로 남에게 황위를 물려주었다고 기록되었다면, 이런 경우는 자의가 아닌 타의로 그렇게 된 것이 대부분이다. 또한 어떤 황제가 일생 좋은 일을 단 한 가지도 한 적 없다고 기록되었다면 이는 그가 처음부터 누군가에게 음해당했음을 말한다.

결국 대우大禹*의 후손인 계啓가 순의 왕위를 물려받았지만, 역시 순임금의 아들 익益의 도전을 받게 되고, 격렬한 싸움 끝에 계는 마침내 익을 죽이게 된다. 그러고는 "순임금이 일찍부터 익의 행실을 탐탁지 않게 여겨 자발적으로 왕위를 우에게 계승하였기에, 계의 왕위를 찬탈하려는 익의 모략은 여러 반대에 부딪혀 죽임을 당하니 결국 저 스스로 무덤을 판 격이다"라고 사서는 말하고 있다. 이렇게 하여 우와 계의 즉위에 올바른 명분이 서게 되었으며 모든 잘못은 익이 덮어쓰니, 만약 지하에 묻힌 순임금이 이 사실을

---

* 중국 고대의 성왕聖王인 우왕禹王을 높여 부르는 말

알았더라면 분명히 땅을 치고 통곡했을 것이다.

상고시대 선양에 관한 고사의 실상은 대부분 한나라의 헌제獻帝가 조비曹丕에게 나라를 내어주고, 진나라의 무제武帝 사마염司馬炎이 조위曹魏 정권을 잠식했던 상황과 비슷하다. 은주왕殷紂王과 수양제隋煬帝로 대표되는 경우도 있다. 은주왕은 동이東夷의 각 부족을 토벌한 후 나라를 잃었다. 그렇다면 은주왕이야말로 고대 중국의 국경을 공고히 했던 일등공로자임이 틀림없다. 동벌東伐에 치중하여 군사를 투입하자 서쪽의 주周나라가 그 틈에 공격을 한 것이니, 그 상황을 어느 정도 짐작은 할 수 있다. 그러나 훗날 그가 잔인한 폭군의 대명사로 역사에 길이 남을 줄은 은주왕 자신도 미처 생각하지 못했을 것이다.

수양제는 그나마 후세 황제에 속하므로 고대 황제들처럼 이미지가 철저히 망가지지는 않았다. 이는 크나큰 다행이 아닐 수 없다. 비록 그가 병력을 남용하여 제국을 몰락의 늪으로 밀어 넣었다 하더라도 대운하를 건설한 공적은 절대적이기 때문이다. 당나라 사람들이 했던 말처럼, 수隋나라 사람들에게 대운하 재앙과 다름없었지만, 당나라 사람들에게 대운하는 그 무엇에도 비할 바 없는 홍복洪福이었던 것이다.

때로는 적이 우리 편을 죽일 때보다 우리가 같은 편을 죽일 때 더욱 냉혹해지기도 한다. 예를 들어 후주後周의 마지막 황제 공제恭帝는 황위를 유유劉裕*에게 넘겨주고, 영릉왕零陵王에 봉해져 얼마간 극진하게 대접받았다. 그러나 황위를 이양받고 남조南朝 송나라를 세운 유유는 자신의 입지가 위태로울까

---

* 송나라 1대 황제. 재위 420~422년

항상 염려하여 영릉왕을 없앨 계획을 짠다. 그는 장위張偉에게 독주를 가져오라 명했는데, 황제를 시해하는 것이 부도덕한 행위라 생각한 장위는 그 독주를 스스로 마셔 버리고 만다. 그래서 유유는 태상太常 저수지褚秀之와 시중侍中 저담지褚淡之를 떠올린다. 이 두 사람은 공제의 후궁 저褚씨의 오빠이다. 황제의 후손이 자신의 지위를 위협할 것을 염려한 유유는 공제에게 아들이 태어날 때마다 이 두 사람을 시켜 아기를 죽여 버렸다. 한편, 황위에서 물러난 영릉왕은 시해당할까 두려워 후궁 저씨와 한방을 쓰면서 직접 밥을 지어 먹었다. 그 때문에 유유가 보낸 자객들은 그를 처치할 기회를 좀처럼 잡지 못했다. 그렇게 9월이 되어 저담지가 후궁 저씨를 보러 잠시 영릉왕의 집에 들렀다. 그리고 저씨가 오빠와 잠시 건넌방에서 담소를 나누는 사이를 틈타 담을 넘어 들어온 병사들은 영릉왕을 처단해 버렸다.

사실 저씨 형제와 공제가 직접적인 혈연관계로 엮이지는 않았으나, 황제를 죽인다는 것은 곧 새로운 황제의 권세에 편승하고자 의를 저버린 행위이기도 하다. 그리고 설령 진정 혈연관계로 엮인 식구를 상대한다 할지라도 크게 달라질 것은 없다. 최고위층에서 광범위한 집안끼리의 혼인을 통해 서로 유·무형의 동맹을 맺는 것은 한편으로는 가족관계를 결성하여 '팔은 안으로 굽는' 특성을 이용하기 위함이지만, 또 한편으로는 혼인을 통해 관계를 맺으면 자신의 직계나 친족 중 하나를 죽여 손쉽게 정치 혼란을 일으킬 수 있었기 때문이기도 하다.

여황제 무측천武則天*은 이 방면의 고수였다. 이李씨 가문의 친왕공주親王公主를 비롯한 수많은 황친들이 그녀가 권력을 장악하는 과정 속에 목숨을 잃었고,

---

* 중국에서 여성으로 유일하게 황제에 오른 인물. 측천무후로도 불린다. 624~705년

심지어 측천무후의 자매와 조카, 그녀의 친자식들조차 화를 면하지 못하였으니 그녀는 가히 모든 것을 저버렸다 할 수 있겠다.

측천무후는 2대 황제 당태종의 후궁으로 무미武媚라고 불렸다. 그녀는 태종이 세상을 떠나자 황실의 관습에 따라 감업사感業寺에 출가해 있었다. 때마침 황위를 이은 3대 황제 이치李治*의 후궁 중에서 왕王황후와 소숙蕭淑 사이의 경쟁이 도를 넘어서게 된다. 황제의 눈에 들기 위해서 왕황후는 무미의 소식을 수소문하기 시작했고, 그녀를 궁으로 데려와 자신의 넓은 아량과 선량한 마음을 드러냄으로써 황제로부터 사랑을 받고자 했지만, 오히려 이 기회를 포착한 무미는 황제의 사랑을 독차지하여 최후의 승자로 자리매김한다. 그 후의 사태는 왕황후의 선택이 잘못된 것이었음을 더욱 확연하게 증명해 준다. 이치는 왕황후에게 감사의 마음을 전하고 무미에게만 마음을 쏟아 결국 왕황후와 소숙은 모두 찬밥 신세로 전락하고 만다. 그리고 무미는 계략을 발휘하여 후궁 사이의 쟁탈전에서 승승장구하면서 자신만의 세력 확장에 힘쓴다. 그러고는 왕황후와 소숙의 일거수일투족을 감시하며 시종일관 싸움의 주도권을 잃지 않았다. 황제로부터 관심을 잃은 왕황후와 소숙은 함께 연합하여 무미에게 대항하려고 했지만, 전환점을 맞지 못한 채 무미의 지위가 높아지는 것을 바라봐야만 했다.

황제를 사로잡은 무미는 황후의 자리를 넘보기 시작했다. 하지만 아무리 왕황후에게 대를 이을 아들이 없다고는 하나, 그렇다고 큰 잘못을 한 것도 없었다. 이치도 황후를 처음부터 폐위시킬 생각이 없었다. 그 시기 무미가 공주를 낳아 왕황후가 잠시 무미의 처소를 방문했다. 그런데 왕황후가 자리를 떠나고 어린 공주가 숨을 거두었다. 왕황후는 아무런 변명도 할 수가 없었다.

---

* 당나라 3대 황제 고종高宗, 재위 649~683

어머니인 측천무후가 친딸을 죽였다고 감히 생각할 자가 누가 있었겠는가. 그러나 시간이 흐른 뒤 무미가 일련의 냉혹한 수법으로 자신의 정적을 하나하나 제거하고 천하의 주인이 되는 과정을 지켜보던 많은 사람은 과거 왕황후 사건을 떠올렸고, 그제야 측천무후가 친딸을 살해했을지도 모른다는 생각을 하기 시작했다. 어쨌거나 그 사건으로 왕황후와 소숙은 단숨에 평민 신세로 전락했다. 그러나 이치는 가끔 옛정을 떠올리며 그들을 다시 불러 올 생각을 했다. 이 소식을 듣고 무미는 잔혹한 복수심을 드러냈다. 그녀는 옛 적수들이 아직도 위협을 가한다며 그 두 사람의 사지를 잘라 술독에 넣음으로써 잔혹한 정치 생활의 서막을 알렸다. 그 후 그녀는 당태종의 매형이었던 장손무기張孫無忌의 세력과 조정 대신이었던 상관의上官儀 주변의 반대파를 차례로 축출하여 조정의 대권을 자신의 손아귀에 넣는다.

그런데 이때, 측천무후는 자기 집안 내부로부터 위협을 느끼기 시작한다. 그녀가 천하를 호령하는 황후가 되자, 친척들이 하나둘씩 고향을 벗어나 경성京城으로 올라와 장안長安에서 새로운 귀족으로 자리잡았던 것이다. 그러나 어느 정도 인맥을 구축하고 자신들의 입지를 다진 측천무후의 가족들은 더 이상 측천무후에게 복종하지 않았다. 시간이 흘러 측천무후는 자기 언니가 황제의 총애를 받고 있으며, 조카인 위국부인魏國夫人도 황제의 환심을 사려고 자신의 흉내를 내고 있다는 것을 알게 된다. 측천무후는 가족들의 배신을 더는 참을 수 없었다. 그리고 곧이어 측천무후의 언니와 위국부인이 차례로 목숨을 잃게 된다. 사람들은 그들이 측천무후의 손에 죽었다고 짐작했지만, 측천무후는 내친김에 몇몇 무씨 친척을 언니의 죽음과 엮어 함께 처단해 버렸다.

무씨 집안의 위협적인 존재를 처리한 측천무후는 아들들에게까지 화살을 돌린다. 장자이자 태자였던 이홍李弘은 관용을 중시하는 인물로, 어머니의 잔혹한 수법에 강하게 반발했다. 그는 소숙의 두 딸이 오랫동안 궁 안에만 갇혀 있는 것을 못마땅하게 여겨, 이들을 궁을 지키는 무사에게 시집보내라고 측천무후에게 강력히 권하기도 했다. 이처럼 황후와 태자의 정치적 견해가 큰 차이를 보이자 사람들은 태자에게 큰 기대를 걸기 시작했고, 하루빨리 그가 보위에 올라 측천무후의 폭정이 끝나기를 바랐다. 그런데 태자인 이홍은 어느 날 갑자기 죽고 말았고, 그의 죽음은 아직도 풀리지 않는 숙제로 남아 있다. 대부분의 사람은 태자가 측천무후의 손에 살해당했다고 생각하고 있다. 또한, 이례적으로 이홍이 사후에 황제로 봉해졌다는 사실 역시 어미인 측천무후가 느꼈을 양심의 가책을 어느 정도 반영한다고 볼 수도 있다.

이홍이 죽자 측천무후와 이치 사이에서 태어난 둘째 아들 이현李賢이 태자 자리에 올랐다. 그러나 그도 측천무후와는 사뭇 다른 정치 성향을 보이며 곧 그녀의 적수가 되었다. 그러나 이현에게 불리한 각종 소문이 끊임없이 이어지면서 결국에는 그도 반역죄를 뒤집어쓰고 평민 신세로 전락하게 되어 궁에서 쫓겨나고 유배지에서 자살한다. 그는 죽기 전 이런 시를 남겼다.

황대 아래 오이씨를 심었더니 種瓜黃臺下
오이가 주렁주렁 달렸구나 瓜熟子離離
한 개를 따니 오이가 잘 자라고 一摘使瓜好
또 하나를 따니 열린 오이가 줄어들었네 再摘使瓜希
세 개를 땄는데 아직은 괜찮고 三摘猶自可
네 개를 따니 오이 덩굴이 도로 뿌리가 되었네 摘絕抱蔓歸

이현李賢과 이홍은 최초의 제물이 되었다. 그리고 셋째 동생인 이현李顯과

넷째 동생 이단李旦 역시 예외는 아니었다. 이현李顯이 황위에 올랐지만 원래 그의 위로 어진 형이 둘이나 있었으므로 그가 황제가 되리라 기대한 사람은 아무도 없었다. 그 자신 역시 황제로서의 소양과 자질이 부족해 황위에 오르자마자 황후 위씨韋氏의 치맛바람에 휘둘리게 되었다. 그는 자신의 장인을 재상의 자리에 올리는 한편, 천하를 그에게 넘기리라고 공언하기조차 했다. 위씨의 야심을 일찍부터 간파했던 측천무후는 이 기회를 틈타 위험 요소를 철저히 차단하기로 마음먹고 황위에 오른 지 한 달 반 만에 이현을 여릉왕廬陵王으로 강등시키고 호북湖北 지역으로 유배 보낸다. 그 후 측천무후의 막내아들 이단이 5대 황제로 즉위하여 그녀의 꼭두각시 노릇을 한다.

그 밖에 측천무후의 권력에 해가 될 만한 이씨 황족들도 거의 모두 축출되었다. 수많은 친왕親王과 공주들이 반역으로 몰려 사형당하거나 귀양살이를 하였고, 남아 있던 미미한 세력들도 강력한 그녀의 적수가 되기엔 역부족이었다. 결국 측천무후는 마침내 황제의 자리에 올라 측천대제則天大帝가 되었다. 이 시기 황족들은 모두 알 수 없는 이유로 죽어 나갔다. 특히 이현李顯의 일곱 번째 딸 영태공주永泰公主의 사인은 아직도 밝혀지지 않았다. 혹자는 그녀가 측천무후에게 불만을 표출해서 죽임을 당했다고도 하고, 혹자는 그녀가 난산으로 죽었다고 하지만, 그녀의 무덤이 발굴되고 남은 유해를 감정해 보아도 17살 공주의 사망 원인은 여전히 밝혀지지 않고 있다. 그리고 그 밖에 수많은 황족도 그녀와 마찬가지로 동족상잔의 역사 속에서 풀리지 않는 수수께끼가 되었다.

2
탄탄한 기반,
대업을 이루는 전제 조건이다

강은 샘에서 시작되고 티끌이 모여 산을 이루는 것처럼, 모든 승부에는 항상 기반이 있다. 그리고 이는 승부사에게 강력한 원동력을 제공한다. 그러므로 기반을 잃게 된다면 모든 노력이 수포로 돌아간다. 이제 시간을 뛰어넘어 시끌벅적했던 춘추전국春秋戰國 시대*로 돌아가 보자. 당시에 있었던 흥미로운 에피소드를 하나 소개한다.

제齊나라의 맹상군孟嘗君이 진나라에 가려 하자, 수많은 사람이 나서서 그를 말렸다. 하지만 그는 끝끝내 듣지 않았다. 소진蘇秦도 그를 말리고 싶었지만, 맹상군은 이렇게 말했다.

"나는 이미 세상사를 다 알고 있네. 이제 내가 모르는 것은 귀신의 일뿐이네." 그러자 소진이 말했다. "제가 여기 온 것도 세상사를 논하기 위해서

---

* 춘추시대와 전국시대를 아울러 부르는 말. 기원전 770년 주周왕조의 천도 후부터 기원전 221년 진나라 시황제의 통일까지의 시기이다.

가 아니라 귀신의 일을 논하기 위해서입니다."

그러자 맹상군은 그에게 시간을 내주었다. 소진이 그에게 말했다.

"제가 제나라에 들어오는 길에 치수淄水를 지나다가 흙 인형과 나무 인형이 서로 주고받는 말을 들었사옵니다. 나무 인형이 말하길, '너는 서안의 흙으로 빚어진 것이니, 8월에 큰 비가 내려 치수 물이 불어나면 결국 물에 씻겨 사라지고 말 것이다.' 그러자 흙 인형이 말했습니다. '아니다. 나는 서안의 흙으로 만들어졌으니 물에 씻겨 망가진다 해도 여전히 서안의 흙이다. 그러나 너는 동쪽 나라의 나무를 깎아 만든 것이 아니냐? 비가 와서 치수가 넘치면 너는 물에 둥둥 떠내려갈 것이니, 어디에 이를지 어찌 알겠는가?' 전하, 진나라는 사면이 산으로 둘러싸여 있으니 마치 호랑이의 입과도 같습니다. 그런데도 전하께서 진나라에 가려 하시니, 소인은 전하께서 무사히 나오실 수 있을지 모르겠사옵니다."

맹상군은 이 말을 듣고 계획을 취소했다. 사실 맹상군은 확실한 기반을 갖춘 사람이었다. 그의 집에 문객으로 머물렀던 풍훤馮諼이란 사람이 그를 위해 '교토삼굴狡兔三窟'*, 즉 세 가지 비책을 마련해 두었다. 설薛 땅의 백성이 맹상군에게 진 빚 문서를 몽땅 태워 백성이 맹상군에게 감사하게 하였으며, 나라 밖에서 맹상군의 영향력을 키워 제나라 왕이 맹상군을 오랫동안 재상에 앉도록 했을 뿐 아니라, 맹상군에게 제나라 왕을 설득하여 대대로 전해져 오던 제기를 설 땅으로 옮겨 종묘를 짓도록 함으로써 제나라에서 맹상군의 기반을 공고히 할 수 있도록 도와주었다. 이 같은 세 가지 기반 덕에 맹상군은 아무런 걱정 없이 편한 삶을 살 수 있었다.

---

* 교활한 토끼는 세 개의 숨을 굴을 파 놓는다는 뜻으로, 사람이 교묘하게 잘 숨어 재난을 피함을 이르는 말

'가죽 없이는 털이 나지 않는다皮之不存毛將焉附'라는 말이 있듯이 사회 안에서 살아가는 사람들은 반드시 자신의 기반이 있어야 하고 뿌리가 있어야 한다. 자신이 속한 범위를 제대로 정리하고 자신의 기반을 잘 닦아야 한다. 그렇지 않으면 바람에 흩날리는 낙엽처럼 이리저리 표류하게 된다.

험난한 인생을 헤쳐 나가 대업을 이루려면 기반이 탄탄해야 한다. 이 기반을 통해 우리는 개인의 발전에 필요한 각종 자원을 보충할 뿐 아니라 커다란 자신감을 확보할 수 있다. 이것이야말로 우리 사업의 근거지이자 가장 많은 인맥을 보유한 홈그라운드다. 그렇다면 더더욱 신중한 자세로 기반을 공고히 하고 충분한 실력을 쌓은 다음에 이를 확장해도 늦지 않는다.

이제 유비劉備*의 일생을 한번 들여다보자. 그의 인생 역시 자신의 기반을 끊임없이 갈구하고 다져 나갔던 과정의 연속이었다. 그는 원래 몰락한 한나라 종친의 후손이었다. 동한東漢 말년에 닥친 군벌 혼란 속에서 그는 먼저 원소袁紹에게 의탁했으나, 원소가 조조曹操에게 패하자 관우關羽와 장비張飛를 이끌고 형주목荊州牧 유표劉表에게 찾아가 의탁할 수밖에 없었다. 유표는 유비를 정중히 대하며 그에게 말과 병사를 내주어 그를 안심시켰다. 그런 다음 유비에게 비교적 떨어진 신야新野의 수비를 맡겼다. 당시 몸을 의탁하던 처지의 유비는 명성이 자자했지만 실력은 없었기에, 마치 떠돌이 호랑이처럼 답답하고 서글픈 마음을 금할 수 없었다.

그 뒤에 이어지는 스토리는 우리 모두에게 무척이나 익숙하다. 그는 서서徐庶의 추천으로 삼고초려 끝에 '와룡臥龍' 제갈량諸葛亮을 만나게 되고 제갈량의

---

* 중국 삼국시대 촉한蜀漢을 세웠다. 161~223년. 14세기 중국역사소설『삼국지연의』에 주인공으로 등장한다.

집에서 가슴을 울리는 감동적인 대화를 나눈다.

유비가 말했다.

"지금 한 왕실은 쇠약하고 간신들이 판을 치니, 내 주제넘게도 천하를 평안케 하려 하였소. 그러나 나의 지혜가 부족하고 능력이 미천하니 아직도 이룬 바가 없소. 부디 선생께서 내게 가르침을 주시오. 내가 어찌해야 성공할 수 있겠소?"

제갈량은 유비의 겸손하고 간절한 태도를 보고 당시의 형세에 대해 세밀한 분석을 내놓았다. 그는 유비에게 전국을 통일할 수 있는 전략을 제시하며 말했다.

"동탁東卓이 낙양洛陽에 들어온 이후 천하의 영웅들이 일어나 그 세력이 나날이 커지고 있습니다. 조조는 원소보다 명망이 낮고 병력이 적음에도 원소를 무찔렀으니, 이는 조조의 계략이 뛰어나기 때문입니다. 이제는 조조가 백만 병사를 거느리고 천자를 옆에 끼고 제후를 호령하고 있으니, 현재로서는 당연히 그의 상대가 될 수 없습니다. 그러나 손권孫權은 장강長江이라는 천혜의 요새를 끼고 있으며, 백성이 그를 따르니 능력이 뛰어난 인재들이 그를 보필하고 있습니다. 따라서 그와 손을 잡아야 하지 그를 쳐서는 안 됩니다. 형주는 지세가 험하여, 북으로는 면강沔江에 닿고 남으로는 남해와 통하며 동으로는 오吳나라와 만나고 서로는 파촉巴蜀에 닿으니, 용병술을 쓰기에 적합한 장소입니다. 그러나 형주의 장수인 유표가 무능하니 장군께서 그 자리를 대신하셔야 합니다. 익주益州는 공격이 어렵고 수비가 수월한 천혜의 요새입니다. 그 곳은 토양이 비옥하고 자원이 풍부하여 예로부터 '천부지국天府之國'이라 불렸습니다. 한漢 고조께서도 역시 익주를 근거지로 삼아 전국 통일의 대업을 이루지 않았습니까. 만약 장군께서 형주를 먼저 차지하고 기반을 다진 후 다시 익주를 손에 넣어 정치를 바로잡고 국력을 키우면서 손권과 연합하신다면, 그리하여 남부의 여러 민족을 통합하신다면 중원中原으로 나갈 길이 열릴 것입니다. 그러면 천하 통일의 대업도 성공할 수 있습니다."

제갈량의 말을 들은 유비는 정신이 번쩍 들고 뜨거운 피가 솟구치는 듯했다. 그 동안 유비는 동물원에 갇힌 호랑이 신세가 아니었던가? 그랬던 그가 이제야 자신의 목표를 찾고 그를 위해 도전하기 시작했던 것이다.

야율아보기耶律阿保机*의 선조는 모두 각자 영지의 경제를 중요시했다. 그래서 이들은 부족들을 하나로 합쳐 부유하게 하였다. 예를 들어 그의 할아버지는 농업 발전에 힘썼고 그의 아버지는 제철과 제염에 힘썼다. 그의 큰아버지는 저수지를 건설하여 정착지를 마련했고, 이로 말미암아 초원에도 새로운 바람이 불기 시작했다. 야율아보기가 나중에 부족 연맹의 수장이 되어 한족 동화정책을 펼 수 있었던 것은 모두 그의 선대에서 경제적 기초를 튼튼히 하고 노하우를 축적했기 때문이다. 훗날 야율아보기는 부족 연맹의 칸Khan이 되었다. 규정대로라면 3년의 임기가 지나면 칸의 자리에서 물러나야 했지만, 중원에서는 선거를 통해 황제를 바꾸지 않는다는 한족 부하들의 이야기를 듣고 야율아보기는 칸의 지위에서 물러나지 않은 채 9년간 연임을 한다. 하지만 9년 후 선거권을 가진 다른 부족의 수장들이 그에게 칸의 지위에서 물러나 달라고 요구한다. 결국 야율아보기는 엄청난 비난을 받으며 칸의 지위에서 물러날 수밖에 없었다. 결국, 그는 자신만의 새로운 부족을 만들어 독립하겠다고 선언한 뒤 한족들을 이끌고 새로운 도시를 만들어 자신의 발판으로 삼는다. 다른 사람들은 그가 하루빨리 칸의 자리를

---

* 중국 북서변경을 점령하여 요遼나라를 세운 거란족의 지도자. ?~926년

내주길 바라는 마음에 그의 독립 선언을 두말하지 않고 받아들였다.

그리하여 야율아보기는 자기 부족과 한족들을 데리고 소금과 철이 많이 나는 지역으로 이주하여 오곡을 경작하고 저수지를 만들며 중원과 같은 모습으로 도시를 꾸몄다. 얼마 후 야율아보기는 그의 아내 술율평述律平의 제의로 각 부족의 원로들을 초청하여 거짓 연회를 꾸몄다. 부족 원로들은 신이 나서 이 새로운 도시에 들어왔지만 결국 야율아보기가 숨겨 놓은 복병의 손에 전부 죽고 말았다. 이렇게 야율아보기는 다시금 권세를 장악하게 되었다. 농업경제는 그가 황제제도를 건립해 나가는 과정에 커다란 힘이 되었는데, 척박한 초원에서 이 같은 개척이 가능했다는 것은 실로 놀라운 일이 아닐 수 없다. 왜냐하면 대다수 거란족은 자신의 부족이 이렇게 발전할 수도 있다는 사실을 전혀 알지 못했기 때문이다.

물론 야율아보기가 세운 한족 황제에 버금가는 위엄을 뒤늦게 따라잡아 보려 노력한 사람들도 있었지만, 야율아보기를 따라잡는 것은 불가능했다. 또 어떤 사람은 겨우겨우 황제의 자리에 올라서 매우 기쁜 나머지, 자신의 본분을 잊어버리고 백성을 피폐하게 만들어 결국 영지에 대한 통제권을 잃는 예도 있었다. 가장 대표적인 인물이 바로 양한兩漢 정권 교체기의 왕망王莽과 동진 시대의 환현桓玄 등이다. 전한前漢을 멸하고 신新나라를 세운 왕망은 황제가 되기 전부터 명망이 높았다. 그러나 황제가 된 후 정치적 재능과 경험 부족이 단숨에 탄로나고, 나라를 상고上古시대로 되돌리겠다는 개인적 이상으로 관직명과 지명을 전부 바꿔서 혼란을 가중시켰다.

환현도 그와 비슷하다. 개국 초기 그는 간신들을 몰아내고 재능 있는 현자들을 대거 기용했다. 또한 전란에 찌든 병사들의 사기를 북돋워 주기도 했다. 그러나 얼마 지나지 않아 포부만 원대하고 실속은 없는 그의 참모습이 드러났다. 사냥에 빠져 지냈고, 대규모 토목공사를 벌였으며, 조령석개

朝令夕改*하는 탓에 정치는 혼란해지고 당파를 결성하여 사리사욕을 채우는 이들이 늘어만 갔다. 더구나 그는 일부러 조정을 등한시하고 황실의 권위를 끌어내렸으며 심지어 황제를 굶기고 추위에 떨게 하는 등 만행을 일삼았다. 때마침 삼오三吳 지역에 발생한 기근으로 조정의 근심이 늘어 원성이 자자했다. 이런 상황의 정권이라면 결국 실패를 면할 수 없다. 그러므로 성공하고 싶다면 먼저 자신의 근거지를 제대로 살펴야 한다. 번영과 발전의 근간이 바로 여기에 있기 때문이다.

---

* 아침에 명을 내렸다가 저녁에 다시 고친다는 뜻으로, 갈피를 잡기 어려움을 이르는 말

3
마음을 얻는 자가
천하를 얻는다

'마음을 얻는 자가 천하를 얻는다.', '성을 함락시키는 것보다 마음의 벽을 허무는 것이 먼저다.' 등 여러 명언에서 하고자 하는 이야기는 결국 하나다. 바로 혼자서는 성공할 수 없다는 점이다. 혼자서는 제아무리 뛰어난 사람이라도 한계에 부딪히게 된다. 정말 제대로 성공하고 싶다면 동원 가능한 모든 힘을 단결시켜 나만의 전선을 구축해야 한다. 그리고 이를 위해서는 사람의 마음을 포섭할 줄 아는 기술이 필요하다. 남의 마음을 사로잡아야 남으로부터 도움을 받을 수 있고 그래야만 승리를 거둘 수 있다.

2천 년 전 한漢나라를 세운 유방*은 이미 이러한 이치를 잘 알고 있었다. 반란을 일으킨 유방이 함양咸陽으로 진격한 다음 가장 먼저 한 일은 바로 사람들을 포섭하고 관중關中 지역의 원로들과 관계를 구축하는 것이었다. 그는 진나라에서 실시했던 혹독한 형벌과 법률을 폐지하고 "살인자는 죽이고

---

* 재위 기원전 247~195년

남을 해하거나 도둑질한 자에게는 죄를 묻는다"라는 유명한 약법삼장約法三章을 선포했다. 이처럼 간결하고 효과적인 법률 덕에 그는 함양성의 혼란과 백성의 두려움을 단시간에 잠재울 수 있었고, 진나라 왕실을 극진히 대접하던 그의 태도는 사람들의 마음을 얻을 만했다. 이로써 현지인들의 정신적·물질적 지지를 등에 업게 된 유방은 앞으로 관중 지역에 자리를 잡기 위한 기반을 다질 수 있었다. 후일 당나라의 이연李淵 역시 장안長安에 입성한 후 '약법約法 12조'를 선포하며 백성을 대접하고 간신을 축출함으로써 장안에 튼튼한 기반을 다졌다.

물론 이 분야에서 빠질 수 없는 반면교사反面敎師*도 있는데 그가 바로 유방의 적수였던 항우項羽이다. '홍문연鴻門宴'사건**이 일어난 다음 항우 역시 병사를 이끌고 함양에 쳐들어왔다. 그는 국토 수복과 지난날의 수치에 대한 보복을 위해 진나라에서 투항해 온 20만 군사를 모조리 죽여 버렸을 뿐 아니라, 함양에서도 학살과 약탈을 일삼았다. 그가 진나라 왕자 영嬰을 죽이고 궁전에 지른 불길은 무려 3개월이나 지속되었다고 한다. 그렇지 않아도 진왕조의 핍박을 받던 관중 백성은 인제 와서 항우군에게 고통을 당하자 도탄에 빠졌고 결국 항우도 오강에서 최후를 맞게 되었다.

반면교사는 항우뿐만이 아니다. 테무친[鐵木眞]이 칭기즈칸이 되기 전, 그와 오랫동안 대립해 오던 자무허[札木合]의 동생은 테무친이 이끌던 무리를

---

* 사람 혹은 사물의 부정적인 면을 보고 얻는 깨달음, 혹은 그러한 깨달음을 주는 대상을 일컫는 말
** 유방이 함양을 선점하자, 항우가 홍문鴻門에서 주연을 베풀고 그를 초대했다. 이때, 항우의 책사 범증范增이 항장項莊에게 검무를 추는 체하다가 유방을 죽이도록 명하였으나, 위험을 알아차린 부하의 호위로 유방은 무사히 위기를 벗어났다.

약탈하려다 도리어 테무친의 부하에게 죽임을 당했다. 자무허는 이 사건을 기회로 삼아 타이츠우드[泰赤烏]족을 비롯한 13개 부족과 손을 맞잡고 3만 대군을 모아 테무친을 공격했다. 그러나 다행스럽게도 자무허 쪽의 사람이 테무친에게 미리 이 사실을 알려 테무친은 만반의 준비를 할 수 있었다. 그는 3만 명의 부족민을 13개 진영으로 나누고, 자무허의 연합군과 어넌하[鄂嫩河] 부근에서 대치하게 되었다. 한바탕 치열한 전투가 끝나고, 테무친의 군대는 퇴각하여 잠시 워난하[斡難河] 상류에 피신했고, 자무허는 일부 테무친 부족민들을 사로잡아 의기양양하게 돌아갔다. 형국이 이토록 유리해졌음에도 자무허는 사로잡은 포로 70명을 가마솥에 삶아서 모조리 죽여 버렸는데, 이렇게 잔악무도한 행위로 많은 이들의 불만을 샀다. 그의 수하들은 하나둘씩 자무하를 떠나 테무친에게 투항하기 시작했다. 그래서 테무친은 전투에서 패배했음에도 그 명예가 실추되지 않았다.

참합파參合陂에서 후연後燕에 대승을 거둔 북위의 황제 탁발규 역시 큰 실수를 저질렀다. 그는 부하의 편협한 의견에만 치중하여 투항해 온 연나라 군사를 모조리 죽여 버렸으나, 이 같은 학살이 자신의 미래에 큰 악영향을 미치리라고는 차마 예상하지 못했다. 황하黃河 북쪽 후연의 통치 구역은 중산中山, 예[鄴], 신도信都의 세 도시만 덩그러니 남게 되었다. 그러자 탁발규는 군사를 셋으로 나누어 각각 이들을 공격하고 해당 도시를 소유하도록 했다. 이렇게 하면 빠른 시일 안에 성을 함락할 수 있으리라 생각했던 것이다. 그러나 후연 백성은 남녀노소를 불문하고 성을 지키기 위해 목숨을 내놓았다. 그들은 투항을 권하는 북위 군사들에게 "참합파의 과거가 눈앞에 있지 않은가! 투항을 해도 결국 죽는 것은 마찬가지다! 조금이라도 더 버티면 그만큼 수명이 느는 것 아닌가!"라고 외쳤다. 그리하여 탁발규는 결국 포로를 학살했던 과거의 대가를 뒤늦게 치르게 되어, 성을 함락하지도 못한 채 군사적 손실만을 감당해야 했다. 과거를 뉘우친 탁발규는 그제야 정책을 바꿔 애초 그에게 포로를 죽이라 권했던 장수들을 파면시켰고, 투항해 오는 병사들은 최대한 대접해 주었다. 또 자기 군사를 엄격히 통제하여 행군 과정에서 민간인에게 손해를 끼치지 않도록 주의했다. 이 같은 각고의 노력을 기울인 다음에야 그는 온화한 이미지를 만들었고, 이로 말미암아 긍정적인 결과를 도출할 수 있었다.

동진東晉시대의 손은孫恩 역시 별다른 재능이나 선견지명을 갖춘 인물은 아니었다. 그가 이끌었던 군대는 도적 떼와 같았다. 그들은 지나는 곳마다 그 지방의 관리를 죽이고 재물을 약탈하며 창고에 불을 질렀다. 심지어 나무를 모조리 베어 버리거나 우물을 메워 버리는 등 마치 미치광이처럼 가는 곳마다 초토화해 버리기 일쑤였다.

중국의 고대 전쟁 중에는 학살과 약탈이 빈번하게 자행되었다. 그러나 뛰어난 통치자들은 이 같은 상황이 생기지 않도록 항상 주의를 기울였다. 동한東漢의 개국 황제 유수劉秀도 과거 부하 수장인 오한吳漢에게 큰 불만을 품고 있었다. 왜냐하면 촉蜀 정권을 멸망시키고 그 성을 함락할 때 오한이 적군의 씨를 모조리 말려 버리고 대대적인 약탈을 자행했기 때문이다. 그뿐만 아니라 오한은 왕궁을 태워 버리고 도시 전체에 크나큰 손실을 입혀 후한後漢 정권에 대한 현지 백성의 실망감이 극에 달하게 하였다. 소식을 들은 유수는 크게 진노하여 관련 장군들을 엄중히 문책하고 그들의 난폭함이 한나라 군사의 촉나라 정벌에 대의명분을 상실케 했을 뿐 아니라 도시 하나를 망가뜨렸다고 비난했다. 그리고 이에 대한 후속 조치로 과거 촉나라의 관원들을 기용하고, 이미 사망했지만 인품이 뛰어나기로 유명했던 일부 인물들을 관료로 추대해 주었다. 이러한 조치를 통해 그는 민심을 회복하고 현지 정세를 안정시킬 수 있었다.

유방과 유수의 성공 그리고 항우의 실패는 북송北宋을 세운 조광윤에게 유용한 본보기가 되었다. 그는 이들의 선례를 보면서 자신이 어떻게 해야 할지를 파악했다. 조광윤은 '진교의 변'으로 황제를 선양받은 후 경성으로 돌아가기 전, 경성의 질서를 바로잡기 위한 명령을 몇 가지 내렸다. 여기에는 첫째로 후주後周의 태후와 황제를 놀라게 하지 말 것, 둘째로 과거 그와 함께 관직을 지냈던 후주의 대신들을 함부로 대하지 말 것, 셋째로 성 안에 진입하더라도 함부로 조정의 부고府庫나 민가에 들어가 약탈하지 말 것 등의 내용이 포함되어 있었다. 마지막으로 그는 이 명령을 따르는 자에게 상을 내리고 위반한 자는 목숨으로 죄를 물을 것이라고 경고했다. 그리하여 조광윤의 군사들은 절도 있게 경성에 들어와 단시간 만에 반대파를 순조롭게 축출했다. 조광윤은 안정된 정권을 손에 넣을 수 있었고, 북송 왕조의 서막을 열 수 있었다.

명나라에 이르러 주원장이 천하를 얻을 수 있었던 것도 대권을 손에 쥐는 과정에서 살인을 엄격히 통제했기 때문이다. 애초에 그가 이선장李善長*을 만났을 때, 이선장은 한나라 고조의 넓은 도량과 살인을 자제했던 이야기를 들어 그를 설득했다. 주원장은 비록 출신이 미천했지만, 영웅적 기개와 지략이 뛰어났기 때문에 날카로운 통찰력과 판단력을 지녔었다. 더구나 그는

---

* 명나라 초기의 대신으로, 주원장의 신임을 받았다

항상 다른 이의 의견에 귀를 기울였기 때문에 천하를 통일하는 과정에서도 항상 '불살인不殺人'의 원칙을 지켜 나갔다. 이러한 그의 리더십 아래 장수들은 '불살인'을 불변의 규율로 여기고 엄격히 따랐다. 예를 들어 화주和州를 빼앗은 후 몸이 근질거려 안절부절못하는 부하 장수들을 본 통수統帥는 "도시 하나를 손에 넣었다고 그 곳 백성의 사지를 절단하고 피를 뿌려야 한다면 앞으로 큰일을 어찌하겠는가?"라고 꾸짖었다.

그러고는 잡아온 부녀자들을 집으로 돌려보내 주었다. 강을 건너 태평성太平城 함락을 목전에 둔 상황에서도 주원장은 이선장에게 금지 서약을 담은 공고문을 작성하도록 명하고 성 안으로 들어가자마자 곳곳에 이를 붙여놓았다. 그러자 금지 규율을 어기는 병사가 없어 자연히 군대의 기강이 바로잡혔다. 진강성鎭江城에 진격할 준비를 할 때는 아예 장수들에게 미리 무거운 죄명들을 씌워 놓고 성에 들어가 민가를 불태우거나 재물을 약탈하지 않으면 죄를 사해 주겠다고 선언하기도 했다. 그래서 성을 함락시키던 날까지도 혼란이 빚어지지 않았으며, 진강성의 백성은 심지어 주원장의 군대가 성에 들어온 사실조차 모를 정도였다고 한다.

상우춘常遇春이 이끄는 군사들이 감주성贛州城을 에워싸고 오랫동안 공격했으나 함락시키지 못하자, 상우춘의 성격을 간파하고 있던 주원장은 그가 약이 올라 무조건적인 대학살을 벌일까 염려하여 미리 그에게 이렇게 말했다고 한다. "백성도 없는 성을 손에 넣어 무슨 소용이란 말인가?" 결국 상우춘은 성 밖에서 지구전을 벌이며 꼬박 반 년을 싸우고서야 감주를 함락시킬 수 있었다. 마찬가지로 소주蘇州를 포위했을 때도 거의 1년의 세월을 들여야 했다. 성을 함락하기 전, 서달徐達과 상우춘은 성에 들어가면 서달이 왼쪽 길을 맡고 상우춘이 오른쪽 길을 맡아 병사들이 살인과 약탈을 하지 못하도록 막자고 사전에 합의를 보았다. 그리하여 소주가 함락된 후에도 모든 것이 평화로워 현지 백성의 환영을 받았다고 전한다.

사실 전쟁 중에, 특히 양측의 치열한 교전과 장기전이 벌어지는 상황에서 마침내 상대를 무너뜨리게 되면, 이성을 잃고 공격적으로 변하는 병사들의 심리를 제어하기란 쉽지 않다. 이를 위해 군대는 엄격한 규율이 있어야 하며, 장수들이 강력한 권한을 쥐고 고삐 풀린 병사들의 폭력성을 단속해야 한다. 주원장의 장수들이 주원장의 뜻에 따르기 위해 그토록 노력했음에도 여전히 자신의 감정을 제대로 다스리지 못한 장수들도 적지 않았다. 다만 다행히도 군사를 거느린 장수가 한 명이 아니라 서로서로 경계하며 마음을 다잡았기 때문에 대규모의 참살慘殺*을 막을 수 있었던 것이다.

예를 들어 건녕성建寧城을 공격할 당시 최고 장수였던 호미胡美는 상대편의 수장을 너무나 미워한 나머지 온 성을 쑥대밭으로 만들어 복수하고자 했다. 그러나 하문휘何文輝는 "우리가 출격한 것은 백성을 위한 것이거늘, 사사로운 미움으로 사람을 죽이는 것이 가당키나 하단 말이오?"라며 호미를 저지했다. 이 같은 상황은 정강靖江의 남쪽 관문을 공격할 때도 마찬가지로 되풀이되었다. 성을 공격했던 장빈張彬이 상대편 수장에게 모욕을 당하고는 홧김에 학살할 작정을 했으나 역시 주변인이 나서서 그를 설득해 주었던 것이다.

이토록 강력한 군사 규율 덕분에 서달徐達이 원元나라의 수도를 공격할 때에도 시장의 질서가 전혀 흐트러짐이 없어 많은 이를 감복케 했다. 역대 전쟁 중에서 이렇게 장기간 군사 규율을 지켜 낸 사례는 그리 많지 않다. 물론 주원장이 '불살인'을 고수했던 것은 그의 심성이 선량해서가 아니라 민심을 얻기 위함이었지만 말이다.

---

* 참혹하게 죽임

이렇게 역사는 '마음을 얻는 것'이 얼마나 중요한지 반복적으로 우리에게 증명하고 있다. 원세개袁世凱*가 수십 년간 정계의 오뚝이로 정치 수명을 유지했던 것, 그리고 청나라 말기 복잡하게 얽힌 정치 암투 속에서 세력을 키워 나갈 수 있었던 것도 모두 임기응변에 능하고 교활했던 그의 성격 덕분이다. 원세개는 이전부터 전국 각지에 있는 여러 유명 인사들과 교류해 왔지만, 그렇다고 그의 성공이 두루 친구를 사귀는 것만큼 간단하지는 않았다. 그는 친구를 사귐과 동시에 상대의 마음을 사로잡을 줄 알았고, 특히 사람을 곁에 둘 줄 알았고, '의리'를 중시하며 사나이의 기질을 강조했다. 그는 시종일관 돈을 쓰고도 매국노가 되었지만, 원세개는 씀씀이가 시원시원하고 옛정을 잊지 못한다는 평을 받았다. 정치 무대에서도 비록 원세개가 대를 위해 소를 희생했던 적은 있지만, 그렇다고 목적을 이룬 후 남을 배반한 적은 없었다. 그는 또한 구족九族을 멸하는 일도 거의 하지 않았다.

그의 일생을 들여다보면 정계에서 종횡하면서도 진정 타인과 격렬한 세력 다툼을 벌였던 경우는 매우 적었다. 원세개는 항상 타인과 다시 만날 여지를 남겨 두었던 것이다. 애초 손문孫文파조차 자기편으로 끌어들이려고 노력하지 않았던가. 그는 사적인 자리에서 그의 심복에게 이런 말을 했다고 한다. "그들(혁명당 사람)이 왔으니 우리는 당연히 환영해야지. 다만, 내 영역에서 말이야." 이는 혁명당이 그를 우두머리로 인정하기만 한다면 그도 혁명당을 거부할 이유가 없다는 의미이다. 원세개가 공개했던 원고 중에는 어느 하나 청나라 황실과 태후, 황제에 대한 자신의 충정을 강조하지 않은 것이 없다. 물론 겉으로는 누구에게나 진심처럼 대하는 그였다. 자신의 후원자가 되어 줄 나라씨[那拉氏]**에게 연줄을 댈 때도, 그는 나라씨 한 명만

---

* 1859~1916년
** 서태후의 본명

공경했던 것이 아니라 나라씨의 곁에 있는 모든 사람을 하나같이 섬겼다. 전하는 바에 따르면 그는 시내의 모든 귀족의 가내 대소사 및 명절을 모두 챙겼으며 체면을 차려야 하는 일이라면 어디든 '부조금'을 건넸다고 한다. 제 편으로 포섭할 만한 사람이라면 누구든 가리지 않고 내 편으로 만들었던 것이다.

지금까지 들었던 수많은 예는 각기 다른 상황 속에서도 공동의 이치를 전하고 있다. 바로 대업을 이루려면 사람의 마음을 얻어야 한다는 것이다. 사무실 정치 역시 그렇다. 예비 인력을 보충해야 하고, 감사를 시행해야 하며, 남보다 앞서야 한다. 이때 좋은 인맥을 갖추는 것이 아주 중요하게 작용한다. 그러므로 언제 어디서나 사람의 마음을 얻기 위해 노력해야 한다. 어디서든 악연을 남기지 않도록 항상 주의하고 최대한 선행을 베풀어라. 그러면 언젠가는 사람들이 당신의 가치를 알아주고 지지해 줄 것이다. 물론 다음의 세 가지를 잊어서는 안 된다. 첫째, 목적이 합당해야 한다. 둘째, 함부로 타인의 기득권을 침해해서는 안 된다. 셋째, 최대한 남을 돕고 길을 터주는 것이 곧 나의 길을 개척하는 것이다.

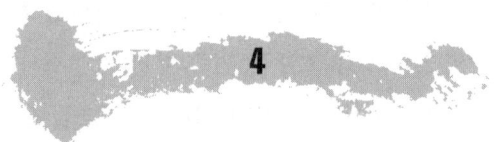

위기의 난국, 역발상으로 돌파하라

엄장실력掩藏實力 출기불의出其不意*라 했던가. 싸움에서 실력을 부풀려 기선을 제압할 것인가, 아니면 실력을 숨기고 허를 찌를 것인가? 이는 수천 년 동안 끊임없이 되풀이되어 온 딜레마다. 그 중에서도 가장 유명한 일화가 바로 전국시대 손빈孫臏과 방연龐涓의 싸움에서 손빈이 썼던 '감조유적減灶誘敵'**이다. 손빈은 용맹하면서도 난폭한 위魏나라 군사들이 제나라 군사들을 겁쟁이라며 얕잡아 본다는 사실을 알고 있었다. 그래서 상대방의 착각을 불러일으키기 위해 위나라 국경에 들어서자마자 매일 부뚜막을 설치하도록 명했다. 그리고 새로 만드는 부뚜막의 수를 첫째 날에는 10만 개, 둘째 날에는 5만 개, 셋째 날에는 3만 개로 줄였다. 방연은 사흘 동안 계속 제나라 군사들의 행동을 관찰하면서 매일 부뚜막의 수가 급격히 줄어든다는 사실을 알게 되었고 이에 속으로 쾌재를 불렀다. 그는 겁에 질린 제나라

---

* 실력을 숨기고 있다가 상대방이 방심한 틈을 타서 행동을 취하다
** 부뚜막 숫자를 줄여 적을 유인하다

군사가 위나라 국경에 들어선 지 사흘 만에 도망치기 시작했고, 그래서 부뚜막의 수가 줄어드는 거라고 짐작했다. 승리에 대한 강한 자신감을 얻게 된 그는 주력군이었던 보병들을 본진에 남겨 둔 채 기마병만을 이끌고 제나라 군사에 공격을 감행했다. 한편 손빈은 마릉도馬陵道에 군사를 매복케 하고 방연의 병사들이 지나가기만을 기다리고 있었다. 방연의 병사들은 황혼 무렵 마릉도에 다다랐고, 양편으로 나뉘어 매복하고 있던 제나라 군사들이 일제히 화살 공격을 퍼붓자 속수무책으로 몰살당했다. 결국, 방연 역시 그 자리에서 검을 들어 자결하고 말았다.

훗날 손빈의 계략을 반대로 이용한 일화도 있다. 동한東漢시대에 강인羌人이 무도武都*를 공략하자, 황제는 우후虞詡를 보내어 무도를 수비하도록 했다. 강인은 군사 수천을 보내어 맹공을 퍼부었지만 우후는 오히려 자기 병사들에게 잠시 공격을 멈추라고 명한 뒤, 자기가 황제에게 증병을 애걸하며 지원병을 기다리고 있다는 소문을 퍼뜨리게 하였다. 소문을 듣고 방심한 강인은 약탈을 위해 병사들을 다른 지역으로 보냈다. 이에 적군이 흩어진 틈을 노려 밤낮으로 100리가 넘는 먼 길을 쉼 없이 달려온 우후는 가마솥을 매일 두 배씩 만들도록 지시했다. 그 결과 상대편 군사가 날로 늘어나고 있다고 생각한 강인은 감히 선제공격을 못했다.

그러던 어느 날 누군가 우후에게 물었다.

"손빈의 병법은 매일 부뚜막을 줄이는 것이었는데, 우리는 매일 부뚜막을 늘리고 있습니다. 병법서를 보면 하루 행군 거리는 30리 길을 넘지 아니하여야 한다고 나와 있는데도, 우리는 하루에 100리 길을 걷고 있으니,

---

* 지금의 감숙성甘肅省

대체 이유가 무엇입니까?"

우후가 대답했다.

"적은 많고 아군의 수는 적으니, 속도가 느리면 금세 따라잡히게 된다. 그러나 속도가 빠르면 적들은 우리 실체를 제대로 파악하기 어려워진다. 더구나 매일 부뚜막의 수를 늘리고 있으니, 적들은 분명히 우리에게 지원병이 도착했으리라 생각하고 감히 어찌하지 못할 것이다. 손빈은 연약한 체하며 적을 유인했지만, 우리는 반대로 강한 체하며 적을 속이고 있는 것이다. 비록 정황은 다소 차이가 있다고는 하나 결국은 같은 목적이 아닌가."

그 뒤에 우후는 강인의 군대에게 대승을 거두었다.

동한의 장수였던 장궁臧宮이 남쪽의 소수민족 지역에 주둔할 때의 일이다. 당시 혼란했던 정세로 말미암아 현지 세력들은 끊임없이 한 왕조의 통치에서 벗어나려는 움직임을 보였다. 그러나 장궁 역시 현지 세력과 정면으로 대결할 경우 승리를 거둘 가능성은 희박했다. 때마침 그에게 예속되어 있던 몇 개 현에서 군수 물자를 실은 보급 수레가 몇백 대씩이나 도착했다. 이 수레를 보고 꾀를 낸 장궁은 밤사이 어둠을 틈타 성문의 모든 문턱을 갈아 없애고, 수레가 성 안팎을 반복해서 드나들도록 했다. 수레가 덜그럭덜그럭 거리는 소리가 한밤중부터 이튿날까지 계속되는데다, 성문의 문턱까지 닳아 없어진 모습을 보자, 현지 세력들은 한나라 대군이 당도했다는 착각에 빠졌다. 이 소식은 현지에서 가장 강력한 우두머리의 귀에까지 들어가고, 그는 엄청난 군사와 맞서 싸우는 것이 무모한 일이라 생각하여 한나라의 통치를 벗어나려던 생각을 버렸다. 그 뒤로 진귀한 쇠고기와 술을 싸들고 장궁을 찾아와 자신의 충심을 보였다.

북주北周와 북제北齊가 한창 팽팽하게 대치하고 있을 때, 북주의 위효관韋孝寬은 군사 요충지에 성곽을 짓고자 했으나 투입할 수 있는 병사가 부족했다. 그래서 그는 제갈량의 공성계空城計*와 비슷한 전략을 생각해 냈다. 그는 먼저 인근에서 면적이 가장 넓은 마을을 하나 골라 불을 질렀다. 그러나 북제의 적군들은 북주의 대군이 그 곳에 주둔해 있을 것으로 생각하고, 공격은커녕 수비에 급급하기 시작했다. 이들이 수비에 열을 올리는 사이, 위효관은 성곽을 지을 수 있었다.

　동진東晉의 명장이었던 조적祖逖의 부하 한잠韓潛과 후조後趙의 장수 도표桃豹도 치열한 대치전을 벌인 바 있다. 장장 40여 일에 걸친 팽팽한 긴장 속에서 동진 군의 식량이 바닥을 보이기 시작했다. 그리하여 조적은 포대 자루에 진흙을 가득 채운 뒤, 1천 명의 군사를 시켜 마치 보급된 식량인 것처럼 한잠에게 전하도록 시켰다. 또한, 가는 길에 일부러 도표의 병사들이 쉬는 휴식처 부근을 지나서 가도록 명했다. 쌀 포대를 지고 가던 병사들은 금세 적군의 눈에 띄었고, 도표의 병사들이 그 뒤를 쫓자 조적의 군사들은 일부러 지고 가던 쌀 포대를 내던지며 도망갔다. 마침 동진 군과 마찬가지로 식량이 바닥난 후조 군은 쌀 포대도 내던지고 도망치는 진나라의 군사와, 1천 명이나 되는 군사가 식량을 나르는 광경을 보고, 자신감이 크게 실추되어 밤사이 철군해 버렸다.

---

* 사마의와 대적하던 제갈량은 자신의 군사로 사마의의 대군을 당할 수 없을 듯하자, 아예 성문을 열어놓고 성루에 앉아 거문고를 켰다. 그러자 사마의는 신중한 제갈량이 위험을 무릅쓴 데에는 큰 의중이 담겨 있다고 생각하여 철퇴하였다 한다. 이처럼 공성계는 군사상에서 약함을 덮어 감추기보다 그대로 내보임으로써 상대가 어떤 상황인지를 파악하지 못하도록 함을 이르는 말이다.

명장 단도제檀道濟가 모래를 저울에 달았던 일화도 유명하다. 당시 군사들의 식량이 바닥을 보이고 배고픔을 이기지 못해 적군에 투항하는 병사가 하나둘씩 늘어나자, 적군은 단도제 진영의 물자가 바닥난 사실을 눈치채고 기회를 틈타 공격을 해 왔다. 단도제의 부하들이 두려움에 떨고 있을 때 단도제는 군영 안의 모래를 전부 저울에 달아 큰 소리로 그 무게를 외치라는 명령을 내렸다. 그러고는 모래 위를 쌀로 덮어 두었다. 이 같은 상황을 본 적군은 단도제 진영의 식량이 충분하다고 생각해 투항해 온 병사들이야말로 적군이 보낸 스파이라 단정 지은 뒤, 이들을 모조리 죽이고 감히 공격하지 못했다.

당唐나라 대종代宗이 다스리던 시절에는 변방에서 토번吐蕃*족의 공격이 끊이지 않았다. 특히 안사의 난安史之亂** 이후에는 최정예군이었던 술변戍邊의 부대가 중원에서 일어난 반란을 진압하는 데 투입되면서, 결국 토번족의 공세로 단 몇 년 사이에 서북 지역의 수십 개 주를 빼앗기는 사태가 빚어졌다. 광덕원년廣德元年에 이르러 마침내 토번족은 대진관大震關***까지 쳐들어와, 하서河西와 농우隴右 일대를 차지하게 되었다. 변방에서는 위급함을 알리는 구원 요청이 쇄도했지만 당시 대권을 쥐고 있던 정원진程元振은 이 사실을 숨긴 채 황제에게 고하지 않았다. 결국, 토번이 코앞까지 들이닥치고 조정이 술렁이고 나서야 당대종은 이 같은 사실을 알게 된다. 그는 옹왕雍王 이적李適을 관내원사官內元師로, 곽자의郭子儀를 부원사로 임명하여 함양 땅에서

---

* 현재의 티베트
** 당나라 중기인 755~763년에, 현종이 양귀비에 빠져 정치를 소홀히 하자 외척과 환관들이 타락한 정치를 일삼았다. 이에, 동북의 국방 경비를 맡아 보던 안록산安祿山과 그의 부하 사사명史思明 등이 일으킨 반란이다.
*** 지금의 감숙성 농서

적에 맞서도록 했다. 그러나 곽자의는 이미 병사를 이끌어 본 지가 너무 오래된 데다 그의 심복들도 뿔뿔이 흩어진 지 오래였다. 급한 대로 모은 병사라고 해 봐야 고작 20명 남짓에 지나지 않았다.

함양에 도착한 곽자의는 조정으로 사람을 보내 지원군을 독촉했다. 그러나 정원진은 곽자의가 보낸 사람을 만나 주지도 않았다. 그때 토번은 20만 명이 넘는 대군을 이끌고 기세등등하게 수십 리 앞까지 다가온 상태였다. 장안長安 부근에서 대기하던 장군들이 2천여 명의 정예군으로 토번에 승리를 한번 거두긴 했지만, 결국은 패배를 면할 수 없었다. 한발 한발 다가오는 토번에게 속수무책이었던 당대종은 황망하게 도성을 빠져나와 섬주陝州로 피신하고 문무백관들도 뿔뿔이 흩어졌다. 토번군은 무차별적으로 장안에 들어와 새로운 황제를 세우고 대대적인 약탈을 자행하며 민가를 불태웠다. 백성은 산골짜기로 숨어들어 장안성은 순식간에 쑥대밭이 되어 버렸다.

다행히 곽자의는 상주商州에서 무관武關에 이르는 길에 4천여 명의 병사와 말을 모을 수 있었다. 곽자의의 군대는 낮에는 나팔을 불고 북을 치며 깃대를 높이 들고 소리치다가 밤이 되면 모닥불을 여러 개 지펴 놓고 쉬면서 일부러 기세등등한 모습을 가장했다. 이를 본 토번족은 그가 대체 얼마나 많은 병사를 이끌고 온 것인지 알 길이 없었다. 현지 백성도 곽자의에게 협력하여 곽자의가 상주에서 셀 수도 없이 엄청난 대군을 이끌고 돌아왔다는 소문을 퍼뜨리기 시작했다. 곽자의는 부하들을 장안성 안으로 잠입시켜, 한밤중에 여러 젊은이와 북을 치며 소리를 지르게 하였다. 그러자 영문을 알 길이 없는 토번은 곽자의의 대군이 벌써 성 안에 들어왔다고 생각하고 전부 혼비백산하여 도망쳐 버렸다.

남송의 장군 필재우畢再遇가 금金나라 병사들과 대치할 때의 일이다. 금군과 대치하던 필재우는 결국 깃발만 남겨 둔 채 군대를 철수했다. 병사를 철수하기 전날, 필재우는 살아 있는 양들을 진영에 붙들어 매어 놓고, 양의 앞다리를 북 위에 올려놓도록 명령했다. 양이 발버둥을 칠 때마다 북이 울리자, 금의 군사들은 송나라 군사들이 이미 철수했다는 사실을 알지 못했다. 며칠이 지나 무언가 석연치 않음을 느낀 금군은 그제야 자신들이 속았음을 깨닫고 뒤늦게 남송 군대를 뒤쫓았지만, 그들은 이미 멀리 사라진 후였다.

전쟁 이야기 속에 가장 자주 등장하는 주인공은 단연 밀짚 인형이다. 초선차전草船借箭*에서 당나라 안사의 난에 등장했던 장순張巡의 일화까지 말이다. 장순이 수양睢陽성을 방어하면서 영호조令狐潮와 대치하고 있을 때, 수양성의 화살이 바닥을 보이게 되었다. 그러자 장순은 1천 개의 밀짚 인형을 만들고 검은 옷을 입힌 다음 밧줄을 묶어, 어두운 밤중을 틈타 성벽 아래로 내려보내도록 했다. 밖에 있던 영호조의 군사들은 밀짚 인형이 사람인 줄 알고 일제히 화살을 퍼부었고, 성 안에 있던 병사들은 화살이 빽빽이 박힌 인형을 끌어올려 10만 개가 넘는 화살을 획득했다.

첫 번째 인형 작전이 예상 밖의 쾌거를 거두자, 장순은 또다시 한밤중에 인형을 내려보냈다. 그러나 이번에는 적군들이 비웃기만 할 뿐 전혀 공격할 생각을 하지 않았다. 그리하여 장순은 죽음도 두려워하지 않는 용맹한 병사 500명을 골라 인형처럼 밖으로 내려보내 영호조의 진영을 습격하도록 명령했고, 이들은 영호조의 군대를 초토화시켰을 뿐 아니라 10리 밖까지 따라가 죽이는 압승을 거두었다.

인형 작전이 또다시 승리하자, 후대의 많은 사람이 이 작전을 모방했다.

---

* 제갈공명이 작은 배 20척에 짚더미를 가득 쌓은 뒤 조조의 진영으로 다가가 10만 대에 달하는 화살을 획득한 것을 이르는 말.

남송 필재우는 금나라 병사들에게 포위당했지만 이에 맞서 싸울 화살이 없었다. 필재우는 한 병사에게 왕후장상이 쓰는 푸른 화개華蓋를 들고 성루 위를 왔다 갔다 하도록 명했다. 그러자 그가 남송의 우두머리라고 생각한 금나라 명사들은 일제히 성루를 향해 화살을 쏘아 댔고, 성루는 순식간에 20만 개가 넘는 화살로 뒤덮였다. 그러나 여기까지는 인형이 아니라 사람이 위장을 했을 뿐이다. 필재우는 밀짚으로 인형을 몇 개 만든 뒤 인형에 갑옷을 입히고 깃발과 무기를 들렸다. 그러고는 어두운 밤중을 틈타 대열을 이루어 성 밖으로 내보내면서 주위에서 북을 울렸다. 이에 깜짝 놀란 금군의 사기는 바닥으로 떨어졌고, 필재우는 그 틈에 공격을 명하여 금군을 물리쳤다.

여진女眞족의 게릴라전 역시 상당히 효과적이었다. 머릿수가 많다고 해서 반드시 싸움에 이기리라는 법은 없다. 전선戰線이 길어지고 범위가 넓어질수록 쉽게 격파당하기 때문이다. 여진족은 이러한 사실을 잘 알고 있었다. 그들은 금 왕조를 처음 세운 금나라의 태조 아골타阿骨打가 요遼나라를 습격했을 때부터, 후금의 누르하치[努爾哈赤]가 살이호薩爾滸 전투에서 명나라 군대를 물리칠 때까지 항상 이런 전술을 사용했다.

여진은 중국의 동북부에서 아주 오랫동안 살아온 민족이다. 이들은 흑룡강黑龍江과 송화강松花江 유역 및 백두산 지역에서 수렵과 채집을 통한 생활을 했고, 매번 중국의 왕조가 바뀔 때마다 각각 다른 이름으로 역사책의 한 페이지를 차지해 왔다. 예를 들어 상주商周시대에는 숙신肅慎, 한나라 대에는 읍루挹婁, 남북조南北朝에는 물길勿吉, 수당隋唐시대에는 말갈靺鞨이라 불렸다. 그 후 요나라가 발해渤海를 멸하면서 여진족은 옛 발해 땅을 차지하며 남하했고, 그러면서 요나라의 지배를 받기 시작했다. 초기 여진족은 하나로 합쳐진 나라가 아니라 여러 부족으로 갈라져 있는 상태였다. 그러나 요나라와 발해 사람들과 접촉하기 시작하면서 수렵과 채집에 의존하던 그들의 생활에도 큰 변화가 일었다. 그러나 수렵과 채집에 의존하던 생활 방식은 한편으로 도구 제작의 필요성을 부각했으며, 영양학적으로도 상당히 균형 잡힌 음식물을 섭취할 수 있었기에 여진족의 신체 및 대뇌 발달에 긍정적인 영향을 미쳤다. 여진족은 학습 능력과 모방 능력이 뛰어났다. 사회가 발전하고 부족의 세력이 강성해지면서 여진족은 거란족으로부터 여러 노하우를 받아들이는 한편, 요 왕조의 지배에 불만을 표하며 자신들의 생존을 위해 요나라를 없애야 한다고 결심하게 되었다.

실제로 여진족은 완안아골타完顔阿骨打의 등장과 함께 자신들만의 제국을 건설하기 시작한다. 여진족 최초의 병력은 고작 2천여 명 남짓이었지만 아골타는 정예군을 모아 적의 허점을 노리는 전술을 구사하며 승리를 이끌었다. 이 같은 전술은 당시 여진족에게 유일한 선택이었다. 영강주寧江州와 출하점出河店에서 두 차례 승리를 거두면서 여진족은 대량의 무기와 물자를 손에 넣었고, 병력도 1만 명을 넘어서게 되었다. 1천 명의 여진족 병사에도 쩔쩔맸던 요나라 군은 여진족의 병력이 1만 명까지 늘어나자 더는 막아 낼 도리가 없었다.

이후에도 여진족의 금나라는 승승장구하며 황룡부黃龍府까지 점령했다. 진노한 요나라의 마지막 황제 천조제天祚帝는 나라 안의 모든 병력을 동원하여 친히 여진을 정벌하러 나섰다. 이 소식을 듣고 아골타의 부하들은 두려움에 떨기 시작했다. 천조제의 부대가 70만 명이 넘는다는 소문을 들은 아골타의 부하들은 전략 회의에서 모두 자신감을 잃고, 장거리 행군에 말도 사람도 전부 지쳤다고 호소하며 이쯤해서 방어선을 구축하자고 건의했다. 아골타는 부하들의 속내를 간파하고 있었지만, 일단 형세가 불리한 만큼 더 이상 부하들을 몰아붙이지 않았다.

그러나 막상 전장에서는 여러 변화가 일어났다. 요나라 조정 내부에서는 권력 투쟁으로 말미암아 반란이 일어났고, 천조제가 친히 이끌던 병사들은 여진과 미처 접전을 벌여 보기도 전에 후방으로 흩어졌다. 일전에 방어에 전념하자고 건의했던 아골타의 부하들은 이에 용기를 얻어 흩어지는 천조제의 병사들을 뒤쫓았다. 이때 아골타는 요나라 군사 중에서 가장 규모가 큰 쪽이 바로 천조제가 이끄는 부대이니만큼, 자신들의 주 무기였던 게릴라전을 잘만 활용한다면 크나큰 성공을 거둘 수 있으리라 생각했다. 그래서 그는 천조제의 군사들만 물리치면 천하를 얻는다고 부하들을 독려하면서 자신이 가장 신뢰하는 2만 명의 기마병을 파견했다. 결국, 천조제의 부대는 여진족의 강력한 공격 아래 혼비백산하여 물자며 병기며 재물이며 할 것 없이 전부 내던진 채 도망쳤고, 아골타는 천조제가 가지고 있던 깃발까지 획득했다.

이것이 바로 금金 개국 초기 여진족의 전술이었다. 그리고 몇백 년이 흘러도 여진족은 이와 같은 전술을 유지했다. 명나라 중기부터 말기까지 중국의 동북 지방에 살던 여진의 각 부족이 떨치고 일어나면서 건주建州, 해서海西, 야인野人*의 3개 부족으로 나뉘었다. 그 중 가장 강성한 것은 건주여진이었다. 명나라 조정의 통치 영역에서 가장 가까운 곳에 있던 탓에, 한족 문화의 영향을 많이 받았던 건주여진은 일찍부터 수렵 생활에서 농경 생활로 전환하였고 생산력이 크게 증대되었다. 그리고 같은 계통인 누르하치는 명나라에 반대하여 병사를 일으켜 요동遼東의 요충지인 무순撫順을 손에 넣었다. 무순이 함락된 사실에 진노한 명의 신종神宗은 요동을 지키고 자국의 명예를 지키고자 조정 대신들과 상의를 거쳐 누르하치와 전쟁을 하기로 했다. 그 싸움

---

* 또는 동해東海

에서 총책임을 맡은 이는 요동의 전술가 양호楊鎬였다. 1618년 6월, 양호는 계문薊門, 선주宣州, 대동大同, 산동山東 등지와 조선朝鮮에서 모인 47만 대군을 산해관山海關으로 이동시켰다. 이 47만 대군을 이끈 것은 양호뿐만 아니라 계요총독薊遼總督 왕가수汪可受, 순무巡撫* 주영춘周永春, 순안巡按 진왕정陳王庭 등이 더 있었지만, 이들은 전부 탁상공론이나 하지 않으면 정치 암투나 벌일 뿐 대업을 이루는 쪽에는 전혀 소질이 없었다. 그들은 오랜 회의 끝에 요동과 광녕廣寧을 근거지로 정하고, 병사를 셋으로 나누어 누르하치를 포위하기로 했다.

그러나 누르하치는 명나라 대군의 공격에도 눈 하나 깜짝하지 않았다. 그는 형세를 냉정하게 분석한 다음, 명나라 군이 대규모로 광범위하게 진격해 오는 만큼 속전속결을 하리라 판단했다. 또 명나라 군사의 후방 보급이 지구전을 버텨 낼 수 없으리란 것도 알았다. 그는 장기적인 방어전에 돌입할 채비를 했다. 그리하여 후금은 1만 5천 명의 분대를 보내어 살이호산 꼭대기에 성곽을 짓고 요새를 만들었으며, 기마병을 보내 이를 지키도록 했다. 누르하치는 명나라의 주력군이 실은 양호가 이끄는 군대가 아니라, 두송杜松이 무순에서 이끌고 오는 3만 서로대군西路大軍일 것이라 예상했다. 전체적인 군사력만 놓고 본다면 누르하치는 분명히 명나라 대군의 적수가 될 수 없지만, 적의 허점을 노리는 게릴라 전술을 통해 적을 하나하나 쓰러뜨릴 수만 있다면 분명 승산은 충분했다. 그리하여 그는 정예 병력을 중점 배치하여 명나라 주력군을 상대하고, 남은 병사들을 모아 차례차례 적을 무찔렀다.

두송의 군대가 무순성을 출발한 지 며칠 후 마침내 군사 요충지인 살이호

---

* 명明·청清나라의 지방 장관

에 도착했다. 그러나 전략적 우위에도 그는 공적을 세울 욕심에 눈이 먼 나머지 그만 치명적인 실수를 저지르고 만다. 두송은 부하들의 권고를 무시한 채 독단적으로 행동했다. 군사적 요충지인 살이호에서 후금군과 맞닥뜨릴 기회를 포기한 채, 선제공격에 나섰던 것이다. 또한 직접 1만 명을 이끌고 주변의 계범성界凡城을 공격하니, 병력이 분산되어 누르하치에게 절호의 기회를 제공하는 격이 되었다. 누르하치는 6기旗 4만 명의 병사를 이끌고 살이호산을 포위하였고, 아들 대선代善과 황태극皇太極에게 명하여 2기 병력을 이끌고 범계성에서 명군과 맞붙으라고 명했다. 그 후 누르하치의 8기군이 살이호산을 향해 맹렬한 공격을 퍼붓자, 북방의 기후 환경과 지리 여건에 익숙하지 않았던 명나라 군사들은 혼비백산하여 서쪽으로 도망쳤고, 일대의 전군은 모조리 섬멸당했을 뿐 아니라 두송은 전사하고 말았다.

8기군은 살이호산에서 대승을 거둔 다음 기세등등하게 삼로의 명군을 공격하기 시작했다. 얼마 뒤 심양沈陽으로 도망친 이여백李如柏의 남로군南路軍을 제외한 삼로군은 모두 8기군에 의해 격파당했다. 이 대규모 전투에서 누르하치는 적은 숫자로 명나라 대군을 무찌르며 최소의 희생으로 가장 큰 승리를 이끌어 내었다. 완안아골타의 금나라에서 누르하치의 후금에 이르기까지 여진족은 항상 이 같은 전술을 고집했고, 이 전술은 언제나 최상의 효과를 발휘했다.

여유로움을 무기로 강적을 제압한다. 강한 적을 상대할 때는 교묘하게 우회하여 여유를 갖는 것도 하나의 방법이다. 이 같은 이치만 잘 활용한다면 연약한 아녀자도 엄청난 힘을 보일 수 있다. 삼국시대* 오吳나라 손권孫權의

---

* 후한이 멸망한 후 위魏, 촉蜀, 오吳나라가 서로 대립했던 시기(220~280년)이다.

동생 손익孫翊이 단양丹陽 태수로 있을 때, 규람嬀覽은 도독都督으로 병사를 거느리고, 대원戴員은 군승郡丞을 맡고 있었다. 규람과 대원은 자신들을 여러 번 질책했던 손익을 미워했다. 그래서 손익의 최측근 심복인 변홍邊洪에게 막대한 뇌물을 제시하며 손익을 암살할 음모를 꾸몄다.

어느 날 손익이 손님을 배웅할 때, 변홍은 뒤로 다가가 그의 목을 베고 산속으로 도망갔다. 이를 알게 된 손익의 아내 서씨徐氏는 엄청난 현상금까지 내걸고 무사들을 풀어 그의 뒤를 쫓아 그를 죽여 버렸다. 그 후 손익의 저택은 규람의 차지가 되었다. 규람은 손익의 모든 것을 빼앗고 손익의 시녀들과 하인들까지 모조리 차지했다. 나아가 규람은 여기서 그치지 않고 아름다운 서씨를 탐내기 시작했다. 서씨는 규람이 자신을 해하려는 것을 알고 꾀를 내어 그에게 다음과 같은 부탁을 했다.

"이번 달 말까지만 기다려 주십시오. 제단을 지어 남편의 장례를 치른 후 상복을 벗고 나서 당신을 따르겠습니다."

규람은 그녀의 부탁을 받아들였다.

그 후 서씨는 남몰래 사람을 보내 과거 손익과 고락을 함께했던 손고孫高와 부영付嬰 등 사람들과 연락을 취하고 손익 일가의 불행을 고했다. 손고와 부영은 이 소식을 듣고 눈물을 흘리며 손익의 보복을 다짐했다.

월말이 되었다. 서씨는 남편의 장례를 마치고 상복을 벗은 뒤, 목욕재계를 하고 방 안에 휘장을 둘렀다. 그녀는 웃고 떠들면서 기쁜 척을 했다. 한편, 규람은 눈에 띄지 않는 구석에 숨어 서씨의 일거수일투족을 지켜보면서 서씨에 대한 의심을 내려놓았다. 서씨는 먼저 손고와 부영에게 시녀들을 따라가 대문 안쪽에 숨어 있도록 하고는 대문을 들어서는 규람을 반갑게 맞았다. 그때 서씨가 소리를 지르자, 손고와 부영이 달려 나와 함께 규람을 베고 나머지 사람들은 밖에서 대원을 죽였다.

그리하여 서씨는 다시 상복으로 갈아입고서 베어 낸 규람과 대원의 머리를 손익의 영정에 바치며 제사를 올렸다. 이 이야기가 퍼져 나가자 온 백성이 놀람과 감탄을 금치 못했다고 한다.

북송北宋에도 신도희광申屠希光이라는 여걸이 살았다. 시를 짓는 데 뛰어난 재능을 가졌던 그녀는 후관侯官 현에 살던 수재 동창董昌에게 시집을 갔다. 비록 생활은 궁핍했지만, 그녀는 언제나 자신의 삶에 만족하며 살았다. 어느 날 같은 고을에 사는 방육일方六一이라는 부자가 희광의 아름다운 외모를 보고는 그녀를 차지하려 안달이 났다. 방육일은 사람을 시켜 동창을 모함하도록 했고, 그를 죽이는 것으로도 모자라 그의 일가친척들까지 멸하도록 계략을 꾸몄다. 그러고는 착한 사람인 척 가장하고 나서서 정에 호소하며 동창의 아내와 자식들만 죄를 면하도록 청하였다. 동창이 죽은 후 방육일은 시종을 보내 희광을 성심성의껏 보살피며 막무가내로 약혼 예물을 안겨 주었다. 비로소 방육일의 음모를 알아챈 희광은 그에게 남편의 장례를 치러주면 그와 혼례를 치르겠다고 말했다. 이 말을 듣고 신이 난 방육일은 예법에 따라 동창의 장례를 치러 주었다. 장례가 끝나고 희광은 아이들을 동창의 친구 집에 맡긴 뒤, 아름답게 치장을 하고 품에는 날카로운 비수를 숨긴 채 마치 기뻐서 날아갈 것만 같다는 표정을 지으며 동창에게 감사를 표하고 혼례를 올렸다. 방육일이 신방의 휘장을 걷고 들어오는 순간, 희광은 품 안에 숨겨 두었던 비수를 겨누고 달려들어 그를 죽인 뒤, 그의 시중을 들던 두 하인까지도 죽여 버렸다. 그러고는 방육일이 갑자기 아프다면서 집안의 식구들을 하나씩 하나씩 방으로 불러들여 죽였고, 결국 그 집안의 모든 식솔을 모조리 살해했다. 그 후 희광은 방육일의 머리를 잘라 광주리에 넣고 동창의 무덤 앞에 가져다 바쳤다. 이튿날 희광은 마을 사람들을 전부 불러 모아 사건의 자초지종을 고하고 "나도 이제는 내 남편을 따라가려오" 라는 말만 남긴 채 목을 매달아 자결했다.

　서씨와 신도씨는 모두 남편을 잃은 뒤 색을 밝히는 소인배들의 음험한 술수에 굴하지 않고 죽은 남편을 위해 보복을 했다. 서씨는 귀족의 아내로서 여유를 갖고 밖으로는 남편의 심복들과 합심하며 안으로는 하인들과 협력하여 방심하던 호색한 규람을 처치했다. 규람을 처치하는 것은 식은 죽 먹기와 다름없었다. 그러나 신도씨의 경우는 약간 다르다. 원수가 아직 참모습을 드러내기 전부터 그녀는 인내심을 가지고 기다렸으며, 호색한 방육일이 본모습을 드러냈을 때에도 그녀는 냉정함을 잃지 않았다. 그녀는 애써 기쁜 척하며 적에게 용감한 복수를 했다. 물론 그 집안의 모든 사람을 남김없이 몰살시켜 버린 것은 다소 지나침이 있지만 말이다.

2장

도회술 韜晦術

진퇴를 결정하는 지혜, 똑똑한 바보가 이긴다

미인에게는 질투가 따르고,

영웅에게는 어려움이 따르는 법이다.

몸을 낮추고 때를 기다려야 한다.

재능을 감추고 때를 기다리는 사람은

인내심이 있어야 하고, 기회를 포착할 수 있어야 한다.

몸을 낮추고 때를 기다리는 이유는

나서야 할 때 제대로 나서기 위함이다.

원세개와 장개석 같은 인물들은 이러한 도회술의 고수였다.

1
달도 차면 기우는 법, 스스로 몸을 낮추어라

일상생활에서 우리는 침묵하며 말을 아끼는 사람들을 경계한다. 그들이 속으로 무슨 생각을 하는지 예측하기가 어렵기 때문이다. 이를 '불언자위不言自威'라 하는데, 말을 아낌으로써 남들에게 자신의 위엄을 자연스럽게 내비친다는 의미이다. 분명히 그러하다. 성공을 거두는 사람들은 항상 조용하지 않은가? 언행으로 남의 주목을 받지 않을수록 좋다. 왜 그럴까? 왜냐하면 우리 인생에는 항상 시기와 질투가 따라다니기 때문이다. 누군가 뛰어나면 자연스레 사람들의 관심을 받게 되고, 이와 동시에 질투와 시기를 받는다. 질투는 미움을 낳는다. 그리고 위험은 종종 이 같은 무의식적인 자만에서 비롯된다. 그러므로 우리는 반드시 조용함과 차분함을 배워야 한다. 이는 자신을 아끼고 보호하는 방법이니 반드시 잊지 말고 기억해야 할 것이다.

역사도 이 같은 사실을 증명하고 있다. 남조의 송나라 고조 유유는 임종 전에 대신들에게 태자를 돕도록 일을 맡겼다. 토지와 민사에 관한 업무를 맡아보던 사공司空으로 서선지徐羨之를, 황제의 곁에서 문서를 다루는 중서령中書令으로 부량傅亮을, 영군장군領軍將軍 사회謝晦와 진북장군鎭北將軍 단도제檀道濟를 황제의 유언을 받드는 고명대신顧命大臣으로 임명하여 태자를 보필하도록 했다.

그러나 태자는 즉위 후 소인배들과 어울리며 장난이 도를 지나쳤다. 궁 안에서 병사를 훈련하는 것으로 모자라 황실 화원인 화림원華林園에 시장을 열어 시중을 드는 신하 및 후궁들과 함께 장사치와 행인 역할을 가장하며 장사꾼 흉내를 내기도 했다.

대신들은 여러 번 글을 올려 말렸지만 어린 황제는 이를 본체만체하며 내키는 대로 행동했다. 보다 못한 사회와 서선지, 부량은 결국 어린 황제를 폐위시키고 다른 명석한 군주를 옹립하기로 계획을 세우고 북진장군 단도제를 불러다 함께 상의했다.

4명의 고명대신은 의견 일치를 보자마자 대내외적인 군사권을 장악하고 병사를 이끌고 황궁으로 진격했다. 그리고 황제를 사로잡은 다음 태후의 명의로 황제의 죄를 낱낱이 밝힌 후, 황제를 영양왕營陽王으로 강등시키고 의도왕宜都王 유의륭劉義隆을 황제로 옹립했다.

사회, 서선지 등은 영양왕을 남겨 두면 반드시 후환이 따르리라 생각하여 사람을 보내 영양왕을 죽임과 동시에 평소 눈엣가시처럼 여겼던 여릉왕廬陵王 유의진劉義眞도 함께 처치했다.

유의륭은 즉위하여 송나라 문제文帝가 되었다. 사회는 자신들이 황제를 갈아 치운 것이 온 나라와 종묘사직을 위한 선택이었다고 생각했지만, 그래도 마음 한구석에는 송나라 문제가 자신의 형제를 위해 보복할지도 모른다고 두려워했다. 그래서 서선지와 부량에게 조정에서 실권을 장악하게 하고, 자기와 단도제는 병권을 장악해 성 밖을 지키다가, 여차하면 조정을 통제하고 황제의 명줄을 끊어 놓을 만반의 준비를 하고 있었다. 사회는 형주荊州로 갔고 단도제는 광릉廣陵으로 갔다.

즉위 초까지만 해도 송나라의 문제는 겉으로 사회 등 네 명의 고명대신을 존중하며 벼슬을 승급시켜 주었다. 그러나 도성의 금위군禁衛軍을 장악하고 나서는 이 네 사람을 없앨 궁리를 하기 시작했다. 그는 단도제가 처음에는 사회 등이 꾸민 음모에 참여하지 않았다는 사실에 착안하고, 단도제를 불러 그와 사회의 일에 대해 상의했다. 생각했던 대로 단도제는 황제에게 복종하면서 사회를 처벌할 것을 건의했다. 송문제는 금군을 보내 도성 안에 머물고 있는 서선지, 부량, 사회의 식솔들을 잡아들였고, 이 세 사람이 영양왕과 여릉왕을 살해한 죄목을 밝히며 대군을 보내 사회를 토벌했다.

이 사실을 안 사회는 병사를 일으켜 모반을 꾀했다. 애초 그는 궁 안의 군대를 무시하면서 자신의 모략과 통솔력을 당할 자가 없으리라 자만했었다. 더구나 자신이 장강長江 상류를 점거하고 있으니 도성을 장악할 날도 머지않았으며, 그때 가서 새로운 황제를 세우면 그만이라고 생각했다.

그러나 송문제의 대군과 사회의 군사들이 서로 마주치고 나서야 단도제가 자신을 공격하고 있음을 깨달은 사회는 평정심을 잃게 되었다. 더구나 단도제는 당시 가장 싸움을 잘하는 장군으로 적국에 명성을 떨치고 있었으니, 이렇게 강한 적수 앞에서는 사회도 달리 어쩔 도리가 없었다.

결국, 사회의 군대는 단도제에게 대패하였고 사회는 생포되어 도성에 끌려와 참수당했다. 사회 집안의 남자들도 모조리 형장에서 사형을 당했다. 물론 서선지, 부량 그리고 그 가족들은 일찌감치 문제의 손에 죽임을 당한 상태였다.

사회 등 네 명의 모반은 유유의 유언을 지키지 못하더라도 나라와 종묘사직을 바로잡기 위함이었다. 물론 그 시작은 옳았다. 그러나 방법은 옳지 못했다. 먼저 황제를 폐위시킨 후 더 이상 살인을 저지르지 말았어야 했다. 가끔 살인은 권위가 아닌 무능함을 드러낸다. 무고한 여릉왕을 죽였다는 것은 결국 자신에게 죄를 한 꺼풀 더 뒤집어씌우는 것이나 마찬가지일 뿐이다. 훗날 송문제가 서선지와 부량을 죽이고 사회를 토벌했던 구실도 전부 왕을 시해했다는 것이었다.

물론 송문제가 사회를 없애려 했던 주요 원인은 이것이 아니었다. 사실은 신하가 감히 황제를 바꿀 만한 강력한 권력을 손에 쥐었다는 사실을 간과할 수 없었던 것이 더 컸다.

그러니 사회가 황제를 바꾼 후 선택했어야 할 가장 현명한 방법은 바로 자신을 낮추고 드러내지 않는 것이었다. 영양왕을 죽이지 말았어야 할 뿐 아니라 권력에 미련을 버리고 모든 권세를 포기한 채 집으로 돌아가 칩거함으로써 자신의 충정을 보였어야 했다. 그렇다면 문제가 즉위하고도 무슨 걱정이 있었겠는가? 자신을 위협할 것이 전혀 없고 오히려 황제를 만들어 주었으니 사회에게 큰 성은을 내렸을 것이 아닌가?

이런 점에서 당나라의 무장 곽자의郭子儀는 보다 현명했다. 그는 '침묵이 금'이라는 사실을 잘 알고 있었다. 사람들은 오랜 기간 전장을 누빈 명장들이 실제 공로에 걸맞은 대우를 받지 못한다고 생각한다. 결국 전사하지 않으면 토사구팽을 일삼는 황제에게 죽임을 당해 비참한 최후를 맞게 된다고 생각한다. 그러나 당나라 명장이었던 곽자의는 달랐다. 그는 안록산의 난을 진압하고, 토번을 무찌르는 등 전장에서 혁혁한 공을 세웠을 뿐 아니라 집 안에서도 온갖 부귀와 영화를 누리며 평안한 여생을 보냈다. 이러한 그의 이야기는 후세에까지 전해져 시나리오로 편집되어 뭇 사람들의 부러움을 사기도 했다. 곽자의의 일생에 걸친 행적은 실로 본보기 삼을 만하다. 그는 대담하고 지혜로웠다. 싸움에 능하고 총명했을 뿐만 아니라, 항상 겸손하게 자신을 보호할 줄 알았다. 언제나 신중했던 곽자의는 조정의 일등 공신으로서 뛰어난 면모를 절대 남에게 보이지 않았다.

당대종의 딸 승평공주升平公主가 곽자의의 아들 곽난郭暖과 결혼했고, 조정 대신들의 자녀가 곽자의의 자녀와 연을 맺었다. 이는 대대로 관료들이 인맥을 형성하기 위해 써 왔던 방법이지만 말처럼 그리 쉬운 일은 아니었다. 황제의 딸은 당연히 고집이 셌고, 명장의 아들도 지고는 못 사는 성격이었기 때문이다. 만약 집안 갈등이 정치적 충돌로 확대되면 정계에 큰 파문을 몰고 올 것이 뻔했다. 승평공주와 부마駙馬 곽난의 이야기는 훗날 유명한 드라마〈취타금지醉打金枝〉의 시나리오가 되기도 했다. 이들 부부 사이에 격렬한 언쟁이 오가고 공주가 양보를 하지 않자, 잔뜩 성이 난 곽난은 "당신 아버지가 황제라는 것만 믿고 이러는 것 아니오? 내 아버지는 황제 따위 거들떠보지도 않소!"라며 막말을 했다.

승평공주는 대역죄에 버금가는 그의 언행을 참을 수 없어 궁으로 돌아와 황제에게 이를 고자질했다. 그런데 그녀의 이야기를 들은 대종은 화를 내지 않고 도리어 "원래 그랬던 것이구나. 만약 곽자의가 황제 자리에 오르고 싶어 했더라면 진작 황제가 되지 않았겠느냐?"라고 말했다. 그리하여 황제는 곽난과 행복하게 살도록 타일러서 공주를 돌려보냈다. 언제나 신중하고 조심스러웠던 곽자의는 이 일을 듣고 놀라 서둘러 아들을 포박하고 황제에게 끌고 갔다. 그러자 대종은 집안싸움을 해결할 수 있는 명언을 한마디 던졌다. "어찌 자식들이 입씨름하는 말을 심각하게 생각하겠는가?" 그러나 곽자의는 집에 돌아와서도 아들에게 몇십 대 곤장을 쳤다.

그는 가문의 세력이 너무 세지면 화를 부르리라 염려하여 저택의 앞뒷문을 모두 활짝 열어 행인들이 편하게 통행할 수 있도록 길을 열어 주었다.

아들들은 아버지의 행동을 이해할 수 없었다. 아버지의 행동이 가문의 명예를 실추시키고 운을 걷어차는 행위라 생각한 그들은 대문을 닫아 잡인들이 드나드는 것을 막아야 한다고 호소했다. 그러나 곽자의는 가문의 지위로 미루어 볼 때 남에게 공격받을 가능성이 너무 크다고 말하며, 대문을 열어 두는 것은 사람들의 의심을 불식시키고 가문의 청렴함을 보이기 위한 것임을 설명했다. 만약 사방의 문을 꼭꼭 걸어 잠근다면 남들의 의심과 추측을 사게 될 것이고, 곽씨 가문이 반역을 꾀한다는 누명이라도 쓰게 된다면 걸어 잠근 대문과 높은 담벼락이 바로 그 빌미를 제공할 것이기 때문이었다. 아들들은 그제야 아버지의 의중을 헤아리고 그의 선견지명에 깊이 탄복했다.

이 모든 것은 사물이 극에 달하면 반전하는 것, 즉 달이 차면 기우는 것과 비슷한 이치이다. 중국 고대 사회에서는 대단한 권세나 전성기의 시작이 곧 몰락과 멸망이 다가오고 있음을 암시했다. 동한東漢의 황후 음려화陰麗華의 오라비 음흥陰興 역시 매우 똑똑한 인물로, 언제 어디서나 처세에 신경을 써 황제 유수의 총애를 받았다. 건국 후 어느 날, 음려화의 어머니와 남동생이 강도에게 살해당하는 일이 벌어졌다. 유수는 침통해하며 음려화의 남동생 음구陰就를 선은후宣恩侯에 봉하고, 그녀의 오빠인 시중侍中 음흥에게도 새로운 벼슬을 내리려 하고 있었다. 그런데 음흥은 관인과 과대銙帶까지 모두 준비된 상황에서 한사코 벼슬을 사양하며 자신은 이렇다 할 공로를 세운 것도 없을 뿐 아니라 이미 음씨 가문의 여러 사람이 벼슬을 얻고 토지를 받아 이번에도 벼슬을 받으면 남들의 불만을 살 것이니 절대 받을 수 없다고 거절했다. 유수는 그의 행동을 칭찬하며 더는 그에게 강요하지 않았다. 음려화가 그 오라비에게 왜 그리 행동했는지 연유를 묻자, 음흥은 외척 집안의 가장 치명적인 단점이 바로 자만이라며, 부귀영화에도 정도가 있어야 하고,

사람이라면 반드시 분수를 알아야 한다고 말했다. 음려화는 오라비의 말에 깊이 감동을 하여 다시는 친척을 위해서 벼슬자리를 청탁하지 않았다.

청淸나라 동치同治 황제 3년(1864), 54세의 협판대학사協辦大學士*이자 양강총독兩江總督**, 상군湘軍 총사령관을 맡았던 증국번曾國藩은 수십 년에 걸친 고생 끝에 태평군太平軍이 차지하고 있던 남경南京을 함락하고 결정적인 승리를 거머쥐었다. 조정에서는 그에게 상을 내렸지만, 한편으로 그의 수하에 있던 10만이 넘는 장병을 경계하기 시작했다. 싸움에 이긴 증국번을 칭송하면서 한편으로는 이간질을 하며 그를 제거해 버리려 했던 것이다. 증국번의 동생과 나머지 장수들이 앞다투어 공로를 떠벌리려 할 때, 증국번은 그들이 정치적으로 위기에 빠졌다는 사실을 깨달았다. 조정에서는 위풍당당한 천하제일의 일등 공신으로 추대해 주었지만, 속으로는 혹시 반역을 일으키지는 않을지 경계하며 어떻게 하면 없애 버릴 수 있을지를 궁리했던 것이다.

증국번은 이 같은 상황을 알아차리고 자신의 공로를 깎아내리기 시작했다. 그는 먼저 모든 공을 조정과 벗들에게 돌렸다. 그는 자신이 아니라 동료들이 세운 공이라며 자신은 언제나 부족하다고 주장했다. 그 다음으로 그는 불만으로 가득 찬 동생들을 데리고 집으로 돌아와 정치적 소용돌이의 중심에서 벗어났다. 세 번째로 그는 군사 조직을 와해시켰다. 약 90퍼센트의 군사들이 뿔뿔이 흩어졌다. 네 번째로는 재물을 털어 군사 보급품으로 나눠 주었고, 다섯 번째로는 10여 년간 중단했던 향시鄕試***를 재개해 세인들의

---

* 명·청나라 때의 재상宰相인 내각대학사 바로 아래 관직
** 강남성과 강서성을 다스리는 직책
*** 과거의 1차 시험

찬사를 받았다. 증국번은 이 같은 조치를 통해 각종 위험이 도사리던 정치 암투에서 살아남을 수 있었다.

생활 속에서 우리는 끊임없이 무엇을 취하고 무엇을 버릴지 선택을 한다. 그런데 한 사람의 시간, 에너지, 인생에는 한계가 있다. 그러므로 게임의 관점에서 보자면 포기하는 법을 알고 포기할 줄 아는 것이야말로 진정한 지혜라 하겠다. 적당히 포기할 줄 알아야만 곤경에서 벗어나 스스로를 해방시켜 새로운 대안을 모색할 수 있다. 이는 자신을 찾아가는 여정이자 진정한 자유를 체득하는 과정이다. '새옹지마塞翁之馬'*의 고사가 바로 이런 이치를 말해주는 것은 아닐까? 이 세상의 모든 것은 동전의 양면처럼 손익을 함께 갖추고 있다. 얻는 것이 있으면 잃는 것이 있고 잃는 것이 있으면 얻는 것이 있으니, 이 세상에는 완벽한 승자도 완벽한 패자도 존재하지 않는다. '실지동우失之東隅 수지상유收之桑榆'**의 오묘한 이치를 알고 득과 실에 연연하지 않아야 한다. 이렇게 시각을 조금만 달리한다면 우리 모두 승자가 될 수 있다.

물론 이렇게 할 수 있는 사람은 많지 않다. 고생을 하면서도 허영심을 만족시킬 절호의 기회를 저버리려는 사람은 많지 않을 것이다. 그리고 그들은 그토록 기회만을 쫓다가 결국 함정에 빠져 화를 당하게 된다. 그러므로 자신을 낮출 줄 아는 지혜를 배워야만 하는 것이다. 특히 이제 막 사회에 발을 들인 젊은이들은 반드시 자만을 경계하고 말을 아끼며 귀를 열어야 할 것이다. 겸손한 태도는 타인의 호감을 불러일으키기 때문이다.

---

* 인생에 있어서 길흉화복은 항상 바뀌어 미리 헤아릴 수 없다는 뜻.
** 아침에 잃고 저녁에 거둔다는 의미

아침에 버리고
저녁에 거두어라

이야기를 시작하기에 앞서 모욕을 참아내는 것은 어디까지나 임시방편에 불과할 뿐, 영웅 기질의 부재를 의미하는 것은 아니란 점을 확실히 해 두어야 하겠다. 분명히 몸을 낮추어야 더 멀리 도약할 수 있고, 실력이 있어야 내일을 설계할 수 있는 법이다. 속담에서도 말하고 있지 않은가? '한순간을 참아내지 못하면不能忍一時 세상을 얻을 수 없다不能得一世'라고.

자신을 낮추고 굽히는 법을 배우려면 먼저 자신을 '포장'할 줄 알아야 한다. 혹시 역사 속에 이름을 날렸던 인물 중에도 '죽은 체해서 집안을 살린' 사람이 있다는 사실을 알고 있는가? 춘추전국시대, 제환공齊桓公은 사방에 이름을 휘날리던 인물이었다. 제환공은 즉위하기 전 형 공자규公子糾와 왕위를 놓고 경합을 벌였는데, 어느 날 제환공이 공자규의 부하인 관중管仲의 화살에 맞게 되었다. 다행히도 화살은 제환공의 허리띠에 박힌 장식에 적중했지만, 포숙아鮑叔牙는 제환공에게 그 자리에 꼼짝도 하지 말고 누워서 죽은 체를 하라고 했다. 그러자 공자규는 자신을 위협하던 제환공이 이미 죽었다고 생각해 더는 그를 쫓지 않았다. 덕분에 목숨을 보전한 제환공은 훗날 왕위에 오를 수 있었다. 만약 당시 제환공이 영웅으로서의 체면 때문에 화살을 맞고도 쓰러지지 않았더라면 그는 일찌감치 공자규의 과녁이 되어 목숨을 잃었을 것이고, 그랬다면 훗날 패업霸業을 이룰 수 있었겠는가?

명나라 시대 왕양음王陽陰이라는 자도 죽은 체를 했었다. 당시 전권을 쥐고 있던 유근劉瑾은 왕양음을 외지로 떠나도록 명령을 내린 다음, 가는 길에 그를 없애려고 자객까지 보냈다. 왕양음은 자신에게 닥친 위험을 알고는 평민의 의복으로 갈아입고 빠르게 걸음을 재촉했다. 어느덧 강가에 다다른 왕양음은 굴원屈原*을 기리는 글을 쓴 뒤, 강물에 몸을 던진 굴원을 따르겠다는 유서를 곁에 남겨 두었다. 이 유서는 수도에 머물고 있던 유근에게 전달되었다. 당시 열악했던 통신 환경 속에서 유근은 왕양음이 종적을 감춘 뒤 유서가 발견되자 그가 죽었다 생각하고 더 이상 뒤를 캐지 않았다.

왕양음뿐만이 아니다. 유비와 조조가 자주煮酒**를 마시며 영웅을 논하던 때에도 "천하의 영웅은 오로지 그대와 나뿐이다天下英雄惟使君與操耳"라는 조조의 말에 유비가 화들짝 놀라지 않았던가. 다행히 때마침 천둥이 치자 그는 놀라 떨어뜨린 젓가락을 다시 주우며 천둥 핑계를 댔었지만, 유비는 이런 방법으로 겁쟁이인 척 가장했던 것이다.

가난한 체해야 하는 경우도 물론 있다. 그런데 이때는 타인의 도움이 필수적이다. 동진東晉의 1대 황제 원제元帝의 삼촌 동안왕東安王이 성도왕成都王의 모함을 받게 되자, 위협을 느낀 동안왕은 남몰래 위장하고 도망 길에 올랐다.

---

* 중국 전국시대 때 초나라의 정치가이자 시인. 학식이 높고 외교적 수완이 뛰어났으나, 다른 이의 모함으로 신임을 잃자 투신하여 생을 마감하였다.

** 좋은 술에 약재를 넣고 중탕한 약술

도망가던 그가 어느 강가에 다다랐을 때, 나루터를 지키고 있던 관병에게 저지당하고 말았다. 그런데 때마침 그의 시종이 뒤에서 나타나 채찍을 휘두르며 동안왕에게 매질을 시작했다. 그러고는 그를 비웃으며 말했다.

"요새 아무리 관에서 귀족 관료들이 강을 건너지 못하게 한다 한들, 너처럼 미천한 것도 강을 건너지 못할 이유가 무엇이란 말이냐?"

그러자 나루터를 지키던 관병은 그가 정말 미천한 노비인 줄 알고 아무런 의심도 없이 그를 보내 주었다.

사람은 누구나 열악한 상황에 처할 때가 있다. 이러한 상황을 역전시키기 위해서는 잠시 참고 견디는 지혜, 대신 문책을 당해 주는 지혜, 모욕을 참아 내는 지혜가 필요하다. 중국의 절반을 차지했던 태평천국太平天國을 평정한 일이라면 사람들은 약해 빠진 책벌레 증국번이 창건한 상군을 떠올릴 것이다. 상군의 내막에 익숙한 설복성薛福成*에 따르면, 상군의 핵심은 물론 증국번이었지만 가장 큰 공적을 세우고 가장 큰 희생을 감수해야 했던 것은 증국번이 아니라 호림익胡林翼**이었다고 한다. 그러므로 태평군과의 대결에서 상군이 보여 준 건재함이 증국번 덕분이었다면, 상군의 승리에서 호림익이 절대 빠질 수는 없을 것이다.

호림익은 권세와 이익을 탐하지 않았기 때문에 앞에 나서는 일이 없었다. 그는 오히려 후방에서 온갖 궂은일을 도맡아 하며 아군 진영의 안전에 힘썼다. 심지어 그는 아군의 승리를 위해 머리를 조아리며, 조정에서 자신을 감시하라고 보낸 사람을 상군의 든든한 후원자로 만듦으로써 상군의 앞길을 열어 주었다. 증국번은 이런 호림익을 두고 이렇게 평가했다.

---

* 중국 근대 초기의 외교가이자 사상가
** 중국 청나라 말기의 무장武將이자 정치가

"충정으로 나라를 위하고, 신중하게 벗을 섬기며, 여러 수장을 지키려 힘쓰니, 천하에 이런 인재가 어디 또 있겠는가!"

청나라 문종 6년(1856)은 상군에게 가장 험난했던 한 해였다. 당시 호림익이 공략하던 무창성武昌城을 함락시키지 못할 경우, 상군은 근거지를 잃어버리고 와해될 운명에 놓여 있었기 때문이다. 게다가 증국번은 강서江西에 고립되어 한 치 앞을 내다볼 수 없는 상황이었다. 하물며 당해 초에 석달개石達開*가 강서 지역에서 50개가 넘는 성지城池를 함락시켰기에, 남창南昌은 절체절명의 위기에 처해 있었다. 증국번은 호림익에게 하루빨리 남창으로 돌아와 구원해 달라고 요청했지만, 무창성 함락을 눈앞에 두고 떠나 버릴 수도 없는 노릇이었다. 그리하여 라택남羅澤南은 어려움을 무릅쓰고 엄청난 희생을 감수하면서 무창으로 진격했고 수많은 사상자가 발생했다. 얼마 후 라택남은 증병된 태평군과의 싸움에서 중상을 입고 며칠 뒤 죽게 되었다. 호림익은 이속빈李續賓에게 라택남의 자리를 대신하여 군사를 이끌도록 명령했다.

4월, 양재복楊載福이 이끄는 수군이 한양漢陽에서 태평군의 수군을 격파하여 태평군의 전투함이 200여 척이나 침몰하는 사건이 발생한다. 장강長江의 태평군이 토벌되고 후방 보급로도 끊기자 한양과 무창은 고립되었다. 7월, 석달개는 강서에서 금릉金陵**으로 회군하고 강남江南의 진영을 답파한 뒤 다시 10만 대군을 모아 무창을 지원했지만 결국 호림익과 이속빈에게 대패하고 만다.

10월, 호림익은 육군을 5천 명 증병하고 수군 진영을 10개나 증설하여 무창에 대한 장기적 포위 작전에 돌입했다. 성 안의 식량이 바닥난 태평군은

---

*   중국 태평천국의 지도자
** 지금의 남경南京

결국 11월을 못 넘긴 채 성문을 열어 도망쳤고, 무창은 결국 함락당했다. 12월이 되자 호북湖北 전 지역이 상군의 차지가 되었다.

상군이 거둔 쾌거에 매우 만족한 함풍제 문종은 상으로 호림익을 호북순무湖北巡撫에 봉하고 최고급 관모를 하사했다. 그리하여 호림익은 순무대사라는 감투를 쓰게 되었다. 순무는 지방 성省의 최고 행정직이었다. 그러나 청나라의 정치 제도에 있어 지방의 최고 행정관에는 순무 말고도 총독總督이 있었다. 총독은 군사를 거느리고 순무는 백성을 돌보는 역할이었다. 그러나 하나의 성省에 순무와 총독이 함께 존재했기 때문에 이들은 서로 견제하는 관계일 수밖에 없었다. 호북순무는 무창에 거주했는데, 호남湖南과 호북을 함께 관할하던 호광총독湖廣總督도 무창에 있었던 것이다.

함풍제 문종은 항상 한족漢族을 경계했다. 그래서 호림익이 호북순무가 되자, 그는 만주인인 관문官文을 호광총독으로 임명하여 호림익을 감시하도록 했다. 관문과 호림익은 가정, 경험, 책략, 인격 등 모든 분야에서 극과 극을 보이는 사람들이었다. 그런데도 이 둘은 같은 지역에서 각각 총독과 순무로 정사를 돌보게 되었다. 더구나 그들이 다루던 일들은 모두 평범한 공무가 아니라, 마땅히 정해진 규칙이 없거나 또는 정해진 규칙이 있다 해도 실질적으로 따를 수 없는 애매한 일들뿐이었다. 그렇게 두 사람은 사사건건 부딪혔고 결국 반목에 이르게 되었다. 호림익와 관문의 관계는 곧 상군의 무리가 청나라의 감시를 받아들일 것인가, 청나라 조정에서는 과연 상군을 제 편으로 편입할 수 있을 것인가 하는 문제와 직결되는 중대 사안이었다. 만일 두 사람이 지속적으로 반목한다면 호북은 전부 관문의 수중에 들어갈 것이었고, 호남 역시 관문의 통치를 받게 될 것이었다. 그렇게 되면 상군은 근거지이자 전략적 뒷받침이 될 호남과 호북을 잃게 될 처지였으니, 상군의 번영과 발전은 한낱 꿈으로 전락해 버릴 뿐이었다.

　상황이 매우 민감하게 돌아가자 증국번은 호림익에게 서신을 보내 그에게 한 발 물러설 것을 권한다. 증국번은 호림익이 관문과의 관계를 개선하고 특별히 중대한 사안이 아닌 경우에는 웬만하면 관문에게 복종하라며, 관문의 명성을 이용해 뜻을 펼쳐 보자고 설득했던 것이다. 호림익은 관문의 절대적인 권위가 흔들리지 않을 것임을 깨닫고, 관문과 관계를 개선하기로 결심한다. 그는 태도를 바꾸어 관문의 장점을 칭찬하며, 흠차대신欽差大臣과 총독을 겸하고 있던 관문에게 존경을 표했다.

　사람을 공략하려면 먼저 마음을 노려야 한다. 호림익은 관문과 개인적으로 가까워졌다. 상군을 위해 호림익은 일부러 호광총독인 관문에게 다가갔다. 어느 날 관문의 애첩이 생일을 맞게 되었다. 관문은 정실부인의 명의로 초대장을 만들어 돌리고서 하객들이 다 모인 다음에야 생일의 주인공이 애첩임을 밝혔다. 이는 애첩의 체면을 살려 주기 위해 관문이 생각해 낸 이벤트였다. 그런데 한 번사藩司*가 이 사실을 알고 진노하여 말했다.

　"부인의 생신이라 하여 우리들이 예를 갖추어 축하하러 모였거늘, 내 조정 대신의 몸으로 어찌 한낱 첩실 앞에 무릎을 꿇고 예를 차린단 말인가?"

　당시에는 봉건적인 대의명문과 체면이 매우 중요했다. 그래서 정실부인은 조정으로부터 품계를 받아 사회적인 지위를 인정받았지만, 첩실은 항상 제대로 인정받지 못하는 처지였다.

　옆에서 이를 듣고 있던 호림익은 번사의 행동이 옳다고 맞장구쳐 주었다.

---

* 명·청나라 때의 지방관으로, 포정사布政使라고도 한다

그러나 고개를 돌리자마자 그는 마치 아무 일도 없었다는 듯이 "호림익이 먼저 생신을 경하하옵니다"라며 관문의 애첩에게 정중한 인사를 건넸다. 그러자 번사를 따라 돌아가려고 등을 돌리던 사람들도 호림익을 따라 인사를 했다. 그렇게 하여 껄끄럽던 상황이 지나가자 관문의 애첩은 호림익에게 진심으로 감사하게 되었다.

감사에 보답하고자 관문의 애첩이 호림익의 모친을 찾아오자, 호림익은 또 그녀를 정실부인처럼 대접하도록 명했고, 호림익의 모친은 그녀를 양녀로 맞았다. 그렇게 양가의 여자들이 서로 친해지자, 호림익도 자연스럽게 관문의 모친을 찾아뵙게 되었고, 관문과도 왕래하였다. 마침내 이 둘은 허례허식을 벗어던지고 서로 '형제'라 칭할 만큼 가까워졌다.

관문의 신임을 얻은 호림익은 정무를 볼 때에도 제 맘대로 병권을 사용할 수 있게 되었다. 그러나 매번 군사적으로 명성을 얻고 상을 받을 때마다 항상 관문에게 모든 공을 돌렸고, 그 덕분에 관문은 날로 벼슬이 올라 대학사大學士에 이르게 되었다. 그뿐만이 아니었다. 그는 상소를 올려 관문이 "관대하고 어질며 박학다식하다", "인자하고 후덕하며 공명정대하다", "솔직하고 성실하며 공정하다"라고 한껏 추켜세우며 그를 천거했다. 그리고 관문을 위로하기 위해 관문의 부정부패를 눈감아 주었을 뿐 아니라, 매달 소금 3천 량을 총독의 공비로 따로 책정해 두기도 했다. 사실상 이는 관문의 개인 주머니로 들어가는 돈이었다.

호림익이 내심을 숨기고 관문과 가까이 지냈던 것은 오로지 '인내'에서 비롯되었다. 관문은 아녀자의 말에 넘어가 호림익을 다시금 바라보게 되었고, 관문과 호림익의 관계 개선은 상군의 앞날을 밝혀 주었다. 이것이 바로 호림익의 인내가 맺은 결실이다.

1857년 봄부터 1861년 호림익이 병들어 생을 마감할 때까지 호림익과 관문 사이에는 물론 갈등도 있었지만, 호림익은 언제나 겉으로는 원만하게 그를 대했다. 물론 관문도 속으로는 다른 뜻을 품고 있었지만 역시 호림익에게 항상 적극적인 반응을 보였다. 호림익의 모친이 무창에 왔을 때는 관문이 직접 문무대관을 이끌고 강가로 마중을 나갈 정도였으니 말이다.

그러나 관문도 바보는 아니었다. 그는 자신의 공이 모두 상군이 세운 공로임을 잘 알고 있었다. 그래서 호림익의 지위가 흔들리면 상군을 이끌어 적을 제압하고 승리를 거둘 사람이 없어지는 것이니, 자신의 지위와 명예도 사라질 것으로 생각했다. 이는 곧 온 집안의 운명이 달린 중요한 문제였다. 그러니 자신을 위해 호림익을 끝까지 지켜줄 수밖에 없었다. 그의 공로도, 명예도, 재물도 모두 호림익에게서 비롯되었기 때문이다.

이렇게 호림익은 증국번이 주문한 대로 돈과 명예를 통해 관문을 만족시켰고, 그 대가로 관문의 조건 없는 비호를 얻었다. 그리하여 호림익은 실질적으로 총독과 순무를 겸하며 군사와 행정 모두를 손에 쥐었고, 모든 일을 제 맘대로 처리하며 남의 제약을 받지 않았다.

총독과 순무의 업무를 한 사람이 도맡게 되니 자연히 모든 일이 순조롭게 진척되었다. 그 중에서도 가장 눈에 띄는 성과를 정리하면 두 가지로 나눠볼 수 있겠다. 첫째는 인사 및 행정 방면에서 온전히 호림익의 주장대로 현명한 자를 가려 기용하게 되었으니, 호북의 관료계가 호시절을 맞았다는 점이다. 둘째는 군사 작전 분야에서 호림익의 외부 수비 전략에 따라 호북의 군사가 호남 및 안휘安徽 등지까지 파견되어 영역을 넓혔다는 점이다. 비록 호림익은 자존심을 버렸지만, 그 대가로 상군의 승리를 얻을 수 있었다.

3

물러서라! 참아라!
깊이 들여다보아라!

　도약! 정기가 넘치면 자연히 긍지와 의욕이 충만하여 세인의 주목을 받게 된다. 사람은 항상 성공만 하며 살 수는 없고, 세상사 열에 여덟은 마음처럼 되지 않는다. '하늘의 운은 땅의 이로움에 미치지 못하고天時不如地利, 땅의 이로움은 사람들의 화합된 마음에 미치지 못한다地利不如人和'라는 말도 있듯이, '화합[人和]'은 전쟁에서 상당히 중요한 조건이다. 이는 전쟁뿐 아니라 일상생활에서도 아주 중요한데, 남들과 화합하기 위해서는 먼저 물러서는 법을 배워야 한다. 모든 사람을 친절하게 대하고 한 발 물러서서 처세한다면 대부분은 어렵고 복잡해 보이는 문제도 비교적 손쉽게 해결할 수 있다. 그래서 조화를 귀하게 여기는 '화위귀和爲貴'라는 말이 등장한 것 아니겠는가? 사람이 살다 보면 불리한 시기를 맞게 될 수도 있기에 숨고 물러서야 할 때는 한 발 물러설 줄 아는 지혜가 필요하다. 사실 여러 풍운아도 잠시 강호에서 물러나 산으로 들로 숨어든 적이 있지만, 그들의 최종 목적이 칩거는 아니었다. 다만, 잠깐의 휴식과 세상을 더욱 깊이 들여다 보려는 방편으로 일시적인 칩거를 선택했을 뿐이다. 그러다가 기회가 오면, 그들은 몸을 숨겼던 움막을 박차고 세상으로 나와 전보다 더 넓은 무대를 종횡하곤 했다.『삼국연의三國演義』에서 남양南陽 와룡강臥龍崗 움막에 기거하던 제갈량이 그 예라고 볼 수 있겠다.

정계에 발을 들이자마자 우레와 같은 맹렬한 기세로 사람들의 눈길을 사로잡았던 조조曹操*도 마찬가지다. 자신이 그 동안 너무 많은 이익 집단을 자극했다는 점을 잘 알았던 조조는 먼저 경성과 자신이 맡고 있던 지역에서 이미지를 정돈하기 시작했다. 그는 이대로 정계에 계속해서 머무른다면 혼란했던 당시 사회 환경 속에서 언젠가 분명히 큰 화를 당하게 되리라 생각했다. 그래서 그는 병을 핑계로 고향에 돌아와 농촌에 집을 지었다. 그는 봄과 여름에는 책을 읽고 가을과 겨울에는 사냥하면서 유유자적한 생활을 즐겼다. 그러나 얼마 뒤 난세가 닥치자, 그는 농촌을 뛰쳐나와 공훈을 세우고 업적을 쌓았다.

학벌도 낮고 배경도 보잘것없는 사석沙石 장사꾼이 있었다. 그럼에도 그는 사업에서 큰 성공을 거두어 오랫동안 최고의 자리를 지켰는데, 비결은 생각보다 간단했다. 바로 모든 사업 파트너와 이익을 분배할 때면, 그는 항상 큰 이익을 상대방에게 양보했던 것이다.

이렇게 양보하는 방법을 사용하면서 파트너들은 모두 그와 지속적인 협력을 원하게 되었고, 자신의 친구들은 물론이고 친구의 친구까지 소개하여 모두가 그의 고객이 되었다. 그는 항상 적은 쪽의 이익을 취했기에 모두가 그를 칭찬했다. 그러나 사실 그가 취한 적은 이익들을 전부 합산하면 절대로

---

* 중국 삼국시대 위나라의 시조. 155~220년

적지 않았다. 그는 양보를 통해 더 큰 이익을 취할 수 있었다.

　양보는 아주 유용한 처세술이다. 그러나 양보할 수 있는 사람은 그리 많지 않다. 여기에는 인간의 본능이 그 원인으로 작용한다. 사람들은 눈앞의 이익에 쉽게 흔들린다. 그리고 누구나 작은 희생을 통해 더 큰 이득을 취하려는 전략적인 시각을 지니고 있는 것도 아니다. 양보할 수 있느냐 하는 문제는 실력에 관계된다. 양보하게 되면 자신에게 돌아오는 이익은 분명히 적어진다. 그럼에도 기존의 지출은 여전히 유지되기 때문에 일시적인 적자를 면할 수 없다. 만일 양보하고 나서 빨리 보상받을 수 있다면 그다지 문제되지 않겠지만, 그렇지 않다면 손해는 곧 출혈로 이어질 것이고, 체질이 허약한 사람에게는 생명을 위협할 만큼 치명적일 수도 있다.

　인생은 게임처럼 강자만이 살아남는다. 강자들은 과감히 믿고 내걸 만한 '본전'이 있기 때문에 대담하게 양보하여 수확할 수 있다. 그러나 양보에도 기술이 필요하다. 양보할 줄 아는 사람들은 겉으로는 손해를 보더라도 보이지 않게 이익을 챙긴다. 그래서 사람들은 이용을 당하고도 오히려 그에게 고마워한다. 이것이 바로 '게임에서의 양보법'인 것이다.

　그 밖에 적과의 싸움에서 우위를 점하지 못할 때에도 인내가 필요하다. 구천句踐의 와신상담臥薪嘗膽이 바로 그러했다. 한신韓信*이 무릎을 꿇었던 일화도 역시 그렇다. 서한西漢 초, 한漢 왕조가 흉노족匈奴族에게 맥을 못 추고 있었을 때, 유방은 친히 병사들을 이끌고 흉노 토벌에 나섰다. 그러나 결국 백등白登에서 흉노의 30만 기마병에게 포위당해 꼬박 7일간 위기 속에 갇히는

---

* 한나라 초의 무장. 한고조 유방을 도왔으나 토사구팽兎死拘烹당했다. ?~기원전 196년

신세가 되었다. 다행히 그의 모사謀士*였던 진평陳平이 계략을 내어놓았다. 그는 엄청난 선물을 가지고 흉노의 왕비를 찾아갔다. 그러고는 흉노족이 유방을 계속 포위한다면 구명을 위해 한나라의 미녀들을 흉노족 군주에게 바칠 것이라고 전했다. 한나라에서 미녀들을 바친다는 이야기를 듣고 자신의 지위가 위협받게 될까 염려한 왕비는 흉노족의 군주를 설득해 철군하게 하고, 유방은 이로써 위기를 모면하였다. 훗날 유방이 죽자 흉노족의 군주가 여후呂后**에게 구혼 서신을 보냈다. 여후는 흉노족 군주의 요구를 딱 잘라 거절할 수가 없자 자신이 이미 늙어 미색을 잃었다고 대답했다. 사회 혼란을 안정시키기 위한 수년간의 노력 끝에 서한의 군사들은 다시 병력을 재정비하여 마침내 흉노족에게서 승리를 이끌어 낼 수 있었다.

동한東漢의 광무제光武帝 유수도 어쩔 수 없이 굴욕을 참아야 했던 때가 있었다. 유수는 그의 형 유연劉縯과 함께 병사를 일으킨 후 하강병下江兵, 신시병新市兵, 평림병平林兵***을 연합하여 대사를 모의했다. 이 사로四路 대군을 한데 모으니 10만여 명에 육박할 정도였다. 영향권을 확대하고 위신을 세우며 명령을 통일시키기 위해서 사로군은 함께 모여 최고 수장을 뽑기로 했다. 대다수 수장이 유씨 집안사람을 최고 수장으로 추대하여 한나라 왕실의 권위를 회복해야 한다고 생각했다. 그러나 유수와 유연 형제의 남양군과 하강병의 수장 왕상王常만은 유연이 최고 수장이 되어야 한다고 생각했다.

---

* 꾀를 내어 일이 잘 이루어지게 하는 사람
** 유방의 황후
*** 전한前漢 말기에 왕망王莽의 혹정에 시달린 이들이 녹림군이라는 군대를 조직하여 난을 일으킨다. 이때, 녹림군이 주둔하던 녹림산에 역병이 돌아 녹림군綠林軍이 흩어져 행동하기로 하였는데, 남양으로 북진한 무리는 신시병, 서진하여 남군南郡으로 진입한 군대는 하강병, 신시병이 수현隨縣을 공격할 때 수현 동북쪽에서 수천 명을 이끌고 합세한 무리는 평림병이라 한다.

한편 신시병과 평림병은 유연의 세력에 경계심을 느끼고 그가 최고 수장이 되면 자신들에게 불리하리라 생각하여 또 다른 황실 종친인 유현劉玄을 추대했다. 유연은 자신의 지지 세력이 부족함을 느끼고 시간을 미뤘다가 다시 최고 수장을 뽑자고 제의했지만, 신시와 평림 세력의 강력한 반대에 부딪혀 결국 유현을 황제로 세우고 연호를 '갱시更始'로 변경한다.

유연, 유수와 동년배였던 유현은 병권을 장악하지 못했다. 군에서는 그를 자질이 떨어지고 약해 빠진 약골이라고 생각했다. 사람들이 그를 알현할 때면 유현은 항상 진땀을 뻘뻘 흘리며 말까지 더듬고는 했다. 이러한 그의 성격 탓에 각 수장은 그를 만만하게 여기면서도 그에게 황제 자리를 내준 것이었다. 반면 유연은 워낙 뛰어난 재능을 지녔기 때문에 배척을 당해야 했고, 결국 비참한 최후를 맞았다. 아무튼 갱시제更始帝 유현은 즉위 후 대대적인 개각을 단행하고 유연을 '대사도大司徒'에 봉했다. 이는 승상丞相에 버금가는 벼슬이었다. 유수도 '태상편장군太常偏將軍'에 봉해져 제 자리를 찾았다. 그 후 사로 연합군은 '한나라의 군대'가 되었고, 병권은 신시와 평림 세력이 장악하게 되었다.

남양南陽에 있던 유씨 형제는 크게 실망했지만 이를 내색하지 않고 묵묵히 훗날을 도모했다. 날로 강성해지던 유씨 형제의 세력은 신시와 평림군 수장의 경각심을 불러일으켰고, 그들은 갱시제에게 유연을 처단하라고 설득하기 시작했다. 유수는 다가오는 위험을 감지하고 형인 유연에게 주의하라고 하였지만 유연은 유수의 충고를 듣지 않았다. 얼마 뒤 갱시제는 대신들의 꾐에 넘어가 유연을 살해했고, 소식을 들은 유수는 부성父城에서부터 달려와 잘못을 사죄했다. 조정 대신들은 유수를 위로했지만, 그는 형을 제대로 보필하지 못한 자신만을 탓하다가 황제의 눈총을 받게 되었다. 그때부터 그는 곤양昆陽에서 세운 공로를 다시는 입에 올리지 않았고, 유연의 죽음에 대해 철저하게 함구했다. 그는 오히려 연회를 열어 웃고 떠들며 마치 아무 일도 없었다는 듯 태연하게 행동했다. 유수의 이 같은 행동에 내심 미안해지기 시작한 갱시제는 유수를 파로대장군破虜大將軍에 임명하고 무신후武信侯에 봉했다.

그 동안 유수는 겉으로는 평안해 보였지만 속으로는 크나큰 고통을 삭이고 있었다. 낙양에 있었을 때 유수는 혼자 기거하며 사람들이 집에 드나들지 못하도록 했다. 그러던 어느 날 그와 절친했던 풍이馮異가 그의 방을 지나다가 유수의 베갯잇이 눈물로 흠뻑 젖어 있는 것을 발견했다. 풍이는 유수를 위로하려 노력했지만, 유수는 한사코 부인하면서 "난 아무렇지도 않으니 쓸데없는 소리 말게"라며 딱 잘라 말했다. 유수의 존재는 그렇게 잊혀갔고, 유수는 형을 잃은 후 오로지 지혜와 인내에 의존해 목숨을 부지했다. 이처럼 신중한 자기 보호 덕분에 유수는 훗날 갱시제의 손아귀에서 벗어나 하북河北에 진출해 자신만의 패업을 달성했다.

어느 날 한신과 시정잡배 사이에 싸움이 났다. 시정잡배는 여러 사람이 지켜보는 가운데 한신을 모욕하면서, 한신에게 자기 가랑이 사이로 기어서 지나가라고 했다. 한신은 큰 뜻을 품고 있었고, 당시에는 사람을 죽이면 관직을 내놓아야 했기에 경거망동할 상황이 아니었다. 그리하여 그는 구경꾼들 앞에서 시정잡배의 가랑이 사이로 기어서 지나가고야 말았다.

이 같은 한신의 일화를 승부술, 즉 게임의 관점에서 바라본다면, 한신의 인내는 후세에 큰 영감을 준다. 기록에 따르면 아마도 한신은 중국 역사상 처음으로 '몸을 굽혀 기었던' 인물일 것이다. 그리고 한신의 이러한 행동이 지니는 의미는 실로 대단하다. 한신 이후로 수많은 역사 인물들이 이처럼 정세에 순응하며 처세했기 때문이다. 이 같은 예는 평화로웠던 서한西漢

에서 손쉽게 찾아볼 수 있다. 농신弄臣* 동방삭東方朔**, 간신 왕망王莽***, 한신의 일화를 대서특필했던 사마천司馬遷 등은 여러 가지 경로로 한신의 처세 방편을 인정하였다. 전란으로 어지러웠던 동한에는 이러한 예가 더욱 많았다. 동한시대는 수많은 영웅이 활개 치던 시대였다. 단순히 유비만 놓고 보더라도 가장 전형적인 동한시대 영웅이 아닌가. 그는 한신의 처세 방편을 배운 뒤, 진부한 시대적 틀을 깨뜨리고 강직한 허리를 적당히 굽혀 가며 인생의 도약을 맞아 화려한 서막을 열었다.

청나라 중흥의 주인공이었던 증국번 역시 가장 전형적인 예이다. 그가 남긴 "대장부는 매를 맞아 이가 몽땅 빠져도好漢打脫牙 그 피를 뱉지 않는다和血吞"라는 명언이 말하는 의미도 마찬가지다. 그는 자신이 평생 이룬 업적들이 모두 한신에게서 배운 '인내' 덕분이었다고 말했다. 증국번은 서른이 되어서야 지금의 부처급副處級 관료가 되었지만, 단 7년 만에 부부장副部長 격인 사부시랑史部侍郎에 올랐다. 당시 조정에는 6개의 중앙 부처가 있었는데, 북경 육부구北京六部口는 6개 관아의 입구를 말했다. 부처마다 두 명의 정부장正部長과 네 명의 부부장이 있었으니 두 명의 상서尙書와 네 명의 시랑侍郎이 있었던 셈이다. 그렇다면 왜 부장이 두 명이나 필요했을까? 이는 만주족[滿族]을 위한 정책이었다. 두 명의 정부장 중 한 명은 반드시 만주족이었고, 네 명의 부부장 중에서도 두 명은 반드시 만주족이나 몽고족蒙古族이어야 했다. 그래서 한족漢族이 들어갈 수 있는 자리는 3개, 즉 둘 중 하나의 정부장이나 두 명의 부부장뿐이었다. 게다가 북경 전체를 통틀어 봐야 겨우 18개의 부부장 자리밖에 없는 셈이니 증국번이 사부시랑이 된 것이 얼마나 어려운

---

* 왕의 놀이 상대가 되는 신하
** 전한 시기의 문인으로, 황제의 잘못을 바로 고하는 것으로 이름났다
*** 전한 시기의 정치가로, 권모술수를 써서 황제의 권력을 찬탈했다

일이었는지 충분히 짐작할 수 있다.

　중국번의 예를 통해 한신의 인내는 곧 물러섬의 대명사임을 알 수 있다. 중국 역사에 익숙하고 여러 가지 고대 일화를 섭렵한 사람들은 중국 역사를 처음 접하게 되면 역사가 항상 옳다는 착각에 빠지기 쉽다. 그러나 더 많은 책을 읽고 공부하다 보면 역사 속에도 여러 가지 모순이 존재한다는 사실을 알 수 있다. 그리고 이로 말미암아 고민에 빠지게 될 것이다. 자고로 대장부는 자신을 굽힐 줄 알아야 한다고 했다. 그런데 또 다른 역사에서는 대장부를 죽일 수는 있어도 그 기개를 꺾을 수는 없다고 말한다. 과연 어느 것이 옳단 말인가? 무릇 사람이란 한신처럼 몸을 낮추고 기어야 하는가, 아니면 항우처럼 끝까지 강동江東에 가지 않고 죽음으로써 명예를 지켜야 하는가?
　이는 처세에 관한 크고 작은 문제들, 즉 큰 이익을 노릴 것이냐, 작은 이익을 노릴 것이냐의 문제임을 알 수 있다. 시정잡배의 가랑이를 지나는 것은 소사小事에 지나지 않는다. 그러나 자신의 재능을 평생토록 펼쳐 보이는 것이야말로 대사大事이다. 한신은 일생의 대사와 소사를 정확히 구분할 줄 알았던 사람이다. 그래서 조정에서 중용되지 못한 그는 도망을 선택했다. 그는 일생일대의 포부를 이루고 싶었고, 그 포부를 이루도록 도와줄 군주를 찾아가야만 했다. 그래서 한신의 인내가 더더욱 빛을 발할 수 있었다.
　그 밖에 많은 인물이 칩거를 선택했던 이유는 언젠가 하산하여 속세로 다시 돌아오기 위함이었다. 현실을 초월한 모습을 보일수록 세간에서 더 큰 인기를 얻을 수 있었기 때문이다. 그리하여 낚싯대를 강물에 드리우고 초연하게 앉아 있는 그들의 모습은 역사의 강에 지워지지 않는 풍경으로 자리 잡게 되었다. 이것이 바로 자신의 가치를 높이는 기술이자 양보의 최고 경지라 하겠다.

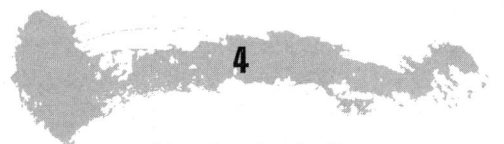

4
재능을 숨겨라.
똑똑한 바보가 뜻을 이룬다

다소 멍청하게 보인다고 무조건 나쁜 것만은 아니다. 역사적으로 많은 인물이 총명하지 못해서가 아니라 아둔함이 부족했기에 화를 입었다. 다소 모자란 듯이 남을 대하면 그들의 적개심과 경계심을 무너뜨릴 수 있다. 특히 본디부터 의심이 많은 권력자의 눈에는 멍청하고 아둔한 사람이야말로 가장 쓸모가 있기 마련이다. '아둔한 체'하는 것은 언제나 사랑받아 온 처세방편이었다. 이는 일종의 도회술韜晦術일 뿐만 아니라 삶을 살아가는 지혜이기도 하다. 속으로는 모든 것을 꿰고 있으면서도 겉으로 바보인 척하는 것은 도리어 똑똑한 것이다. 사람이 가장 조심해야 하는 것이 바로 자신의 재능을 믿고 남을 깔보는 것이다. 능력을 남김없이 드러내며 남에게 과시하면 남들로부터 시기와 질투를 사고 적을 만들게 된다. 높은 공을 세워 앞에 나서는 것도 결국은 자신의 목숨을 내놓는 꼴일 수밖에 없다. 그렇기에 도회의 시각으로 분석한다면, 바보인 척 처세하는 것이 때로는 방패막이가 되어 퇴로를 열어 주고, 고의적인 아둔함으로 웃음을 자아냄으로써 남을 비방할 수도 있다. 뿐만 아니라 바보처럼 행동하여 상대방을 유혹할 수도 있다.

북위의 우열于烈을 예로 들어 보자. 북위 7대 황제 효문제孝文帝* 시절 조정의 관료였던 우열은 단 한 번도 제 발로 나서서 황제에게 간언한 적이 없었다. 어느 날 효문제가 우열에게 물었다.

"그대는 조정의 대신이면서도 아무런 의견이 없단 말이냐?"

우열이 대답했다.

"소신은 아둔하여 나라의 대사를 함부로 논할 수가 없사옵니다. 소신은 다만 폐하의 명을 받들 뿐이옵니다."

효문제가 웃으며 말했다.

"나라의 대사를 논하는 것이야말로 조정 대신이 해야 할 일이거늘, 그대는 한 마디도 하지 않으니 본분을 지키지 않는 게로구나."

그러나 우열은 더 이상 변명하지 않고, 자신에게 벌을 내려 스스로 반년치 녹봉을 압수해 달라고 청했다.

그러자 우열의 언행을 보고 부끄러움을 느낀 조정 대신이 우열에게 말했다.

"문무백관들이 비웃고, 황제 폐하께서 질책을 하시는데도 당신은 아무렇지 않소? 책 좀 열심히 읽고 어진 이들과 좀 어울려보시오. 그래야 좀 똑똑해질 것이 아니오?"

우열이 반박했다.

"난 아둔하지만 황제 폐하에 대한 충성만은 남부끄럽지 않소. 그대들이 나를 아둔하다고 아무리 비웃어도 절대 그대들 손에 놀아나지는 않을 것이오."

효문제가 낙양 천도遷都를 준비하자 문무백관들이 거세게 반대했다. 그들은

---

* 재위 471~479년

갖가지 합당한 이유를 대면서 황제를 말리기 시작했다.

그 중 한 대신이 우열에게 생각을 묻자, 우열이 대답했다.

"그대들이 하는 말 중에 틀린 말이 없소. 그러나 나는 그렇게 말을 할 줄 모르오. 그래서 나는 오로지 황제 폐하의 말만을 들을 생각이오. 황제께서 옳으시든 그르시든, 나는 황제 폐하의 말에 전적으로 찬성하오."

일각에서는 그가 아둔하다고 비난했지만, 우열은 화를 내지 않으며 도리어 큰 소리로 말했다.

"황제 폐하만 총명하시면 되지, 우리네 같은 신하가 너무 총명한들 어디에 쓴단 말이오?"

어느 날 문무백관들이 모두 모인 가운데, 효문제는 우열에게 천도에 대한 의견을 물었다. 그러자 우열이 답했다.

"폐하께서는 세상에서 가장 뛰어나시니 그런 결정을 하실 때에는 분명히 합당한 연유가 있었을 것입니다. 소신은 아둔하여 그 깊은 뜻을 헤아릴 수 없사오니, 폐하의 결정에 어찌 감히 왈가왈부할 수 있겠습니까."

효문제는 이 말을 듣고 무척 감동하여 말했다.

"조정에서는 온통 천도에 반대하며 서로 잘난 체하느라 바쁘거늘, 오로지 그대만이 짐의 마음을 헤아리는구나."

수도를 낙양으로 옮기자, 우열은 기존의 수도에 그대로 남아 정부 대소사에 전권을 쥐고 임하게 되었다. 이에 걱정을 표하며 놀란 사람들도 적지 않았지만 효문제는 황실 종친들에게 이렇게 말했다.

"옛 도읍을 지키는 것은 막중한 책임이 따르는 일이니, 충성심이 깊지 않은 자에게는 맡길 수가 없소. 우열은 비록 아둔하나 충심이 지극하며 다른 생각을 품지 아니하니, 이런 사람이야말로 안심할 수 있지 않겠소."

495년에는 조정에서 대규모 관료 선발이 열렸다. 우열의 아들 우등于登도 이미 공표된 법령과 절차에 따라 벼슬길에 오르려고 했다. 그는 아버지 우열에게 씩씩하게 말했다.

"저는 청렴하게 살았고 특별히 저지른 잘못도 없으니, 이제는 아버님께서 저를 좀 도와주십시오."

그러나 우열은 미간을 찌푸리고 말했다.

"나는 조정에 몸을 담은 관료다. 그런데 네가 출사를 한다면 남들이 부정을 의심할 것이 아니냐? 그러니 이 일은 나중에 다시 이야기하도록 하자."

우등이 말했다.

"아버님께서는 두려움 때문에 자식의 앞날을 저버릴 작정이십니까?"

하지만 우열의 태도는 바뀌지 않았다. 그러자 우등은 자신이 직접 황제에게 상서를 올려 출사의 의지를 밝혔다.

이 사실을 안 우열은 진노하여 우등을 크게 나무랐다. 그러고는 자신도 효문제에게 상서를 올려 말했다.

"폐하께서 영명하시니 신하 된 자가 더욱 겸손하고 예를 지켜야 마땅한 줄 아옵니다. 그러나 제 아들 우등이 관직에 오르려는 급한 마음에 폐하께 무례를 범했사오니, 모두 아비인 제 탓이옵니다. 폐하께서는 저를 파직하시어 벌하여 주시옵소서."

이 같은 우열의 행동을 보고 많은 사람이 그에게 한 마디씩 던졌다.

"아버지란 사람이 자식의 앞날을 생각해야지, 어찌 자식의 출사를 막아선단 말이오? 당신 아들이 출사하는 것이 도리와 법도에 어긋나는 일도 아닌데, 어찌 반대만 하시오?"

그러자 우열이 성이나 씩씩대며 말했다.

"나와 내 아들은 지금으로도 충분하네. 그런데도 그 녀석은 만족이란 것을 모르지 않는가? 만약 아들 녀석이 출사에만 급급하여 정신을 판다면 앞으로 무슨 일을 할 수 있단 말인가?"

효문제는 우열의 상서를 보고 크게 감명을 받아 문무 대신들에게 말했다.

"관료를 뽑아 놓으면 항상 제일 먼저 자기 자식과 식솔들을 출사시키려고 온갖 꾀를 짜내는 일이 다반사이거늘, 오로지 우열만이 제 잇속을 차리지 않으니 짐은 실로 기쁘구나."

그러고는 우열을 산기상시散騎常侍*에 앉히고, 요성현聊城縣에 봉하여 백 가구를 다스리도록 했다.

이처럼 바보같이 군다고 꼭 나쁜 것만은 아니다. 역사적으로 많은 인물이 화를 입었던 것은 그들이 바보스러워서가 아니라 오히려 너무 똑똑했기 때문이다. 그러나 동시에 책임감과 정의감을 가져야 한다. 내 생각에는 우열처럼 아무 원칙도 없이 맹목적으로 바보스러운 경우도 절대 이상적이지는 않은 것 같다.

안록산安祿山이 난을 일으키기 전, 그는 꼬박 10년 동안 바보 행세를 했다. 그러나 수련의 경지가 충분치 못했기에, 그도 결국 실패를 면할 수는 없었다. 평노절도사平盧節度使 안록산은 겉모습은 바보스러워도 내면은 누구보다도 교활한 사람이었다. 그는 일부러 멍청하고 착실한 모습을 꾸며 당나라 현종玄宗**의 무한한 신임을 얻어냈다. 현종은 그와 자주 만나며 각별하게 대해 주었다.

그러던 어느 날 안록산이 현종에게 상소를 올려 말했다.

"지난해 영주營州 일대에 곤충들이 작물을 갉아먹는 일이 발생하여, 소신이 향을 피우고 하늘에 기도를 올렸사옵니다. 소신이 하늘에 기도하기를,

---

* 황제를 측근에서 모시며 간언하던 일을 맡아보던 벼슬
** 당나라의 6대 황제. 재위 712~756년

'만일 소신에게 잘못이 있고 군주에게 충실하지 못했다면 부디 곤충들이 소신을 잡아먹게 하시고, 그렇지 않다면 이 몹쓸 곤충들을 당장 사라지게 해 주옵소서'라고 하니, 순식간에 엄청난 새들이 하늘을 뒤덮어 곤충을 한 마리도 남김없이 잡아먹었나이다. 이는 분명히 소신의 충정을 하늘이 증명한 것이니, 마땅히 역사서에 기록해 두어야 하지 않겠습니까."

이렇게 기가 차지도 않는 안록산의 거짓말에 넘어간 당현종은 이 일을 계기로 안록산을 더욱 신임하게 되었다. 동북 지역의 혼혈 소수민족 출신이던 안록산은 현종에게 말했다.

"소신은 비천하게 태어나 황제 폐하의 은덕을 입으니 실로 몸 둘 바를 모르겠사옵니다. 소신은 아둔하여 별다른 관직을 맡기에 부족하오니 나라를 위해 목숨 바쳐 황제의 성은에 보답하겠나이다."

이 말을 들은 현종은 너무나 기뻐했다. 한 번은 황태자가 함께 한 자리에서 현종과 안록산이 만났다. 안록산은 일부러 황태자에게 예를 갖추지 않았다. 곁에 있던 신하들이 말했다.

"안록산은 어찌 전하에게 예를 갖추지 않는가."

그러자 안록산이 깜짝 놀라며 말했다.

"전하라니, 무슨 말씀이신가?"

현종이 웃으며 말했다.

"전하는 곧 황태자를 말하느니라."

안록산이 말했다.

"소신이 우매하여 조정의 법도를 모르옵니다. 그런데 황태자란 무슨 벼슬이옵니까?"

현종이 크게 웃으며 대답했다.

"짐이 죽은 뒤에 황위를 이어 갈 자를 태자라 한다."

안록산은 그제야 깨달았다는 듯 말했다.

"소신이 우매하여 폐하만을 알고 황태자 전하를 몰라 뵈었사오니 죽어 마땅하옵니다."

그러고는 태자에게 예를 갖추었다.

현종은 그런 안록산을 '소박하고 성실한 사람'이라며 추켜세워 주었다.

747년의 어느 날 당 현종이 연회를 열었다. 안록산은 자청하여 호선무胡旋舞라는 춤을 바치겠다고 했다. 현종은 안록산이 올챙이배를 하고도 춤을 추겠다고 나서자 웃으며 물었다.

"그대 뱃속에 무엇이 들었기에 그리 배가 불렀는가?"

안록산이 대답했다.

"충정이옵니다."

안록산의 대답에 더욱 기분이 좋아진 현종은 그와 자신의 귀비貴妃를 서로 엮어 남매로 맺어 주었다. 그런데 안록산은 뻔뻔스럽게도 자신을 귀비의 아들로 삼아 줄 것을 청했다. 그때부터 안록산은 황실의 가족처럼 금궁禁宮을 드나들기 시작했다. 양귀비와 그가 치열한 싸움을 벌이자 현종은 그를 더욱 신뢰하며 전체의 반이 넘는 정예병을 그에게 넘겨주었다.

수많은 대신이 안록산의 반란 음모를 간파하고 여러 차례 현종에게 이를 알렸다. 그러나 현종은 안록산의 '바보스러움'에 현혹당해 모든 상소문을 전부 안록산에 대한 시기와 질투라고 치부하고 믿지 않았다. 현종은 오히려 이러한 안록산을 동정하고 가엾게 생각하여 더 많은 은덕을 베풀었고, 그를 평노절도사에서 범양절도사范陽節度使로 승급시키는 등 여러 요직을 맡겼다.

안록산의 계략이 맞아떨어져 현종이 그를 두텁게 신뢰하며 전혀 의심하지 않게 되자, 안록산은 급작스럽게 습격을 단행한다. 그는 전 병력이 하북河北을 경유하여 장안과 낙양 두 수도의 동편과 서편을 동시에 공격하는 전술을 계획했다. 그리하여 당나라 군사의 절반에도 못 미치는 10만 병사를 이끌던 안록산은 싸움에서 승승장구할 수 있었다. 당시 당나라의 명장과 정예군들이 전부 서북 지역에 모여 있어 안록산의 병사를 막아낼 수 없었을 뿐 아니라, 낙양과 장안의 병사들은 고작해야 8만 명밖에 안 되었고, 하남과 하북은 오랫동안 태평성세를 누렸기에 더더욱 전쟁 준비가 되어 있지 않았기 때문이다. 안록산이 이끌던 정예군이 태행산太行山을 돌아 동쪽으로 장안과 낙양에 진격해 오자, 혼비백산한 당나라 군대는 아무런 저항도 할 수 없었다. 그래서 안록산은 33일 만에 북경에서 낙양까지 단숨에 진격해 들어갔다.

그러나 속수무책으로 당하고만 있을 당나라가 아니었다. 안록산의 난에 당황한 당나라군은 동관潼關에서 반군의 날카로운 기세를 한번 꺾고 하북에서는 반군과 그 본영本營의 연락을 두절시켰다. 한편, 그토록 믿었던 신하에게 배반당한 당 현종은 극도로 격분하여 자존심에 크나큰 상처를 입고 성급한 모습을 보이기 시작했다. 손자병법에는 이런 말이 나온다. "군주는 홧김에 군사를 일으켜서는 안 되고, 장수는 홧김에 싸움을 벌여서는 안 된다." 그러나 안록산의 계략은 현종이 전쟁을 지휘하는 데 필요한 냉철함을 무너뜨리기에 충분했다. 당시 당나라에게 가장 시급한 일은 군사들을 안정시키고 전열을 다져 정예병으로 반란군을 제압할 시간을 버는 것이었다. 그러나 마음이 급한 현종은 이 같은 사실을 망각한 채 충실히 방어하고 있던 봉상청封常淸과 고선지高仙芝를 참수하고 가서한哥舒韓을 강제로 보내 동관에서 갖은 위험을 무릅쓰고 반란군을 공격하도록 명한다. 그러나 전열도 채 다지지 못한 미흡한 군대를 이끌고 무슨 싸움을 한단 말인가?

안록산의 반란군은 동관을 손에 넣은 후 열흘 동안 동관에서 지체했고, 장안에 들어온 뒤에는 더 이상 추격하지 않았기에 현종은 무사히 도주할 수 있었다. 그러니 안록산도 선견지명이 부족했음을 알 수 있다. 그는 후환을 제거하지 않은 채 자신이 점령한 두 개 수도와 하북의 근거지를 서로 연결하여 그간 약탈한 재물을 소화하면서 연燕나라 황제의 지위를 누릴 생각만을 했던 것이다.

"사람들은 관료 사회가 연극 무대와 같다고 말하지만, 연극을 잘 하는 이는 충효와 절의의 역할을 정말로 실감나게 연기하여, 듣는 이를 감동시키고 보는 이를 눈물 흘리게 한다. 그러나 관료사회에는 이처럼 훌륭한 연기자도 없고, 이렇게 그 역할을 잘하는 일도 없으니, 어찌 광대가 비웃음을 사고 마는 것이 아니겠는가?"라는 말이 있다. 정말로 깊고 예리하기 그지없다!

5

스스로를 단속하고, 주위에 귀를 활짝 열어라

도광양회韜光養晦*하여 출세하려면 자제력이 필수다. 자기 자신조차 단속하지 못한다면 무슨 일인들 제대로 할 수 있을까? 그러나 사람이란 누구나 단점이 있게 마련이다. 재물을 탐하거나 색을 밝히는가 하면 명성만 좇거나 체면만 차리고 정情과 의義에 휘둘리기 일쑤다. 이러한 단점들은 곧 우리의 약점이 된다. 사람의 마음이 제아무리 강하다 해도 유혹 앞에 흔들리게 마련이라, 우리가 자신을 단속하기란 쉽지 않다. 분명히 주변 친구, 부하, 스승 중에 나를 단속해 줄 수 있는 사람이 적어도 하나는 있을 터, 그렇다면 이들을 어떻게 대해야 할까?

동한東漢의 광무제光武帝 유수가 외지로 사냥을 나갔다가 밤늦게 성으로 돌아오던 날이었다. 그는 성의 문지기가 문을 열어 주지 않아 다른 쪽 문까지 한참 돌아가서야 겨우 궁으로 돌아올 수 있었다. 이튿날, 지난 밤 문을

---

* 명성이나 재능을 드러내지 않고, 참고 기다린다.

열어 주지 않았던 문지기에게서 사냥에만 정신이 팔려 종묘사직은 뒷전이라는 질책을 들은 광무제는 그에게 상을 내리고 문을 열어 주었던 다른 문지기는 좌천시켜 버렸다.

낙양의 현령을 지낸 동선董宣도 강직한 인품의 소유자였다. 어느 살인범이 유수의 손위 누이인 호양공주湖陽公主 밑에 있던 종이라는 것을 알게 된 그는 거리에서 호양공주의 마차를 막아 세우고 그 종을 잡아다 여러 사람이 보는 데서 죽여 버렸다. 호양공주는 동선의 행동이 자신의 위엄을 깎아내렸다 생각하고 유수에게 동선을 궁으로 불러들여 자신에게 사죄하도록 명할 것을 간곡히 청했다. 그러나 동선은 잘못한 바가 없다며 기둥에 이마를 부딪쳐 피를 흘려 가며 자신의 의지를 굽히지 않았다. 유수는 하는 수 없이 동선을 그대로 물러나게 하고 동선의 엄정한 법 집행에 상을 내렸다. 호양공주는 유수의 행동이 의아해 견딜 수 없었다. 유수가 평민이었을 때도 도망자나 죽을죄를 지은 사람을 여러 번 숨겨 주었지만 당시에는 그 어떤 관료도 감히 집으로 찾아와 어찌하지 못했었는데, 어째서 동생이 황제가 되고 나서는 일개 낙양 현령조차 마음대로 할 수 없는지 도저히 이해가 되지 않았다. 그러자 유수는 자신이 황제가 되었기 때문에 평민이었을 때처럼 마음 가는 대로 행동할 수 없어 더욱 조심해야 한다고 대답했다.

진나라 무제武帝* 때 유의劉毅가 관직에 있을 때였다. 그는 호족豪族이나 세도가를 벌할 때도 전혀 거리낌이 없었으며 황태자가 노래를 흥얼거리며 궁문에 들어서는 것조차 궁중의 법도를 어기는 일이라 하여 황제에게 망설임 없이 이를 고했다. 당시 황제의 근위병을 통솔하던 양¥씨 성을 가진 관료가

---

* 중국 서진西晉의 1대 황제, 이름은 사마염司馬炎. 236~290년

있었는데, 그는 자신이 사마염에게 은혜를 베푼 적이 있다는 이유로 제멋대로 행동했다. 이를 본 유의는 그를 사형에 처해야 한다고 진무제에게 고했다. 진퇴양난에 빠진 진무제는 몰래 사마유司馬攸*를 보내 유의를 설득하도록 했고, 결국 유의는 그를 놓아 줄 수밖에 없었다. 그러나 이후에도 양씨의 악행은 끊이지 않았고 다른 관료들도 양씨를 고발하고 나서자 진무제는 하는 수 없이 그를 파직시키기로 했다. 하지만 얼마 지나지 않아 진무제는 또다시 양씨를 남몰래 불러들여 평민의 신분으로 관직을 겸하도록 했다.

왕조마다 황제나 황족에 대해 엄격한 규정을 두었다는 것은 차치하더라도 역대 황제의 일상생활은 살얼음판을 걷는 것처럼 조심스럽기 그지없었다. 남조 송나라 황제의 자리에 오른 유유는 씀씀이를 아끼려고 연회조차 거의 열지 않았으며, 황실의 모든 재산을 궁 밖에 있는 부고府庫에 비축해 두었다. 그는 금은보화를 절대 궁 안에 쌓아 두지 않고 구두쇠처럼 살았다. 심지어 그의 딸이 시집을 갈 때도 공주에게 딸려 보내는 혼수에 제한을 두었으며, 화려하거나 사치스러운 물건은 전혀 포함하지 않았다. 한 번은 영남嶺南 지역에서 최상급 무명천을 진상했는데 유유는 그 무명천이 너무 호화스럽다 하여 돌려보내라 명한 뒤 다시는 그 지역에서 호화로운 무명천을 생산하지 못하게 하고 현지 태수太守에게 책임을 물었다. 이런 황제 덕분에 궁 안팎의 사람들도 모두 신중하고 조심스러워졌으며 재물을 함부로 낭비하는 사람이 없었다.

유유는 자신을 단속할 줄 아는 사람이었다. 가무와 여색에 빠지지 않기 위해 그는 가능하면 성색聲色을 멀리했다. 이러한 성격 때문에 안락한 생활을

---

* 무제武帝의 아버지

누린 그의 후손들은 그를 얕보며 '농부'라 부르기도 한다. 동진東晉 상서尙書로 있던 은중문殷仲文이 유유에게 조정에 음악 시설이 미비하니 이를 보완할 필요가 있다고 건의했다. 그러자 유유는 나는 풍악을 알지 못하며 풍악을 즐길 시간도 없다고 대답했다. 은중문은 음악을 좋아하기만 하면 자연히 알게 된다고 했지만, 유유는 "음악을 알면 좋아하게 될까 봐 가까이하지 않는 것이다!"라고 말했다. 유유는 첩도 많이 두지 않았다. 그도 한때 첩실에게 푹 빠져 조정을 등한시했던 적도 있었지만, 대신들의 몇 마디 권고에 정신을 차리고는 이내 그 첩실을 궁에서 내쫓아 버렸다.

송나라 때 위국魏國의 장長공주가 어느 날 꽃을 수놓은 옷을 입고 궁에 갔다. 옷에는 물총새의 깃털까지 달려 있어 아주 화려했다. 그러나 송나라의 태조太祖는 그녀를 보자마자 당장 옷을 갈아입으라며 다시는 그런 옷을 입지 말라고 화를 냈다. 화가 난 공주는 태조를 비웃으며 말했다. "고작 깃털 몇 개가 뭐라고 그러십니까?" 그러나 태조는 그 깃털이 여간 신경 쓰이는 것이 아니었다. 공주가 이런 옷을 입으면 황후나 후궁들도 이를 따라 할 것이고 곧 유행처럼 번져 갈 것이 자명했기 때문이다. 그렇게 되면 물총새의 깃털 값이 천정부지로 치솟아 모두 이익을 취하려 들 것이고, 너도나도 물총새를 잡겠다고 혈안이 될 것이니 이는 재난과 다를 바가 없었다.

양견楊堅*이 수나라를 세우던 시기는 전란이 빈발하던 때였고 백성도 갈 곳을 잃고 떠돌았으니 고생스러움은 이루 말할 수 없을 정도였다. 그래서 양견은 자신부터 솔선수범해 보임으로써 백성이 자신을 따라 근검절약하도록 해야겠다고 생각했다. 이를 위해 양견은 세 가지 정책을 제정했다.

---

* 수나라 1대 황제, 문제文帝. 541~604년

첫 번째는 소박한 생활을 제창하고 사치와 부패를 척결하는 사회 분위기를 조성하면서 생산력을 회복시키는 것이었다. 이는 남조南朝가 부정부패와 사치로 말미암아 국력을 상실하고 민심을 잃었던 것을 거울 삼아 태자에서 백성에 이르기까지 근검절약할 것을 강조한 것이었지만, 다른 한편으로는 수문제隨文帝가 남방南方을 통일할 큰 뜻을 품고 있었음에도 당시 계속되는 전란 탓에 민생이 어렵지 않은 곳이 없었기에 하루빨리 부국강병을 이루고자 낭비를 없애기 위함이었다.

그래서 당시 관복은 대부분 능라綾羅* 주단이 아닌 면으로 만들었으며 허리띠도 금이나 옥이 아닌 동, 철, 동물의 뼈 등으로 만들었다. 양견과 독고후獨孤后도 이에 솔선수범했다. 어느 날 양견이 이질에 걸려 의원에서 지사제를 처방받게 되었다. 그런데 처방전에 쓰인 호분胡粉이라는 약재를 궁 안에서는 구할 수가 없어 시장에 가서 사야 한다고 하자 양견은 지사제를 먹지 않겠다며 포기했다고 한다. 또 한 번은 직물로 짠 옷깃을 신하에게 하사하려 했는데, 당시 궁중에는 신하에게 하사할 옷깃조차 없었다고 한다. 양견은 평소 수라를 받아도 고기 반찬 한 가지면 충분했고, 독고황후 역시 자신이 직접 베를 짜고 옷을 지어 입으며 금은 장신구는 거의 지니지 않았다고 한다.

두 번째 정책은 인정仁政을 펼치는 것이었다. 관중關中 지방이 기아로 허덕이자, 그는 백성들이 무엇을 먹는지 알아보고자 사람을 보냈다. 당시 백성이 콩가루와 쌀겨를 섞어 먹는다는 것을 안 문제文帝는 백성이 먹는 음식을 대신들 앞에 펼쳐 보이고 눈물로 자신의 무능함을 질책했다. 그리고 자신의 수라상을 물린 다음, 술과 고기를 금한 채 백성과 고통을 함께 나누었다.

---

* 두꺼운 비단과 얇은 비단

그는 북방의 배고픈 백성을 이끌고 먹을 것을 구하고자 당시 그나마 부유했던 낙양으로 갔다. 낙양으로 이동하는 동안 그는 근위병들에게 백성을 겁주거나 함부로 쫓아 버리지 말라고 명령했으며 노인이나 아이를 거느린 사람들에게 길을 터 주고 따뜻한 위로를 건넸다. 험한 길을 지날 때는 좌우에 명하여 짐을 진 난민들을 도우라고 했다. 수문제는 자신이 먼저 인정을 베풂과 동시에 자신의 수하들도 그리 하도록 했다. 또한 노역을 줄이고 세금을 낮추어 농민이 노역에 종사하는 나이 기준을 높였으며 세무 부담을 줄여 주었다. 그뿐만 아니라 물품으로 대신 노역을 면해 주어 농민의 부담을 다소 줄여 주었다.

여기서 주목할 점은 역대 황제들이 집권 초기에는 그나마 부지런히 정치에 임하다가 어느 정도 시간이 지나면 나태해진다는 것이다. 동오東吳를 평정한 후 점차 변하기 시작한 진나라 무제 사마염의 인품이 좋은 예이다. 집권 초기 사마염은 근검절약을 실천하고 전국 각지에서 바치는 조공을 줄였으며 음주 가무나 사냥을 금하기도 했다. 심지어 궁에서 소를 끌 때 쓰는 남색 밧줄도 끊어 버리고는 앞으로 밧줄 대신 남색 마대를 사용하라고 명령했다. 그러나 집권 후기로 갈수록 정권이 안정되고 사회 및 경제가 발전하게 되자 정치계의 사치와 부패는 통제 불능 상태에 이르게 되었다. 석숭石崇이나 왕개王愷 같은 대신들은 돈 자랑에 여념이 없었고 사마염 자신조차 근검절약하던 습관을 버리고 방탕한 나날을 보내게 되었다.

사마염은 대부분 시간을 연회나 행락에 쓰면서 정사政事는 개의치 않았다. 동오를 평정한 다음 오吳나라에서 5천 명의 궁녀를 데려왔기 때문에 궁은 황제의 첩들로 넘쳐나 황제 자신조차 오늘은 어느 첩에게 가야 할지 헷갈릴 정도였다. 그래서 아예 양이 끄는 작은 수레에 올라타고 궁을 한 바퀴

돌며 양이 멈추는 방으로 들어가고는 했다. 어떤 첩들은 황제의 수레를 끄는 양이 자기 방 앞에 서게 하려고 문 앞의 잔디에 소금물을 뿌려 놓기도 했다. 물론 사마염에게 법도를 바로 세우라 권하는 신하들도 적지 않았고 사마염도 자신의 그릇됨을 알고 있었지만 이미 습관이 되어 버린 데다, 정작 이를 해결하려니 끝도 없을 것 같아 나태한 마음에 노력도 하지 않았고, 결국 그의 세상도 향락 속에 몰락하게 되었다.

3장

입위술 立威術

위풍당당, 위엄을 세워
대중을 제압하라

위신을 제대로 세워야 휘하의 사람들이 복종하고 따르며,

그들로부터 존중을 받아야 능력 있는 리더가 될 수 있다.

무릇 리더란 자신을 굽히거나 내세울 줄 알아야 하고,

강직함과 부드러움, 관용과 엄격함을 겸비하여

은혜를 베풀면서도 위용을 지켜야 한다.

그러므로 리더는 아랫사람을 다룰 때

상과 벌을 적절히 사용할 줄 알아야 한다.

1

홍보도 처세다.
스스로 격려하며 미래를 준비하라

청나라 말기에 좌종당左宗棠이라는 정치가가 있었다. 그는 젊은 시절에 운이 좋은 편은 아니었지만 멋진 '홍보전'을 펼쳐 마침내 출세할 수 있었다.

좌종당은 어려서 부모님을 여의고 집안이 가난했다. 그는 과거 시험에 연달아 세 번을 응시했지만 모두 진사進士가 되지 못했다. 한 번은 호남湖南 인원이 한 명 더 많고 호북湖北 인원이 한 명 적었는데, 시험을 관리하는 부서에서 억지로 좌종당의 시험지를 취하고 호북 사람을 한 명 더 뽑았으니, 과거 응시생 모집에 존재하던 지역 차별 때문에 그가 피해를 보았던 것이다. 당시 사람들은 진사 합격을 매우 중시했다. 성인聖人으로까지 여겨지는 증국번조차 동진사同進士에 머물러 항상 마음에 걸려 했다. 동진사는 과거의 전시殿試 성적이 최하위권에 속했던 사람인데, 증국번은 '첩妾'처럼 일종의 수치스러운 마음을 안고 있었다. 동진사는 오늘날의 학력으로 따지자면 '대학 졸업과 동등한 학력' 정도로 볼 수 있다. 식견이 있는 사람이라면 동진사의 학문 수준이 어느 정도인지 대략 짐작할 수 있었는데, 좌종당은 이런 동진사조차 되지 못했으니 그의 마음이 무척 답답하고 괴로웠을 것임을 짐작할 수 있다.

그러나 좌종당은 역시 좌종당이었다. 그는 자신의 처지를 비관하며 인생을 허망하게 살지 않았고, 출중한 시문詩文 재능이 있었음에도 다른 평범한 문인들처럼 현실을 문제 삼으며 자연에 마음을 의탁하지는 않았다. 결국 좌종당은 더 이상 회시會試*에 참가하지 않기로 했다. 과거에 오랫동안 낙방하다 드디어 합격한 후 매우 기뻐 미쳐 버린 범진范進**처럼 시험에 인생을 허비할 필요가 있겠는가? 그래서 그는 진사에 대한 마음을 접고 농부로 일생을 마치기로 했다가 국가에 보답할 수 있는 새로운 길을 찾기로 했다. 좌종당은 18세 때부터 고조우顧祖禹의 『독사방여기요讀史方輿紀要』, 고염무顧炎武의 『천하군국이병서天下郡國利病書』와 제소남齊召南의 『수도제강水道提綱』을 읽었다. 이 책들은 유가경전과는 완전히 다른 학문 서적들이었다. 좌종당은 이런 비非정통 학문을 익힌 덕분에 훗날의 성공을 위한 지식 기초를 다질 수 있었다. 능력을 기른 후에는 이를 발휘하여 성공할 수 있느냐가 중요하다. 그렇다면 과연 좌종당은 능력을 펼칠 수 있었을까?

좌종당은 23세에 결혼하면서 신혼방에 직접 다음과 같은 대련對聯***을 하나 썼다.

"몸에 가진 것이라고는 반 묘의 땅도 없으나身無半畝, 마음 속으로는 천하를 걱정하며心憂天下, 만 권의 책을 독파하면서讀破萬卷 옛사람과 정신적인 교류를 한다神交古人."

---

* 과거科擧에 1차 합격한 사람이 보는 2차 시험
** 54세의 늙은 수험생이었던 범진은 자신을 가련히 여긴 시험관의 선심으로 과거에 합격한다. 이에 너무 기쁜 나머지 어머니가 죽지만, 그는 상중임에도 정신을 못 차리고 자신의 합격에 취해 있었다.
*** 중국에서 기둥이나 문짝에 걸거나 붙이는 글귀

이처럼 웅장한 그의 선언은 자신에 대한 격려이자 일생에서 나아갈 방향이었다. 다행히 당시 청나라 정부가 과거 선발 인원을 확대 모집하지 않았기에 망정이지, 만약 좌종당이 진사가 되었더라면 훗날 연병練兵* 재능을 기르지도 못했을 것이며, 중국의 신강新疆 수복도 더 힘들어졌을 것이다. 좌종당이 낙병장駱秉章의 막료가 되었을 때는 이미 불혹不惑의 나이였고, 절강순무浙江巡撫가 되어 공을 세웠을 때는 50세가 넘었었다. 그의 출세는 친한 친구이자 같은 고향 출신의 동년배였던 호림익胡林翼보다 한참 늦었으며, 이홍장李鴻章보다도 몇 년은 늦었다. 좌종당도 보통 대부분의 사람들이 그렇듯이 대기만성大器晩成하기를 바라지는 않았겠지만, 어쨌든 그는 진사에도 합격하지 못했고, 재산이 없어 임명될 관직도 없었으니 자신의 능력을 당장 발휘할 수 없었다. 그러니 그가 종종 불평해댄 것도 어쩌면 인지상정人之常情이었으리라. 물론 성격은 천성적으로 타고나는 것이니 좌종당이 가진 성격적 결함을 그의 불온한 과거 탓으로 돌릴 수는 없겠지만, 그의 과거 경험들이 성격 형성에 큰 영향을 준 것만은 틀림없었다.

당시 양강총독兩江總督 도팽陶澎은 영향력이 컸던 봉강대리封疆大吏**로 10여 년 동안 총독을 지내면서 훌륭한 업적과 명성을 쌓았는데, 무엇보다도 탁월한 안목을 지닌 인물이었다. 호림익은 젊은 시절 여색을 밝히던 전형적인 바람둥이였는데, 도팽은 그를 비범한 재목이라 여겨 자질을 키워 주고 사위까지 삼을 정도로 그에게 많은 정성을 쏟기도 했다. 좌종당은 보잘것없는 준처급准處級 간부였지만 도팽은 그의 재능이 장래에 자신을 뛰어넘을 것이라 믿어 고집을 부려 자신의 둘째 아들과 좌종당의 딸을 혼인시키기도 했다.

훗날 청 말기의 '중흥 4대 명신中興四大名臣' 중 두 명이 도팽의 가족이었으니,

---

* 군인으로서 전투에 필요한 여러 동작이나 작업
** 성省의 일급 장관으로 군정사무를 맡아 직권이 가장 컸다

동서고금을 막론하고 도팽처럼 안목 있는 사람이 과연 몇이나 되겠는가? 이와 관련된 이야기를 살펴보자. 1837년, 도팽은 가족과 친척들을 방문하기 위해 고향으로 돌아갔다. 그런데 예릉醴陵을 거쳐 갈 때 현縣 공관公館에 있던 아래의 대련이 그의 가슴을 벅차게 했다.

> 자금성에서 나눈 이야기 여유로웠던 것은 春殿語從容
> 스물에 고향에 세운 인심석이 있었기 때문이라네 廿載家山印心石在
> 장강長江은 밤낮으로 흐르고 있으니 大江流日夜
> 호남湖南의 젊은이들은 고개를 빼들고 그가 돌아오기만을 기다리네
> 八州子弟翹首公歸

이 대련은 고향 사람들의 도팽에 대한 공경과 환영의 정을 담아 표현한 것이자 도팽의 일생 가운데 가장 득의양양했던 시절을 언급한 것이었다.* 또 공관에 들어서자 산수화 한 폭이 보였는데, 그 위에 다음과 같은 두 줄의 짧은 시가 쓰여 있었다.

> 현에 있는 훌륭한 산들은 도공을 본받아 우뚝 선 것이요 一縣好山爲公立
> 두 줄기 푸른 물은 그대를 기다려서 맑아진 것이라네 兩度綠水俟君清

이보다 더 탁월한 아부가 또 있을까? 도팽은 매우 기뻐하며 시를 지은 자를 만나 보고 싶어 했다. 그리하여 도팽과 시의 저자인 좌종당이 만나 밤새 이야기를 나누며 서로의 재능을 감상했다. 좌종당은 이 기회를 놓치지 않고

---

* 머지않아 함풍제 문종은 그를 위해 친필로 '인심석'이라는 표제를 써서 대련 가운데 교묘하게 집어넣었다

도팽에게 스승이 되어 주기를 청했고, 도팽은 기쁜 마음에 이를 승낙했다.

그리하여 준처급准處級 간부였던 좌종당은 양강총독부의 청급廳級 보조가 될 수 있었다. 이 일은 매우 우연처럼 보이고, 우연이 아니면 불가능한 만남 같지만 사실 우연이 아니었다. 생각해 보라, 현 전체에 식자층이 최소한 수만 명은 될 것이고, 그 중 시를 잘 짓는 사람이 수백 명은 될 텐데 어떻게 좌종당만이 행운을 거머쥘 수 있었겠는가? 이는 좌종당이 도팽을 위해 글을 쓰고 그림을 그려 벽에 걸어 놓았기 때문이 아니라, 그가 도팽이 고향으로 돌아올 것으로 굳게 믿고 미리 준비해 두었기 때문이다. 옛말에도 있듯이 기회는 항상 준비하는 자에게 찾아온다.

좌종당 이전에도 스스로 기회를 잡은 인물이 있었으니 바로 당나라 시인 진자앙陳子昻*이다. 진자앙이 처음 장안長安에 왔을 때는 그의 재능을 알아보는 사람이 없었다. 당시 당나라의 풍조는 매우 독특하여 사람들은 개성 있는 인물을 좋아했다. 그래서 진자앙은 사람들의 이목을 끌어 자신의 이름을 빨리 알릴 방법을 생각해 냈다. 어느 날 장안의 시장에 자신의 호금胡琴을 백만 원元에 내놓고 파는 사람이 나타났다. 성 안의 부호들은 호기심에 앞다투어 호금을 돌려 보았는데, 아무리 봐도 그다지 특별한 점을 찾을 수 없었다. 그때 진자앙이 구경꾼들 앞에 나타나 천 관貫을 주고 호금을 살 것이라 선언했다. 그의 행동은 모든 사람을 놀라게 하기 충분했고, 다들 진자앙에게 도대체 이 호금을 어디다 쓸 것인지 캐물었다. 그러자 진자앙은 사람들에게 자신을 호금 연주의 절대 고수라 소개하고는, 내일 자신의 거처로 와 연주를 들으라고 초대했다. 이 소식은 순식간에 장안의 화제가 되었다. 다음 날,

---

* 당나라 초기 시의 유약한 폐단을 고쳐 당시唐詩 부흥의 선구자가 되었다. 656~698년

수많은 사람이 진자앙의 집으로 벌 떼처럼 몰려들어 그의 호금 연주를 듣고자 했다. 그런데 사람들이 하나둘 모두 자리에 앉고 연주를 기다릴 때 예상치 못한 일이 벌어졌다. 진자앙이 호금을 들어 보이며 이렇게 말한 것이다.

"저는 사천四川의 진자앙입니다. 여태껏 1백 편의 글을 지었는데도 아무도 주목하지 않았습니다. 이 물건은 그저 보통 호금에 지나지 않는데, 제가 구태여 시간을 낭비하며 배울 필요가 있겠습니까?"

말을 마친 진자앙은 모두가 주목하는 가운데 호금을 던져 부수고는 자리에 있는 모두에게 자신의 글을 증정하여 감상하게 했다. 이런 행위예술과도 같은 행동은 좌중을 놀라게 했고, 그의 이름은 하루 만에 경성에 널리 퍼져 진자앙은 문화계의 일약 스타가 되었다.

진자앙과 호금 이야기는 그가 스스로 계획하고 연출한 것이다. 그는 아마도 사전에 미리 호금을 파는 사람과 상의하여 보통의 호금에 엄청난 가격을 매김으로써 사람들을 주목시키고, 호금을 사들이는 척하고 다시 깨부수어 또 한 번 사람들의 관심을 집중시켰다. 당나라의 풍조는 꽤 자유로웠기 때문에 이와 같은 자작극 이야기가 자주 등장한다. 그리고 많은 은사隱士들이 창의력 넘치는 다양한 방식으로 자신을 홍보한 예도 많았다. 강자아姜子牙* 부터 시작한 중국 은사들의 홍보 방식은 크게 두 가지 유파로 나뉘었는데, 하나는 스스로 홍보하는 '자기 추천파'였고 다른 하나는 외부의 일에 신경 쓰지 않는 '무관심파'였다. 이들의 방식은 모두 효과적인 광고 전략으로, 전자는 비교적 적극적이고 능동적인 데 비해 후자는 피동적으로 보이지만 사실 본인이 주도권을 쥐고 있는 방식이었다.

---

* 강태공姜太公. 인재를 찾아 떠돌던 서백西伯(주나라 문왕文王)이 강가에서 낚시를 하던 강자아의 범상치 않은 모습에 인물됨을 알아보고 주周나라의 재상에까지 올랐다

2

난세에 영웅 난다.
거침없이 본성을 드러내라

복잡 다변한 정세 속에도 불변의 법칙이 있다. 바로 위기가 있는 곳에 기회가 있다는 것이다. 위기는 평범한 사람에게는 위험할 뿐이지만, 강자에게는 용감히 맞섬으로써 자신을 알릴 수 있는 절호의 기회가 된다. 평범한 사람이 평범할 수밖에 없는 이유는 그들이 위험 자체만을 볼 뿐 위험 속의 큰 기회를 보지 못하고, 그 기회를 잡을 용기도 없기 때문이다. 그래서 평범한 사람들은 적극성이나 창조성이 결여된 채 영원히 현실에 안주하며 눈에 띄지 않는 것이다. 그러나 강자들은 다르다. 그들은 모험을 좋아하고 그에 따르는 책임을 지는 것에 주저하지 않는다. 이 때문에 강자들이 그들의 모험을 자주 성공으로 이끌어 두각을 나타내곤 한다. 강자에게 한 차례 위기는 곧 한 계단 뛰어오를 좋은 기회가 된다. 위급한 순간이 다가왔을 때 어떤 사람은 죽을힘을 다해 역경에 흔들리지 않는 꿋꿋한 중심 역할을 해 내고 리더의 자리에 오른다. 그러나 대부분 사람들은 다른 사람들의 지휘에 따라 하자는 대로 따를 뿐이다. 그러니 '창해의 물결이 거세고 험할 때滄海橫流方

비로소 영웅의 본색이 드러난다顯英雄本色'라고 말한 것이리라. 사람이든 동물이든 몹시 급해지면 무슨 일이든 다 할 수 있다. 곧 목숨을 잃을지도 모른다는 생각이 들면 차라리 죽을힘을 다해 맞서보려 한다. 그래서 적은 인원으로 많은 적을 물리친 사례가 많은 것이다. 예를 들어 항우가 결사의 각오로 전투에 임하기 위해 강을 건넌 후 스스로 밥솥을 부수고 배를 침몰시켜 퇴로를 끊어 버렸다는 일화는 가장 전형적인 사례이다.

동한東漢에 단경段熲이라는 장군이 있었다. 그는 위로 기댈 수 있을 만한 인물도 없었고 눈에 띄는 업적도 없어 실로 막막한 미래에 낙담하고 있었다. 그러던 중, 드디어 기회가 찾아왔다. 한 번은 단경이 1만이 넘는 군사를 이끌고 장거리 행군을 한 후 적과 전투를 벌였는데, 상대의 군사력이 매우 강해 수하의 병사들이 모두 겁을 집어먹었다. 단경은 병사들의 공포를 없애야겠다고 생각한 후, 우선 명령을 내려 활을 쏠 준비를 하고 진법에 맞춰 열을 갖추도록 한 다음 기병 부대의 대열을 정비하도록 했다. 모든 배치가 알맞게 끝나자 단경은 큰소리로 장병들을 격려하며 말했다.

"우리는 고향을 떠나 몇천 리를 걸어왔다. 이제 눈앞에 승리가 있다. 도망가고자 하면 반드시 죽을 것이다. 모두 함께 노력하여 다 같이 부귀공명을 누리자!"

그리고 크게 함성을 지르니, 과연 장병들의 사기가 크게 올랐다. 그 기세를 몰아 말을 타고 적지로 돌격하여 신속히 적군을 격파하니, 8천 명이 넘는 적군이 죽었고 28만 마리의 가축을 노획하는 성과를 거두었다. 단경은 이 전쟁으로 유명해졌다. 왜 그럴까? 이유는 간단하다. 모두가 위험 속에서 공포에 떨고 있을 때, 오직 그만이 공포를 이겨 내고 분발하여 일어나서 리더의 역할을 해 냈기 때문이다.

왕진악王鎭惡 역시 위기 속에서 리더의 역할을 잘해냈다. 유유가 후진後秦을 북벌할 때 전진前秦의 요비姚丕가 위교渭橋에 주둔하면서 진나라 군대에 저항하고 있었다. 진나라 장군인 왕진악은 특별히 제작한 배를 이용해 군대를 이끌고 위수渭水를 거슬러 올라갔다. 그는 병사들에게 모두 선실에 숨어 절대 나오지 말라고 했다. 진나라 군사는 노를 젓는 사람도 없는 빈 배가 강을 거슬러 올라가는 모습을 목격하고는 스스로 움직이는 신비한 배를 봤다고 생각했다. 위교에 도착한 왕진악은 우선 병사들에게 식사하게 한 후 각자 나무 몽둥이를 쥐고 상륙하도록 하되, 마지막으로 육지에 오르는 이는 참형에 처할 것이라 명했다. 병사들이 모두 상륙한 후에는 배를 묶어 둔 밧줄을 풀게 하여 타고 온 배가 떠내려가도록 놔두었고, 배는 얼마 지나지 않아 흔적도 없이 사라졌다. 왕진악은 스스로 자신들의 퇴로를 모두 차단하고 병사들에게 말했다.

"우리는 이미 고향을 떠나 1만 리 밖의 장안에 왔다. 배는 이미 모두 떠내려갔으니, 만약 오늘 우리가 용감하게 싸워 승리를 거둔다면 금의환향할 것이나, 싸움을 두려워하여 패배한다면 타향에 뼈를 묻게 될 것이다!"

그러자 병사들의 투기가 솟아올랐고 왕진악은 스스로 선두에 서서 감정이 격앙된 병사들을 이끌고 용맹하게 돌진하여 마침내 후진군을 크게 격파했다. 왕진악은 필사적인 항전 덕분에 이름을 알리고 유명해졌다.

위급한 순간에 잘 대응하여 일거에 유명해진 예는 더 있지만, 그 중 가장 대단한 인물은 송末 무제武帝 유유일 것이다. 유유가 아직 북부병北府兵의 부대에서 일반 장교로 있을 때 마침 손은孫恩이 군사를 일으켰다. 조정은 위병衛兵장군 사염謝琰과 전방前方장군 유뢰지劉牢之를 보내 손은을 토벌하게 했는데, 유유도 유뢰지의 보좌관인 막료幕僚가 되어 함께 출정했다. 전쟁터에

도착한 즉시 유유는 유뢰지의 명을 받들어 몇십 명의 병사만 이끌고 적군을 정탐하러 갔다. 그런데 그 길에 수천 명에 이르는 적의 부대와 마주치고 말았다. 유유는 이미 후퇴하기에는 늦었다는 것을 알고 대담하게 장도長刀를 휘두르며 적진으로 돌진하여 적을 베었다. 얼마 안 있어 유유 일행은 대부분 전사했으며 그 역시 강기슭 밑으로 굴러떨어졌다. 적군이 유유에게로 몰려오자 그는 위를 향해 장도를 휘두르며 여러 적군의 목을 베면서 다시 강기슭을 올라왔고 크게 소리를 지르며 계속해서 적군을 베어 나갔다. 그때 손은을 따라 군사를 일으킨 사람들은 대부분 종교인들이었기에, 불가사의한 힘에 대한 미신이 강했다. 그런데 유유가 용맹한 모습을 보이니 그들은 유유가 불사의 천신이라며 너도나도 공포를 느끼기 시작했고, 결국 몸을 돌려 정신없이 도망갔다. 일순간 군사들은 산이 무너져 내리듯 패퇴하기 시작했고, 유유는 계속 그들을 쫓아가 베어 죽이니 수천 명이 한 사람을 피해 도망가는 장관은 실로 볼 만했을 것이다.

　유뢰지의 아들 유경선劉敬宣은 유유가 계속 돌아오지 않자 사람을 데리고 전방으로 그를 찾으러 갔는데, 유유 혼자 수천 명과 얽혀 싸우는 모습을 보고는 매우 놀라고 감탄하여 이때부터 그를 전쟁의 신으로 대접했으며, 덕분에 유유도 이름을 날리게 되었다. 이 전쟁에서 유유는 생애 처음으로 '성공의 스포트라이트'를 받았다. 그리고 용감무쌍한 그의 명성이 널리 전해졌을 뿐만 아니라 상관 유뢰지도 그를 중히 여겼다.

　그는 또 일찍이 힘이 약한 작은 성 해염海鹽에 주둔한 적이 있었는데, 이때 1백여 명으로 조직된 결사대를 이끌고 수없이 밀려드는 적군을 상대한 적이 있었다. 결사대는 투구와 갑옷을 벗고 손에 짧은 무기만 든 채 크게 함성을 지르며 성 밖으로 돌격했고, 적들은 그 기세에 눌려 갑옷과 투구를 벗은 채 사방으로 줄행랑치기 바빴고, 총수總帥 요성姚盛도 죽고 말았다. 게다가 유유는 용장이면서 머리도 좋았기 때문에, 훗날 몇 번이나 궁지에 몰려 반격할 때에도 불리한 상황에 몰리지 않고 오히려 자신의 열세를 우세로 바꿔 나가 몇 번이나 승리했다. 그는 이렇게 대적할 자가 없는 '전쟁의 신'이라는 이미지를 구축해 사람들에게 널리 숭배받았다.

유유는 비록 일단 승전했으나 수중의 병력이 얼마 되지 않았기 때문에 새로운 계책을 짰다. 그날 밤이 되자 유유는 적의 눈에 띄지 않도록 비밀리에 군사들을 행군시켜 몸을 숨기도록 한 후 이미 철수한 것처럼 꾸몄다. 다음 날 새벽, 적군은 성벽 꼭대기에 늙고 병든 사람들만 남아 있는 것을 보고 멀리서 어찌 된 영문인지 물었고 성의 사람은 유유가 밤사이에 이미 떠나버렸다고 했다. 적군은 이 말을 믿고 성을 공격하려 우르르 몰려들었는데, 이 때 갑자기 유유가 군사를 이끌고 맹렬하게 덤벼들어 적군들은 미처 손을 쓸 새도 없이 많이 죽어 나갔다. 이렇게 유유는 일련의 계책을 이용하여 적을 혼비백산하게 만들었으며 후에 성 밖에서 벌어진 최후의 전투에서는 그의 지성과 용기를 모두 아낌없이 드러내 보였다. 먼저 유유는 곳곳에 복병을 배치하고 각 지점마다 몇몇의 병사만 매복시켜 적군이 쳐들어 올 때 곳곳에서 깃발을 흔들며 함성을 지르도록 했다. 그러면 적군은 이미 사방이 포위된 줄 알고 후퇴하기 바빴다.

그런데 이 계책을 실행하던 중에 선발부대가 작전에 실패하여 적군이 다시 몸을 돌려 공격해 왔다. 적군은 유유의 부대보다 병력이 훨씬 많았기 때문에 그의 부대는 거의 전멸할 지경이었다. 유유는 적들의 경계를 늦추고 곤경에서 벗어나기 위해 퇴각을 멈추고 병사들에게 명령해 흩어져서 주변을 깨끗이 정리하라 일렀다. 적군들은 철수해야 할 유유가 꿈쩍도 하지 않으니 의심스러웠고, 앞에 함정을 설치해 놓고 그들이 걸려들기를 바라는 것이라 추측했다. 그런데 적군이 주저하고 있을 때 유유는 다시 한 번 큰소리로 함성을 지르며 병사를 이끌고 돌격해오니, 그 기세는 더욱 용맹했다. 그러자 적군은 앞에 매복병이 기다리고 있을 거라고 더욱 굳게 믿게 되었고 황급히 철수하였다.

남방에 유유가 있다면 북방에는 위魏 도무제 탁발규가 있었는데 그 역시 궁지에 몰렸을 때 반격하는 솜씨가 좋아 '전쟁신'으로 비견될 만한 인물이었다. 어느 해 겨울, 탁발규의 부친에게 패한 적이 있던 철불부鐵弗部가 쳐들어 왔다. 그 중 수령 유위신劉衛辰의 아들 직력제直力鞮가 10만 대군을 이끌고 위나라의 남부로 쳐들어와 마침 밖에 있던 탁발규를 포위했다. 당시 탁발규의 곁에는 겨우 5, 6천 명의 군사밖에 없었지만 그는 위기에 당황하지 않았다. 그는 전차를 중심으로 차근차근 진법을 펼치며 앞으로 전진해 나갔고 마지막에는 위기를 승리로 이끌어 직력제가 줄행랑을 치게 만들었다. 탁발규는 갈수록 용감해졌고 승리한 김에 계속 추격하여 오원五原에서 황하 강을 건너 유위신의 본 진영까지 쳐들어갔다. 그러자 그 일대의 백성들은 놀라 허둥지둥 사방으로 도망갔고 부락 전체가 잠깐 사이에 엉망진창이 되어 혼란스러워졌다. 유위신은 황급히 성 밖으로 도주하다가 부하에게 살해당했고, 탁발규는 유위신의 자식들과 가문 사람들을 모조리 죽이고 시체를 전부 강에 내다 버렸는데 그로 인해 강물 전체가 핏물로 붉어졌다.

훗날 탁발규는 후연後燕과 교전할 때 군사를 이끌고 중산中山에 주둔하고 있었는데 한밤중에 모용보慕容寶가 이끄는 연나라 군의 습격을 받았다. 탁발규의 진영 사방에서 불길이 치솟기 시작하고 많은 군사들이 놀라 달아났으며 탁발규 역시 놀라 잠에서 깼다. 그렇지만 그는 옷을 입을 새도 없이 맨발로 뛰쳐나가 북을 두드려 장병들을 모았으며, 부대를 조직하여 후연군의 주둔지로 다시 진공하여 큰 승리를 거두었다. 후연군의 사망자는 1만 명이 넘었고 모용보는 중산으로 도망쳤으며, 위나라 군은 많은 병기와 물자를 노획하였다.

　평온한 시기에는 누구도 특별히 뛰어난 모습을 드러내지 않는다. 그러나 위기가 반전의 기회가 된다. 위기가 찾아와 모두가 당황해서 어찌할 바를 모를 때, 누군가 먼저 총대를 메고 앞장서서 지휘한다면 바로 그가 자연스럽게 리더가 될 수 있을 것이다. 이런 기회를 잘 잡아야 관례를 깨고 비약적인 발전을 이룰 수 있다.

3

신비주의!
이미지로 대중을 사로잡아라

용은 하늘의 뜻을 대표하는 신비로운 동물이다. 정권이 바뀌고 황제가 즉위하는 일들은 모두 하늘의 뜻에 따른 결과이기 때문에 황제 역시 속세에 내려온 용이라 할 수 있다.

유방에게는 용과 뱀이 행운의 상징이었다. 전하는 말에 따르면, 유방의 모친은 일찍이 천둥 벼락이 치는 밤에 적룡赤龍의 기운을 받고 수태한 뒤 유방을 낳았다고 한다. 유방은 성인이 된 후 자주 술집에서 술을 마셨는데, 술에 취하면 바로 그 자리에 누워 잠을 자는 버릇이 있었다. 그런데 그럴 때면 적룡 한 마리가 하늘에 날아오르는 것을 볼 수 있었다고 한다. 술집 주인장은 이를 신기하게 여겨 종종 유방에게 공짜로 술을 대접하고는 했다.

이보다 더 유명한 것은 백사白蛇를 베고 천하를 얻은 이야기이다. 유방은 봉기한 후 어느 날 밤에 술에 취해 길을 가고 있었다. 그때 유방은 거대한 백사 한 마리가 길을 가로막고 있는 것을 보고는, 술기운에 검을 빼 들어 백사를 두 토막 내고 말았다. 훗날 천명을 받고 즉위한 이 미래의 천자는 그 후 몇 리를 더 걸어가다가 결국 술기운을 이기지 못하고 길옆에 드러누워 잠이 들었다. 얼마 후 어떤 사람이 방금 유방이 백사를 죽인 장소를 지나가다가 한 노파가 서서 울고 있는 모습을 봤다. 그가 노파에게 연유를 묻자 노파는 자신의 아들이 살해당했다고 말했다. 그가 다시 노파에게 아들을 죽인 사람이 누구냐고 묻자, 노파는 이렇게 대답했다.

"내 아들은 백제白帝*의 아들이오. 방금 거대한 백사로 변해 길에 있었는데, 적제赤帝**의 아들에게 죽임을 당할 줄 누가 알았겠소."

말을 마친 노파는 그 자리에서 사라졌다. 그는 이 기이한 이야기를 유방에게 들려주었고, 유방은 마음 속으로 아주 기뻐했다. 이 이야기 속의 신비로운 분위기가 유방에게 더 많은 호소력을 불어넣었고, 이때부터 점점 더 많은 사람들이 그를 따르고자 했다. 물론 이 이야기가 얼마나 믿을 만한지, 혹시 처음부터 유방과 그의 추종자들이 근거 없이 지어낸 이야기는 아닌지는 알 수 없다. 훗날 유방이 천하를 얻었을 때에도 용과 뱀에 관한 전설은 끝나지 않았다. 여러 해가 지난 후, 이미 황제가 된 유방은 고향으로 돌아가 전란 중에 세상을 떠난 모친의 혼백을 부르는 초혼招魂 의식을 치렀다. 그런데 의식을 치르는 곳에 신비로운 작은 적사赤蛇 한 마리가 나타났고, 이로써 유방에 대한 일련의 전설은 매끄러운 마침표를 찍었다.

사실 천하를 제패하려는 이들이 이런 전설들을 지어내는 심리는 쉽게 이해될 수 있다. 개국 황제의 출신 문제를 얘기할 때 사람들은 언제나 고귀한 출신의 인물이 구차하고 변변치 못한 출신의 인물보다 더 하늘의 보살핌을 받는다고 생각했다. 바로 이런 사상이 민간에 뿌리 깊게 영향을 미치고

---
* 서쪽의 신
** 남쪽의 신

있었기 때문에 새로 즉위하는 황제들은 항상 온갖 방법을 동원해 자신의 즉위에 합법성을 부여하고, 이를 통해 더 많은 사람의 지지와 신복信服을 얻고자 했다. 그래서 수많은 견강부회牽强附會*한 신비로운 전설들이 시대의 필요에 의해 만들어졌고 모든 이야기는 저마다 새 황제가 바로 세상에 태어난 진정한 천자임을 강력하게 뒷받침하는 내용이었다. 황제의 출신이 평범할수록 이런 전설을 만들 필요성은 더욱 커졌던 것이다.

남조南朝 유송劉宋 정권의 황제 유유 역시 유씨 선조의 성공 경험을 참고했다. 유유 역시 빈곤한 출신이었기 때문에 황제가 될 준비를 하면서 용과 뱀을 소재로 한 여러 가지 기상천외한 전설을 만들어 냈는데, 그 중 가장 유명한 전설을 하나 소개하겠다. 유유가 어렸을 적에 밖으로 장작을 패러 갔다가 아주 크고 긴 뱀 한 마리를 상처 입히고 말았다. 그런데 다음 날 같은 장소에 다시 가 보니 푸른 옷을 입은 동자들이 약을 빻고 있었다. 그들에게 이유를 물어보니 동자들이 대답하기를, 자신들의 대왕이 유기노劉寄奴** 때문에 상처를 입었는데, 유기노는 천명을 받고 즉위할 천자이기 때문에 보복할 수 없다고 했다.

여기서 '기노寄奴'가 바로 유유의 아명兒名이었다. 이 전설의 줄거리와 스타일을 살펴보면 옛날 유방이 백사를 벤 이야기와 상당히 비슷하다. 이런 종류의 이야기는 그 외에도 많다. 예를 들어 명나라 성조成祖 주체朱棣의 아들 한왕漢王 주고후朱高煦는 스스로를 하늘이 내린 천자라 생각했다. 그래서 주고후는 그의 형인 주고치朱高熾가 이미 황제의 자리에 올라 있었음에도 불구하고 자신의 갈비뼈 아래에 있는 비늘조각 모양의 물질들이 바로 용의

---

* 가당치 않은 말을 억지로 끌어 붙여 자기를 합리화함을 이르는 말
** 국화과의 여러해살이 풀

비늘이라 생각하면서 자신은 황제의 옥좌에 오를 것이라 굳게 믿었다.

훗날 주고후의 '용의 비늘'은 그저 피부병의 일종이었다는 것이 밝혀졌으며, 그는 결국 황제에 오르지 못했다. 청나라 때의 증국번 역시 비슷한 피부병으로 곤욕을 겪었다. 그는 피부병 때문에 몸 전체가 견디기 어려울 정도로 몹시 가려웠는데, 손으로 긁기만 하면 피부 표피가 떨어져 내렸다. 그러자 어떤 사람은 이를 가리켜 증국번이 구렁이 요괴의 화신化身이며, 문무를 겸비한 인재가 되어 앞날이 창창할 것이라 했다. 그러나 증국번 스스로는 피부병의 고통을 참기 어려웠을 뿐만 아니라, 사람들 사이에 전해지는 이런 헛소문 탓에 난처하기 짝이 없었다. 증국번은 사람들이 그가 모반을 일으키려 한다고 말할까 두려워하며 너무 신중하게 행동한 나머지 소심하게 보이기까지 했다. 만약 모반의 소문이 다시 돌기라도 했다면 증국번은 자신의 지위가 안전하게 보전될 수 있을지 몹시 걱정해야만 했을 것이다. 그렇지만 다행히 사람들이 증국번을 구렁이의 환생 정도로만 보고 그쳤기에 망정이지, 만일 한 술 더 떠 그를 용과 연관지었더라면 불안한 나머지 잠도 이루지 못했을 것이다.

용의 전설이 있었으니, 자연스럽게 봉황鳳凰의 전설도 있었다. 봉황 전설의 주인공은 당연히 중국 역사상 유일한 여황제였던 측천무후則天武后였다. 그녀가 천자天子의 자리에 오르려 준비할 무렵 각지에 있는 지지자들은 연이어 그녀에게 상서로운 길조를 전해 올렸다. 그들은 봉황과 주작朱雀*이 하늘에 나타났으며, 이는 여황제의 등극이 하늘의 뜻임을 예언하는 것이라 알렸다. 어떤 사람은 미륵불彌勒佛의 화신이 이미 여인의 모습으로 현세에

---

* 남쪽을 지킨다고 하는 상상의 동물

출현했으며, 그녀가 속세의 지배자가 되어 앞으로 백성에게 평화롭고 행복한 생활을 가져다줄 것이라고 말하기도 했다. 그리고 이 '미륵불의 화신'이 바로 측천무후임이 '증명'되었기 때문에, 돈황敦煌. 막고굴莫高窟 안에 거대한 미륵불상을 빚었다. 그녀는 자신의 이름에 쓰기 위해 '조曌'자를 직접 만들었는데, 해와 달이 하늘에 걸려 있는 형상을 한 글자는 그녀의 집정이 마치 해와 달이 하늘에서 대지를 두루 비추듯이 사람들에게 따뜻함과 생기를 불어넣을 것을 의미하였다. 이처럼 황제들은 자기 자신을 포장하고 신비롭게 만들려고 노력하여 결국 기대하던 효과를 거두었다. 이런 신기한 전설들은 세상에서 그들의 위엄을 살렸을 뿐만 아니라, 먼 후세까지 두고두고 회자되는 이야깃거리가 되었다.

대역사大力士들은 보기만 해도 매우 무섭다. 그들의 사납고도 흉포한 외모는 그들의 실력을 가장 효과적으로 드러내 보이는 데 도움이 된다. 만약 이런 우월한 선천적 조건이 없다면 어떻게 해야 할까? 옛사람들은 오래전에 이미 방법을 생각해 냈는데, 바로 인공적으로 효과를 만들어 내는 것이었다.
 명나라의 한옹韓雍이 반란으로 관리가 어려웠던 양광兩廣*에 군대를 주둔시키고 다스리게 되었다. 한옹은 현지에 도착하자마자 천신天神 같은 위협적인 모습을 연출하기 위해 조처를 했다. 그는 먼저 수비를 강화하고 한두 명의 심복 외에는 그 누구도 자신의 내실에 출입하지 못하도록 하여 모든 사람과 거리감을 유지함으로써 신비하고 위엄 있는 분위기를 조성했다. 한옹은 이따금 사람들과 술을 마신 뒤 공을 차고 놀았는데, 시합이 끝난 후에 사람을 시켜 자신이 방금 찬 공을 몰래 돌로 만들어진 공으로 바꿔 놓도록

---

* 광동廣東과 광서廣西

하기도 했다. 사람들은 한옹이 시합에 쓴 공을 보러 왔다가 그 공이 무거운 돌공이란 사실을 알고는 모두 매우 놀라며 한옹의 신력神力을 경이해 마지 않았다. 한옹은 '신력'을 드러내 효과를 거둔 것만으로는 부족하다고 생각하여 자신의 풍채를 더 흉악해 보이도록 하기로 했다. 그래서 그는 기술의 힘을 빌렸는데, 바로 수레를 타고 외출할 때 미리 자신의 머리카락과 수염 속에 쇠 부스러기를 잔뜩 뿌리고는 수레 지붕에 몰래 자석을 숨겨 놓았다. 그리하여 한옹이 사람들의 이목을 끌며 거리를 지나갈 때, 쇠 부스러기들이 자석에서 발생한 자력의 영향을 받아 그의 머리카락과 수염을 모두 바깥으로 곤두서게 하고 구레나룻은 위로 치솟도록 했다. 그 모습에서 풍기는 위엄은 비할 데 없이 기세등등하였고 정말 하늘에서 내려온 흉신凶神같이 보였다. 이 소식은 순식간에 퍼져 사람들은 모두 한옹에 대한 신비감과 존경심을 가득 품었고, 혼란했던 분위기도 일시에 많이 안정되었다.

흉악한 분위기를 조성하고자 이러한 방법을 즐긴 사람은 한옹만이 아니었다. 사실 한옹의 아이디어는 저 유명한 북제北齊의 난릉왕蘭陵王 고장공高長恭을 참고했을 가능성이 크다. 고장공은 당시 '전쟁의 신'으로 불리던 인물로, 용맹하고 전투에 능했을 뿐만 아니라 휘하의 장병들을 몹시 아껴 과일 하나라도 부하들과 나눠 먹으려 했다. 다만 유일한 단점은 용모가 너무 준수하다는 것이었다. 그는 용모 때문에 자신에 대한 두려움이 떨어질까 걱정하여 무시무시한 투구를 제작해 머리에 덮어쓰고는 적진에 돌격하였고, 매번 전투를 벌일 때마다 적들을 모두 무찌르니 그에 대적할 자가 없었다. 한 번은 고장공이 가면을 쓰고 단신으로 적진에 돌격하여 한바탕 휩쓴 뒤 자신의 성으로 돌아왔는데, 성의 수비군은 가면을 보고도 그가 누군지 알아보지 못했다. 이에 고장공이 가면을 벗으니 그제야 고장공을 알아보고는 재빨리 그를 지원하였다. 훗날 북제의 장병들은 고장공의 이야기를 가사로 만들어 즐겨 불렀는데, 이것이 발전하여 그 유명한 〈난릉왕파진곡蘭陵王破陣曲〉이 되었다. 사람들은 가면을 쓰고 춤추며 이 노래를 부르게 되었다.

'경계색警戒色'에 대해 말하자면, 두려움을 주는 방법에는 색깔을 이용한 방법만이 있는 것은 아니다. 소리도 무시할 수 없는 위협 수단이 된다. 예를 들어 방울뱀의 소리는 사람의 간담을 서늘하게 하고, 꿀벌 떼가 '붕붕' 하고 내는 소리는 벌집을 넘보는 흑곰을 놀라 달아나게 하기에 충분하다. 만약 난릉왕의 장병들이 진지 앞에서 기괴한 가면을 쓰고 손에 무기를 든 채 춤추면서 높은 소리로 노래를 불렀다면, 필시 그 어떤 적들도 그들을 두려워하며 벌벌 떨었을 것이다. 중국 고대의 파인巴人*도 무척 용맹하고 전투에 능한 무사들이었다. 그들이 전투에 임하기 전에 따르던 습관은 바로 진지 앞에서 춤을 추는 것이었다. 물론 그들의 춤에는 신력의 도움을 받고자 하는 오래된 종교적 의미가 담겨 있었다. 그런데 저마다 얼굴에 기이한 그림을 그린 전사들이 여러 가지 해괴한 동작으로 춤을 춰 대는 모습을 보게 된다면, 설령 천신天神이 인간세계로 내려와 도와주지 않더라도 적들은 이미 공포에 질렸을 것임을 상상할 수 있다. 난릉왕 고장공은 음성과 용모, 웃는 모습이 모두 훌륭했기 때문에, 장병들이 〈난릉왕파진곡〉을 소리 높여 부를 때 자신도 전사들과 함께 노래를 불렀을 것이다. 이 곡은 간단한 줄거리로 이루어진 비교적 오래된 중국 고대 가무극歌舞劇**이라 할 수 있으며, 악무樂舞는 후세에까지 전해져 당나라 때 유행하기도 했다.

---

* 진秦나라에 멸망당한 파나라 사람
** 춤과 노래를 기본으로 하여 극적인 이야기를 펼쳐 나가는 예술

난릉왕 이야기는 몇백 년을 거쳐 전해져 내려오면서 사람들을 감화시켰고, 후세 사람들은 가면을 쓰고 출전하는 사람들은 모두 하늘로부터 신력을 받은 사람이라 여겨 그들을 보기만 하면 맞붙어 싸우기도 전에 이미 기세가 많이 꺾이게 되었다. 그래서 북송 연간北宋年間에 이르러서는 역시 '전쟁의 신'으로 불렸던 명장 적청狄靑도 고장공의 방법을 사용했다. 비록 지금 적청의 모습을 구체적으로 상상할 수는 없지만, 전해 오는 이야기로는 그의 용모도 매우 출중했다고 한다. 당시 그의 아들은 반듯한 용모로 유명했으며, 황제가 공주를 위해 부마를 찾으려 할 때도 바로 적청의 아들을 외모의 기준으로 삼았다고 한다. 아들은 아버지를 닮는 법이니, 적청 또한 놀랄 만큼 준수한 인물이었음을 짐작할 수 있다. 적청은 소년 시절부터 무술을 연마했는데, 나중에 그의 형이 다른 사람과 싸움을 벌여 어쩔 수 없이 그가 형의 죄를 덮어쓰고 충군充軍*이 될 수밖에 없었다. 이때부터 적청은 묵형墨刑**을 받아 얼굴에 '무송武松'과 '임충林冲'이라는 문신을 새긴 뒤 병사가 되었다. 사실 얼굴에 문신을 새긴 것 자체만 봐도 그 사람에 대해 짐작할 수 있겠지만, 만약 어떤 사람의 몸에서 문신을 보게 된다면 그가 필시 어떤 뛰어난 무술 실력을 갖추고 있거나 범상치 않은 내력이 있으리라 짐작하게 될 것이다. 그러니 송나라 사람들이 얼굴에 글자를 새긴 효과가 어땠을지 상상할 수 있다.

　송나라 때는 군사상의 공적이 빈약한 편이었지만 적청은 예외였다. 그는 군대를 따라 서북 전선으로 와서 북송北宋과 서하西夏 간의 전쟁에 참가했다. 그 4년 동안 적청은 크고 작은 25차례의 전역戰役에 참가했고, 화살을 8발이나 맞았다. 적청은 자신의 용모를 더 흉악하고 위협적으로 보이게 하려고

---

* 죄를 범한 자를 군역에 복무하도록 함
** 죄인의 얼굴이나 팔뚝에 죄명을 적도록 한 벌

난릉왕을 흉내내어 흉악한 귀신 형상의 동가면銅假面을 쓰고 머리를 풀어헤친 채 전선으로 돌격했다. 그는 두려움 없이 용맹하게 자신의 무력을 과시하며 가는 곳마다 적들을 무찔렀기 때문에 적군들은 그를 천병天兵을 이끌다가 속세에 내려온 천장天將이라 여길 정도였다. 곧 적청이라는 이름은 서북을 뒤흔들었다. 적청은 이로써 상사 범중엄范仲淹의 총애를 받게 되었는데, 범중엄은 그에게 병법兵法을 많이 익히라고 충고했고, 적청은 범중엄의 말을 받들어 후에 병서兵書를 숙독하여 고금의 작전 진법陣法에 통달했으며, 전공을 쌓으며 승진하다가 마침내 조정의 최고 군사장관 자리에 올랐다.

고장공과 적청은 둘 다 무장이었으니 자신을 무시무시하게 꾸미고자 한 점을 이해할 수 있지만, 일국의 천자天子인 황제도 자신의 이미지를 귀신처럼 꾸미려고 열심히 노력했다면 참 이상하게 느껴질 것이다. 오늘날 역대 중국 황제들의 초상화가 많이 전해 내려오는데, 일반적인 분위기는 모두 위엄을 보이는 가운데 인자함을 띠며, 천하 통일의 기개가 있으면서도 백성을 감싸 안는 온화함이 담겨 있다. 그런데 명나라 개국 황제인 주원장의 초상화에는 이들과 다른 특별한 점이 있는데, 바로 분위기가 서로 완전히 다른 두 가지 모습의 초상화가 전해 내려온다는 것이다. 첫 번째 초상화에는 용모가 단정하고 네모난 얼굴에 자비롭고 온화한 모습의 주원장이 담겨 있다. 그러나 두 번째 초상화에는 길고 구부러진 칼자루 형의 얼굴에 턱은 이마보다 길게 돌출되고 얼굴에는 사마귀가 가득하여 괴상하면서도 살기 등등한 주원장의 모습이 담겨 있다. 대체 어떤 초상화가 주원장의 진짜 모습일까?

후세 사람들은 상대적으로 자애롭고 온화해 보이는 첫 번째 초상화가 주원장의 아들인 명성조明成祖 주체朱棣의 초상화와 함께 정중히 받들어져

참배받고 있으니, 이것이 주원장의 실제 모습이리라 추측한다. 그렇다면 주원장은 왜 자신을 추악하게 묘사했을까? 아마 그 이유 역시 무장들이 가면을 썼던 이유와 비슷하여, 그는 자신을 위엄 있고 무섭게 보이도록 한다면 다른 사람들이 그를 두려워하여 감히 모반을 일으키지 않으리라 생각했을 듯하다. 사실 이 밖에도 두 가지 이유를 더 생각해 볼 수 있다. 먼저 민간에서는 두 번째 초상화 속 모습이 비록 추하더라도 그의 관상이 부귀해질 '오악조천五岳朝天'이며 '72개 사마귀'를 지닌 '돼지 모습의 용'의 귀상貴相을 지니고 있다고 여기기도 했다. 사람들은 보통 이런 얼굴의 사람이 아주 부유하고 귀하여 하늘의 뜻으로 내려온 진정한 천자라 생각했다. 그리고 주원장은 평복 차림으로 나라 안을 두루 살피어 순행巡幸하기를 즐겼기 때문에 일부러 자신의 진짜 얼굴을 감추어 사람들이 알아보지 못하도록 했을 수도 있다. 즉 둘째 이유는 아마도 주원장이 민간 백성이 자신을 경외하도록 만드는 한편, 스스로 안전을 고려하여 현저히 다른 두 폭의 초상화를 그리게 했을 수도 있다는 것이다.

4
결단과 행동,
상대방을 단숨에 제압하라

 힘들게 쌓아 올린 위엄도 때로는 매우 약해지는 경우가 있다. 우리는 종종 우연한 시기에 발생할 확률도 낮은 일로 말미암아 다른 사람의 도전을 받아야 할 때가 있다. 만약 도전을 이겨 내지 못한다면 구멍 뚫린 풍선처럼 껍질만 남아 주저앉을지도 모른다. 이럴 때 맞설 것인가, 아니면 물러설 것인가? 역사 속의 많은 강자는 스스로 강한 결단력을 발휘하여 자신에게 덤벼드는 자는 반드시 처단했다. 이런 강력한 자세는 도전자가 강자를 두려워하며 충돌을 피하도록 하였을 뿐만 아니라, 심지어는 더욱 복종하며 지지하도록 하였다. 상대를 두려움에 떨게 했던 한나라의 장창張敞이 그 예라 할 수 있다.

 장창은 시인의 기질이 다분했지만 가혹한 관리이기도 했다. 일반적이라면 시인의 낭만적인 서정과 '가혹한 관리'는 연관 짓기가 매우 어려워 보이지만, 장창은 이 두 가지 기질을 모두 지니고 있었다. 그는 일찍이 도성都城 사무를 책임지는 경조윤京兆尹이었는데, 임기 동안 탄핵을 당해 곧 해임될 처지가 되었다. 장창의 수하 중에 도적을 잡아들이는 임무를 맡은 관리가 있었다. 그는 상사인 장창이 조만간 해임당할 수밖에 없을 것임을 알고 더 이상 장창의 명령을 듣지 않기로 하고 진행 중인 업무를 모두 내버려 둔 채 집으로 쉬러 갔다. 다른 사람이 그에게 장창의 권위를 존중해야 한다고 충고했지만, 그는 말을 듣지 않고 이렇게 대꾸했다.

"장창이 상사로 있을 때는 내가 그의 말을 따를 이유가 있었지만, 이제 그는 조만간 관직에서 물러날 테고 길어 봤자 기껏해야 5일 정도나 더 경조윤 자리에 있을 텐데 무슨 짓을 할까 두려워할 필요가 무에 있는가?"

장창은 이 소식을 듣고 그렇지 않아도 탄핵을 당해 몹시 언짢았는데 더욱 기분이 나빠져 크게 격노하였다. 그래서 장창은 즉시 명령을 내려 이 관리를 붙잡아 오도록 하고, 그를 죽여 자신의 존엄을 지키겠노라 결심했다. 당시 규정상 사형 집행은 연말에 하고 봄이 되면 더 이상 사형을 집행할 수 없었다. 장창은 서둘러 사람을 보내 이 관리를 밤낮으로 끊임없이 심문하고 고문하도록 하여, 마침내 그로부터 거짓 자백을 받아 무고하게 여러 죄명을 갖다 붙인 뒤 사형을 선고하여 봄이 오기 전 즉시 형을 집행하기로 했다. 장창은 그 관리가 사형당하기 전에 그에게 사람을 보내 이 말을 전했다.

"나의 임기가 5일밖에 남지 않았다 해도 경조윤은 경조윤이다. 겨울은 곧 물러갈 것인데 넌 얼마나 더 살 수 있겠는가?"

장창의 방식은 자연스레 훗날의 조조를 생각나게 한다. 스무 살의 조조가 막 정계에 입문했을 당시, 그의 훌륭한 활약은 사람들이 그를 다시금 보게 하였다. 조조는 수도 낙양에서 치안을 담당하는 관리로 사회를 향한 첫걸음을 디뎠는데, 당시 황제의 외척들이 온 도성에서 방자하게 굴고 있었다. 조조는 그들이 행동하는 꼴을 보고는 취임하자마자 십여 개의 오색五色 몽둥

이를 제작하고서는 관아의 양쪽 벽에 몽둥이를 걸어 두고 선언하기를, 만약 법률의 금령을 어기는 자가 있으면 누구든 즉시 때려죽일 거라 했다. 얼마 뒤 황제의 총애를 받는 환관의 숙부가 야행夜行 금지령을 어겼다가 조조에게 붙잡혀 즉시 사형당한 일이 발생하여 온 경성이 순식간에 놀라움으로 술렁거렸다. 이때부터 수도의 풍조는 엄숙하게 변했고 감히 금령을 위반하려는 사람이 없어졌다. 그 후 조조가 제남국상濟南國相이 되었을 때도 낙양에서의 방식과 수단을 이용하여 한 번에 여덟 명의 현급주관縣級主管을 파면시켰고, 탐관오리들은 그 소문을 듣고 간담이 서늘해져 너도나도 다른 군과 현으로 도망갔다. 이후부터 현지의 혼란스러웠던 법률과 기율이 바로 서기 시작했으며, 관료들이 그 지위나 직권을 남용하여 뇌물을 받거나 부정한 행위를 저지르거나 사사로운 뒷거래를 하는 것도 줄어들었다. 따라서 지역의 분위기도 크게 좋아졌다.

 조조와 장창은 모두 타고난 도량으로 결단력과 행동력을 보여 주고 이를 통해 사람들이 그들의 과감함과 투철한 의지를 느낄 수 있도록 하는 한편, 이런 의지 뒤에 숨겨진 위험을 자각하도록 했다. 그리하여 사람들은 그들의 단죄의 칼날을 피하고자 조심스럽게 행동하였다.

 은혜와 위엄은 사람의 마음을 정복하는 데 큰 역할을 한다. 현자에게 은혜를 베풀어 그가 은혜에 감사하며 보답하려 할 때, 그 효과는 모두가 만족할 만큼 더욱 확실히 드러난다. 그러나 소인배에게는 더욱 위엄을 보이고 엄격한 말투와 표정으로 대해야 감히 맞서지 못한다. 소인배를 줄곧 멀리 피할 수만은 없다. 소인배는 그렇게 두려운 존재가 아니다. 소인배들은 겉으로는 강해 보이지만 속은 텅 비고 약하기 그지없다. 타당한 방법과 정당한 이치 그리고 날카로운 표현으로 그들의 급소를 정확히 공격한다면,

소인배들은 더 이상 방자하게 굴지 못하고 머리를 숙일 수밖에 없다.

　진나라 말기에 진승陳勝과 오광吳廣이 봉기한 후, 중원은 크게 혼란스러웠고 전쟁이 연이어 일어났다. 당시 남해군南海郡의 군위郡尉 임효任囂는 병들어 정무를 볼 수 없었다. 그는 용천현령龍川縣令 조타趙佗를 불러 뒷일을 맡기며 말했다.

　"난세에는 스스로를 지키며 변화에 대응해야 하네. 우리 남월南粤은 산간벽지에 있어 화란禍亂이 없네. 이는 하늘이 우리를 도와주시는 걸세. 내가 죽으면 그대가 나의 자리를 이어받아 북쪽의 통로를 차단하고 전란에 끼어들지 말게."

　그 후 임효는 얼마 되지 않아 병들어 죽었고, 조타는 임효의 뜻대로 군사를 보내 국경을 수비하고, 북쪽의 중요한 길목을 막아 조정과의 관계를 끊었다. 조타는 또 기존의 현령縣令*들을 모두 해임한 뒤, 자신의 심복들을 그 자리에 앉히고 자신의 독립 왕국을 세웠다. 한나라가 건국된 후, 유방은 조타의 독립을 용인할 수 없었다. 유방은 군신들을 소집하여 말했다.

　"원래 천하를 통일하고자 했는데 조타가 여전히 스스로 남월왕이라 주장하고 있으니 이는 반드시 바로잡아야 할 것이오. 하지만 지금은 전란을 평정한 지 얼마 지나지 않았으니 무턱대고 전쟁을 일으키고 싶진 않소. 조타가 신하 되기를 청하며 나에게 귀순한다면 그가 계속 남월에 주둔할 수 있도록 할 것이오."

　그러자 한 군신이 간언했다.

　"조타는 오만하고 무례하며 방자하기 짝이 없습니다. 그에게 투항을 권유

＊　현에 둔 지방장관

하는 것이 어려운 일이라 걱정입니다. 폐하께서는 유능한 모사謀士를 먼저 보내 보십시오. 혹시나 변고가 일어나 상황이 더 어려워질까 걱정이옵니다."

그래서 유방은 모사 육가陸賈를 불러들여 남월에 가도록 했다. 유방이 그에게 강조하여 말했다.

"반드시 조타에게 이익과 손해가 무엇인지를 알게 하고 스스로 깊이 반성하게 하여 한나라에 귀순하게 하시오. 이번 임무의 책임은 막중하니 임기응변으로 잘 대처하고 신중하게 일을 처리해야 할 것이오."

그러자 육가가 아뢰었다.

"산이 높고 길이 멀어도 폐하의 뜻에 어긋나지만 않는다면, 신이 적절하게 일을 처리하겠나이다."

육가는 한나라 조정이 조타를 남월왕으로 봉한다는 왕명을 가지고 밤낮으로 길을 재촉하여 겨우 남월에 도착했다. 그런데 조타는 육가의 방문을 그다지 신경 쓰지 않았고, 아무렇게나 그를 맞이하여 관모도 쓰지 않고 띠도 제대로 매지 않는 등 예의라고는 찾아볼 수 없었다. 육가는 오만불손한 조타를 보고는 좋은 말로 잘 타이르려 했던 애초의 생각을 바꾸기로 했다. 육가는 마음 속으로 조타 같은 인물을 상대하려면 반드시 기를 눌러 그가 제멋대로 굴지 못하도록 해서 말을 듣도록 해야 한다는 것을 알았다. 육가는 계책을 생각한 뒤, 그 역시도 무례한 자세를 보이며 엄하게 말했다.

"귀하는 행동거지가 경망스러운 것이 야만스러운 오랑캐들과 정말 다를 바가 없소. 나는 한나라 조정에서 파견한 사신으로, 황제께서 귀하에게 하사한 상을 들고 왔는데 귀하는 감은하며 예의로 받들기는커녕, 방자하기만 하니 이것이 귀하가 할 일이오? 귀하의 행동은 한나라 조정에 대항하겠다는 뜻과 다름없으니 참으로 우스운 일이오. 오늘날 천자께서는 천명을 받들어 진나라를 평정하고 항우를 처단했으며 여러 강자를 소탕하였소. 또 감히 천자에게 대항하는 자들 모두가 멸족을 당했는데, 설마 귀하도 주제 파악을 못 하고 그들의 뒤를 따르겠다는 것이오? 귀하도 중원의 인사이고 조상의 묘가 모두 중원에 있으니 조정의 예의를 모른다고는 할 수 없을 터인데, 오만불손하게 굴다가 만일 천자의 노여움을 사게 되어 천자의 대군이 쳐들어오기라도 한다면, 귀하가 무사히 지낼 수 있을 것 같소?"

조타는 예상치 못한 그의 태도와 말에 두려워하며 몸을 일으켜 사죄했다.

"미개하고 황량한 곳에 있다가 보니 잠시 예의를 잊었소. 너그러이 이해해 주시오."

조타가 스스로 자신의 무례를 대충 수습하자, 육가는 그에게 어느 정도 개선의 여지가 있다고 판단하여 말투를 누그러뜨려 말했다.

"잘못을 알고 바로 고칠 수 있으면 이보다 더 좋은 일이 어디 있겠소?"

그런데 본론을 얘기하자 조타는 또 시건방진 모습을 보이며 육가에게 이렇게 묻기까지 했다.

"나는 부지런히 나라를 다스리고 백성을 아끼며 남월을 수호하고 있소이다. 공로가 당연히 아주 큰데, 황제는 이와 비교해서 어떤지 모르겠소만?"

육가는 이 말을 듣자마자 바로 화를 내며 똑바로 반박했다.

"천자께서는 세상에서 가장 귀하신 분이고, 귀하는 겨우 한나라 구석의 일개 군에 있을 뿐이오. 어디 감히 천자와 비교할 수 있단 말이오?"

조타는 그제야 경박하게 굴지 않았고, 육가에게 매우 공손한 태도를 보였다. 육가는 조타에게 대의를 알려주며 그에게 성심껏 한나라로의 귀순을 권했다. 결국 조타는 한나라 조정에 머리를 숙이고 신하로서 복종을 맹세했다.

위풍당당,
기세가 형국을 결정한다

위신을 세우는 가장 높은 경지는 싸우지 않고도 상대방을 굴복시키는 것이다. 이는 가장 적은 자본으로 가장 많은 이익을 거둘 수 있게 한다. 진짜 창칼을 쓸 필요도 없이 기세를 뿜내고 용맹스러운 위세를 펼치는 것만으로 상대편을 누르고 마침내 효과적으로 문제를 해결할 수 있는 경우도 많다. 하지만 물론 실제 상황은 이렇게 분명하고 간단하지 않다. 시공을 거슬러 올라가 옛 역사 속에서 유익한 사례를 찾아보자.

양측 군사가 서로 대치하고 있는 전선에서 종종 결정적인 작용을 하는 것은 용맹한 무사의 기세이다. 그래서 사람들은 사병을 뽑을 때 천성적으로 체구가 크고 훤칠한 인물을 뽑아 앞에 세워 두고 그 기세로 상대를 제압하려 한다. 명나라 1대 황제인 주원장의 일화를 보자. 주원장은 25세 때 호주성濠州城 아래로 찾아가 곽자흥郭子興의 부대에 의탁하려 한 적이 있다. 그러나 성을 지키던 병사들은 돌연히 나타나 다짜고짜 수령首領을 만나려 하는 낯선 사내를 첩자로 여겨 그 자리에서 처단하려 했다. 곽자흥은 이 소식을 듣고 아군이 되려 하는 대장부를 잘못 죽이는 것이 아닌가 걱정되어 급히 성문으로 왔다. 그런데 그는 주원장의 용모가 훌륭하고 기세가 위풍당당하여 그에게서 영웅의 기개를 느껴 마음 속으로 기쁘게 생각하며, 진짜로 자신에게 의탁하러 온 것이 맞는지 확실히 물은 다음 그를 머물게 하여 보병으로 삼았다.

모든 병사는 겉모습에서부터 강한 기세가 느껴져야 한다. 적과 맞붙어 싸울 때에도 아군의 기세가 흐트러지지 않도록 해야 한다. 적을 단숨에 해치우지 못하고 싸움을 여러 번 끌게 되면 처음의 투지는 점점 사라져 승리를 거둘 가능성도 잃게 된다. 그래서 가장 이상적인 것은 선제공격인데, 상대에게 자신의 강력한 힘을 충분히 알리면 싸우지 않고도 승리할 수 있다.

명나라의 정덕正德황제 주후조朱厚照는 재위 기간에 강남의 산수를 즐기며 놀고 있었는데, 평소 총애하여 신임하던 군관 강빈江彬이 기회를 틈타 반란을 일으키려 했다. 강빈이 이끌던 심복들은 모두 서북에서 온 병사들로, 키가 크고 살기가 가득했다. 이런 부대는 두렵기 마련이지만 관리 교백암喬白巖은 강빈의 계획을 좌절시킬 방안을 생각해 냈다. 그는 남방에서 온 교관들 중 신체가 왜소하지만 날쌔고 야무지며 무예가 뛰어난 자들을 1백 명 뽑았다. 그리고 강빈과 시간을 정해서 매일 이 교관들과 강빈의 부하들이 서로 무예를 겨루도록 했다. 남방에서 온 교관들은 민첩하고 속도가 아주 빨랐고, 강빈의 부하들은 키가 크고 몸집은 좋지만 행동이 느렸다. 그들은 몇 합을 겨루었는데, 매번 강빈의 병사들만 전부 갈비뼈나 허리 부위를 여러 번 얻어맞고 땅에 쓰러져 일어나지 못했다. 이때부터 강빈의 병사들은 승리에 대한 자신감을 잃고 사기도 많이 저하되었다. 강빈의 반란 계획은 시작도 하기 전에 자멸했다.

이런 방법은 훗날 청나라의 강희제康熙帝가 오보이[鰲拜]*를 치고 천하의 주인으로 자리매김했던 이야기를 떠올리게 한다. 이처럼 무예가 뛰어난 사람들은 종종 생각지도 못하게 중요한 역할을 해 낸다.

당시 교백암에게는 구천서寇天敍라는 유능한 보좌관이 있었는데, 응천부應天府의 관리였다. 구천서는 주병駐兵**이 백성을 괴롭히는 골치 아픈 문제와 맞닥뜨렸는데, 이 주둔군들은 자주 길에서 물건을 빼앗고 나쁜 짓을 했다. 이때 해결 방법은 교백암의 방법과 똑같았는데, 바로 키는 작지만 날쌔고 야무진 장병들을 뽑아 매일 길을 순찰하도록 하는 것이었다. 구천서도 직접 순찰에 참가하여 함께 직무를 수행했다. 이 방법 또한 확실히 효과를 발휘하였는데, 이 순찰 부대는 거리에서 법을 지키지 않고 제멋대로 행동하는 관병官兵들과 마주칠 때마다 그들과 겨루어 모두 쓰러뜨려 나갔다. 그러자 주둔군들은 감히 백성을 괴롭힐 엄두를 못 냈다.

강빈은 때로 황제의 총애를 앞세워 응천부로 사람을 보내 각종 물건을 요구하고는 했다. 그러자 구천서는 작은 모자를 쓰고 무명 적삼을 입은 채 정청政廳에 앉아 강빈이 보내 온 사람을 멀리서 봤음에도 보지 못한 것처럼 있다가 그들이 자신의 바로 앞까지 당도해서야 비로소 몸을 일으켜 인사를 했다. 구천서는 그들을 '흠차欽差'****라고 부르며 어려움을 호소하였다.

"이곳의 백성은 찢어지게 가난합니다. 관청의 곳간도 텅텅 비었지요. 저 같은 관리도 돈이 없어서 매일 적삼으로 만든 옷을 입고서는 여기 이렇게 앉아 위에서 사람을 보내 저의 죄를 묻고 잡아가기만을 기다리고 있지요."

---

* 청나라 초기의 군인이자 정치인. 강희제 초기에 무소불위의 권력을 휘두르다 황제로부터 미움을 샀다.
** 일정 지역에 주둔한 군대
*** 황제의 명으로 보낸 파견인

구천서는 강빈이 사람을 보낼 때마다 매번 이렇게 말했고, 결국 강빈도 별수없어서 다시는 사람을 보내 구천서를 괴롭히지 않았다.

사람은 설령 남의 권세를 빌어 위세를 부리는 상황일지라도 기세만 있으면 상황을 제대로 타파할 수 있다. 동한東漢 광무제光武帝 유수가 하북河北에서 자신의 사업을 개척하고 있을 때, 유림劉林과 왕랑王郞이 '왕랑은 사실 전 왕조 한漢 성제成帝의 아들 유자여劉子輿다'라는 깃발을 내걸고 병사를 일으키자, 주변의 군국郡國 중 꽤 많은 세력이 순간 진위를 구별하지 못하고 이에 호응하여 병사를 일으켰다. 그리하여 그들의 세력은 기세등등하게 자라나기 시작했고, 그 다음 해 초에는 격문檄文을 발표해 당시 계주薊州 근처에 있던 유수에게 현상금 10만 호戶를 내걸어 그를 잡으려고까지 했다. 그런데 하필이면 계주에 있던 종친 유접劉接이 왕랑에게 호응하여 병사를 일으킬 준비를 하고 있었기 때문에 순식간에 성 안이 소란스러워지고 인심이 불안해졌다. 사태가 이렇게 되자 유수가 처한 상황도 매우 위급하게 변하여 입성할 수가 없어 그대로 남쪽으로 도망갈 수밖에 없었다.

유수 일행은 굶주림과 추위를 견디며 요양饒陽에 이르러 마침 길 옆의 역참驛站*을 발견하고는, 자신들을 왕랑이 한단邯鄲에서 보낸 사자라고 말하며 보무도 당당하게 안으로 들어갔다. 그러나 유수 일행은 음식이 나오자 허기진 나머지 피란민처럼 허겁지겁 음식을 집어서 먹었고, 역참의 책임 관리는 이를 수상하게 여겨 그들의 신분을 알아내기 위해 거짓말로 왕랑이 보낸 한단의 장군이 곧 당도할 것이라 일렀다. 유수의 부하들은 이를 듣고 모두 놀라 어쩔 줄 모르며 도주할 준비를 했지만, 유수는 이미 늦었다고

---

* 중앙에서 지방에 명령을 전달할 때나 운수 등을 뒷받침하고자 설치된 통신·교통 기관

생각하고는 오히려 태연스레 원래 자리로 돌아가 시치미를 뚝 떼며 역참 관리에게 한단의 장군에게 자신을 만나러 오라 청하라고 시켰다. 물론 한단 장군은 올 리 없었고, 유수 일행은 무사히 떠날 수 있었다.

당나라 경종敬宗 시기에 조정에서 보낸 사자使者가 유주幽州에 도착하여 춘의春衣를 하사했는데 절도사節度使 주극융朱克融은 옷감이 부족하다는 이유로 사자를 억류하고는 황제께 상소를 올려 장병들의 춘의가 부족하니 옷을 지을 수 있도록 조정에서 옷감 30만 필을 하사해 달라고 요청했다. 그는 그 대신 병기兵器를 만드는 장인 5천 명을 뽑아 황제가 동도東都 낙양을 정비하는 일을 돕겠노라고 했다. 그의 행동은 경종을 놀라게 했고, 경종은 주극융이 모반을 일으킬까 염려하여 대신들과 상의하여 중신 한 명을 유주로 파견하여 주극융을 달래는 한편, 억류된 사자를 데려오려고 했다. 그런데 배도裵度*가 이를 듣고는 황제께 진언했다.

"주극융은 나쁜 짓을 많이 저질렀으니 반드시 멸망을 자초할 것입니다. 그러니 그가 자신의 구역에서 스스로 쓰러지도록 상대하지 마시고 내버려 두면 될 것입니다. 이번 사건에 대해서는 조서詔書를 한 통 보내 '춘의를 분배하는 사자의 행동이 적절치 못했으니 짐이 그를 처벌하겠다. 춘의 문제 또한 관련 부문의 책임을 묻도록 하겠다'라고 하십시오. 그리고 주극융이 말한 병기 장인 5천 명 이야기는 근본적으로 불가능한 허풍일 뿐이옵니다. 그러니 아예 주극융에게 그가 말한 대로 장인들을 보내라고 하면, 그는 이쪽이 대비하고 있다 여겨 당황하여 어쩔 줄 모를 것입니다. 만약 이렇게 해도 그가 두려워하지 않는다면, 동도를 정비하는 일은 조정의 일이니 그가

---

* 중국 당나라 때의 재상

사람을 보낼 필요는 없다고 하십시오. 그리고 그에게 옷감 2, 30만 필을 내려 춘의를 짓도록 하는 것은 원래 대수롭지 않은 일이지만, 범양范陽에만 준다면 형평성 문제가 발생하여 곤란하다고 하시면 됩니다."

배도는 이렇게 대응 방법을 조목조목 얘기한 후, 경종에게 너무 걱정하지 말라고 조언했다. 경종이 배도의 의견에 따라 조서를 보내니, 과연 그 후의 사건의 결과는 배도가 예상한 것과 같았다. 배도는 돌발 사건을 적절하게 잘 처리하였기 때문에 경종은 그를 더욱 신임하게 되었다.

기세를 이용해 선제 공격하는 방법은 실전에서의 필사적인 전투에만 사용되는 것이 아니라 평온해 보이지만 위기가 사방에 도사리는 조정에서도 사용할 수 있다. 북위의 도무제 탁발규는 자신의 권위가 항상 도전받고 있다고 자주 느꼈다. 그는 어떻게 하면 절대 황권을 수립할 수 있을지 늘 고심했는데, 마침 박사博士 공손표公孫表가 상소를 올려 한비자韓非子의 법가정신法家精神을 역설하며 황제에게 법치국가를 건의했고, 이는 마침 탁발규의 생각에도 부합하였다. 탁발규는 '법치'를 시험할 수 있는 기회를 찾던 중 행동이 거칠고 경솔했던 좌장군左將軍 이속李粟을 불경죄로 사형에 처했다. 또 어떤 사람이 사공司空* 유악庾岳이 화려한 옷과 겉치레를 좋아하여 행동거지와 풍채가 천자와 비슷하다고 고발하자 탁발규는 곧 유악을 잡아들여 죽였고, 귀족들과 관리들은 모두 두려움에 떨었다.

술자리에서도 선제공격을 할 수 있다. 송나라의 장역張易이 흡주歙州에서 통판通判**으로 있을 때, 현지의 자사刺史가 자주 술에 취해 술주정을 부리고는

---

* 토지와 민사에 관한 업무를 맡아보던 고대 중국의 벼슬
** 군에서 정치를 감독하던 조정의 벼슬아치

했다. 그 자사는 술에 취하면 아무렇게나 욕을 해댔을 뿐만 아니라, 살인을 저지르기까지 했지만 아무도 감히 그를 말릴 생각을 못했다. 이에 장역은 '독은 독으로 물리친다'라는 계획으로 거나하게 취하도록 술을 퍼마시고는 자사의 집을 방문했다. 그리고 자사의 집에 도착하자마자 술주정을 부리기 시작했는데, 소란을 피우는 정도가 자사가 평소에 하던 짓보다 훨씬 심했다. 장역은 일부러 트집을 잡아 이유 없이 성질을 부리고, 탁자를 치거나 술잔을 깨부수는 등 상을 뒤엎으면서도 여전히 술주정을 멈추지 않았다. 평소 술주정 부리는 데 익숙했던 자사조차 그저 장역을 바라보는 것 외에는 어찌할 방법이 없었다.

"통판께서 술주정을 부리시니 참으로 무섭습니다."

그러나 장역은 전혀 신경 쓰지도 않고 한참을 더 소란을 피운 후에야 여전히 술에 취한 모습으로 자사의 집을 나섰다. 자사는 온몸에 식은땀을 흘리며 급히 사람을 시켜 그를 정중히 모셔다 드리도록 했다. 그 이후부터 자사는 자신의 행동을 반성하고 다시는 술기운을 빌어 소란을 피우지 않았으며, 장역도 특별히 공경하였기 때문에 장역이 현지의 사무를 처리하기가 훨씬 수월해졌다. 사실 이처럼 술주정을 부리든지 아니면 먼저 큰소리를 쳐서 상대를 제압하든지 간에 둘 다 적에게 그리 큰 손해를 입히는 것은 아니다. 하지만 바로 이런 행동 속에 감돌고 있는 기세는 마치 자연계의 사자나 호랑이의 포효와도 같아서, 자기도 모르게 적을 두려움에 떨게 함으로써 잠재된 위험도 어느 틈에 사라지게 한다.

4장

감인술 鑑人術

사람 보는 눈, 결정적 인물에 집중하라

모택동은 이런 말을 남겼다.

"우리의 동지는 누구인가? 우리의 적은 누구인가?

이것이 혁명의 첫 번째 문제다."

적과 동지를 구분하지 못하면 엄청난 혼란이 온다.

적과 동지를 구분하는 것,

주변의 사람들을 제대로 판단하는 것이 감인술이다.

각자가 나름대로 확실하고 명료한 기준으로

판단하고 구분해야 한다.

증국번은 인재의 등용과 감별에 정통했다고 한다.

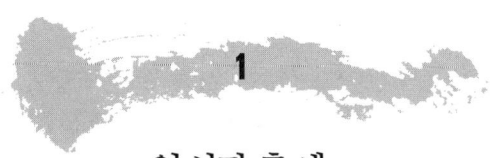

입신과 출세, 결정적 인물에 집중하라

증국번은 특히 사람 보는 안목이 높았으며 인재를 관찰하고 감별하는 능력이 뛰어나 춘추시대 진나라 사람 백락伯樂과도 같았다. 백락은 인재를 잘 발견하여 등용했다. 증국번은 사람을 보는 방법에 대한 연구를 자신의 일기에 기록하였는데, 그 중 다음과 같이 말한 부분이 있다.

"단정하고 듬직한 사람, 겸손하게 자신을 낮추는 사람, 일할 때 신중하며 결말을 지을 줄 아는 사람이 '귀상貴相'이다. 우리가 누군가에게 일을 맡겼을 때, 어떤 사람들은 일에 진전이 없고 어떻게 처리했는지도 제대로 보고하지 않는다. 그러나 어떤 사람들은 일을 어떻게 처리했는지 얘기하며 차근차근 진행해 나간다. 후자가 바로 신중하게 일을 처리하여 결말을 짓는 사람이다. 또 어떤 사람들은 일을 하루에 한 가지씩 해서 보기에는 많이 한 것 같아도 실제로는 끝내 마무리 짓지 못한다."

한 사람의 입신과 출세는 종종 '인맥'과 뗄 수 없는 관계를 맺으며, 인생의 행로에서 다양한 '귀인貴人'들에게 기대어 보살핌을 받고 발탁되는 것을 부정하기는 어렵다. 심지어 어떤 사람은 절실하게 '가장 큰 법은 헌법이 아니라 사람 보는 법'이라고 했다. 결정적인 인물은 당신을 도와 한순간에 일을 성사시켜 줄 수도 있고, 반면에 당신이 아무리 많은 돈을 들여 정성껏 대접하더라도 모든 기대를 무너뜨려 한밤중에 낙담의 눈물을 흘리게 할 수도 있다.

이끌어 주는 사람이 있는 것과 없는 것은 매우 다르다. 성공의 비결은 바로 당신이 어떻게 이런 '인맥'들을 찾고 관계를 맺어 나가는가에 달렸으며, 이 인맥들이 출세의 촉진제가 되도록 해야 한다. 사실 성공한 사람과 그렇지 않은 사람의 가장 중요한 차이는 다음과 같다. 성공한 사람은 자신이 주목해야 할 '결정적 인물'이 누구인지를 알고, 어떻게 그들의 지지를 이끌어 낼 수 있을지를 알며, 그들이 자신의 미래를 보고 '투자'하게 할 줄 안다. 리더로 태어나는 사람은 어쨌든 소수이고, 훨씬 더 많은 사람이 처음부터 하나하나씩 길을 만들어 나가야 하므로, 자신에게 알맞은 '후원자'를 선택하는 것은 매우 중요하다. 만약 자신이 선택한 첫 번째 '후원자'가 적당치 않다면, 가급적 빨리 바꿔야 한다.

삼국시대에 '기댈 산'을 고르는 데 천재적이었던 가후賈詡라는 인물이 있었다. 가후는 영민한 정치적 후각을 지녀 각종 권력관계 속에 숨어 있는 인맥들을 신속하게 포착해 냈고, 그 인맥들과 차례로 친분을 맺어 결국 복잡하게 얽혀 있는 권력들 사이에서 오직 그만이 평온하게 지내며 국가 대사를 논할 수 있었다. 그럼 그가 어떻게 인맥을 형성했는지 살펴보기로 하자.

가후는 여러 번 '기댈 산'을 바꿨는데 그때마다 심사숙고하여 결정하였다. 따라서 그에게 선택된 인물들은 그와 같은 인재의 눈에 든 것을 일종의 영광인 양 매우 기뻐했다. 가후는 부담 없이 주동적으로 있을 자리를 선택했는데,

이때 다른 사람들처럼 주저하거나 마지못해 하는 모습은 전혀 보이지 않았다. 그는 우보牛輔, 이각李催, 곽사郭汜 등의 밑을 거쳐 단외段煨의 수하가 되었다가 장수張繡에게로 건너갔는데, 그를 도와 완성宛城에서 조조를 대파한 후, 장수를 이끌어 원소에게 투항하지 않고 오히려 조조에게 투항하였다.

그 후 가후는 조조를 보좌하여 북방을 평정하고 조비曹丕가 조조의 인정을 받아 순조롭게 황위에 오를 수 있도록 도왔으니, 자신의 앞길에 대한 계산 착오가 거의 없었다. 가후의 보좌를 받은 인물은 위험한 지경에서 벗어날 수 있었으며 가후 자신도 점점 더 발전했다. 조조를 선택한 것은 가후의 일생에서 가장 중요한 전환점이 되었으며, 이는 역시 가후만의 혜안이 있었기 때문에 가능했다. 그러나 어찌 보면 가후 역시 운 좋게도 조조처럼 지금은 밑바닥에 있어도 미래의 성장 잠재력이 아주 큰 상사를 만났기 때문에 사태의 흐름에 따라 최상의 자리에까지 오를 수 있었던 것이리라.

전한前漢과 후한後漢이 교차하던 신망新莽 시기에 남양南陽 완현宛縣 출신의 이수李守라는 사람이 있었다. 그는 신망 왕조의 관리였지만 신망 왕조는 그리 오래가지 못할 것이며 천하는 결국 유씨劉氏의 손 안에 들어갈 것으로 여겼다. 그의 아들 이통李通은 부친의 말씀을 기억하고 항상 유가劉家를 보좌하여 천하를 쟁취하고 자신도 공을 세워 업적을 남길 수 있기를 바랐다. 이씨李氏 가문이 살고 있던 남양에는 한나라 황실 종친인 유연劉縯과 유수 일가가 있었는데, 이가李家가 봤을 때 유연의 강직하고 굳센 의기義氣와 유수의 총명함과 충직함은 공경할 만하다 여겼다. 그래서 이가들은 결심을 굳힌 후 유씨 형제를 찾아가 거병擧兵을 권유하려 했다.

이때 유수는 원현의 저잣거리에서 조를 팔고 있었는데, 마침 이통이 그를 보고는 오묘하고 영험한 도참圖讖을 근거로 그를 설득했는데, 도참 위에는

"유씨가 다시 일어서고 이씨가 이를 돕는다"라고 쓰여 있었다. 유수는 늘 도참을 깊이 믿었지만, 조심스럽고 신중한 성격 때문에 즉각 이통의 제안을 받아들이지는 못했다. 그러나 곰곰이 생각해 보니, 천하에는 곧 대란이 일어날 것이고 형인 유연은 늘 빈객賓客 사귀기를 즐겼으니 이런 좋은 기회를 절대 놓칠 리가 없을 터였다. 게다가 왕망王莽이 곧 세상을 떠나리라는 것은 천하가 다 아는 사실이었으니, 난세에서 남에게 휩쓸리느니 차라리 일찍 계획을 세워 기회가 왔을 때 주동적으로 나서서 최대의 이익을 얻는 편이 나으리라 생각했다. 그래서 유수는 조를 판 돈으로 무기와 석궁을 사고, 유연에게 기별하여 남양에서 손을 쓰기로 약속했다. 그해 10월, 유수 형제와 이통 등은 완현에서 군사를 일으켜 동한東漢을 세웠고, 이통은 제후에 봉해졌다.

이통만이 유수의 잠재 능력을 알아봤던 것은 아니었다. 당시 유연은 현지의 다른 강호들에게 연락해 신망 왕조가 얼마 남지 않았으며, 군웅할거群雄割據*의 시대가 곧 다가올 거라고 말하면서 "고조의 업적을 다시 일으키자"라고 호소했다. 그들은 유연의 말에 호응하면서 자신들의 친척과 지인들에게 연락을 취해 함께 힘을 모아 일어서기로 했지만, 그 중 이를 몹시 두려워하는 이들도 있었다. 그들은 유연이 군사를 일으킨 후 가져올 수도 있는 재난으로 자신이 해를 입을까 걱정하여 하나둘 도망쳐 숨었다. 그러나 그들은 평소 충직하고 성실한 유수도 진홍색 관복을 입고 군부대 앞에 나선 것을 보고 매우 놀라며 모두 "유수처럼 신중하고 관대한 사람도 일어섰구나!"라고 말했다. 그들은 유수를 보고 안정감을 회복했고, 유연의 포부에 대한 신뢰도 커졌다. 나중에 천하에 출정하여 싸우는 과정에서 유수는 먼저 외효隗囂에게 호의를 보였는데, 처음에는 외효도 낙양으로부터의 성의를 받아들이고 공손술公孫述과 관계를

---

* 여러 영웅이 각자 한 지방씩 차지하고서 위세 부림을 이르는 말

끊고는 촉蜀나라 지역의 세력이 북쪽으로 뻗어 나가는 것을 제한했었다. 그러나 이후 외효는 생각을 바꿔 훗날 동한의 명장이 되는 마원馬援을 촉나라로 보내 연락을 취하도록 했다.

마원은 원래 공손술과 같은 고향 출신으로 소년 시절에는 함께 어울려 놀았다. 그리고 마원이 스스로 황제가 된 공손술을 다시 만났을 때, 자신의 옛 친구는 이미 기세등등한 인물이 되었음을 알 수 있었다. 공손술은 마원을 성대하게 환영했지만, 마원은 와자지껄한 분위기 속에서 공손술이 우물 안 개구리처럼 단편적이고 근시안적인 안목만을 지니고 있음을 알아봤다. 마원은 공손술이 그를 대장군大將軍으로 임명하겠다고 하는 것을 거절하고 농서隴西로 돌아와 외효에게 낙양과 손잡으라고 제안했다. 그래서 마원은 다시 낙양으로 가게 되었는데, 그는 그 곳에서 평상복을 입고 주위에 근위병도 대동하지 않고 있는 황제 유수와 만나게 되었다. 유수의 열정과 겸허한 태도는 마원에게 깊은 인상을 남겼다. 마원은 그 자리에서 유수가 대업을 이룰 것으로 판단했고, 그가 포부와 능력을 갖춘 진정한 제왕임을 알아봤다. 그에 비하면 공손술은 그저 일시적으로 득세하고 있을 뿐이라 생각했다. 마원은 군주만이 신하를 선택할 수 있는 것이 아니라, 신하에게도 난세 속에서 뜻이 맞는 군주를 선택할 권리가 있다고 생각했다. 유수 역시 마원을 높이 평가하며 마음에 들어 했다. 낙양에서의 만남은 그들의 미래 협력의 바탕이 되었다.

외효의 또 다른 대신인 반표班彪 역시 유수를 명실상부한 천자로 여기면서, 외효는 근본적으로 유수와 천하를 다툴 만한 그릇이 되지 못한다고 생각했다. 하지만 외효는 반표의 충고를 듣지 않았고, 반표는 벼슬에서 물러나 하서河西에서 은거할 준비를 했다. 반표는 하서에서 후한後漢 때의 무인 두융竇融을 만나게 되었고, 그에게 광무제光武帝 유수에게 귀순할 것을 권했다.

두융은 확실히 외효보다는 더 분별 있게 형세를 살필 줄 알았고, 다른 사람의 의견에 귀기울일 줄 알았다. 그래서 두융은 반효의 의견을 받아들여 낙양으로 사자使者를 보내 귀순 의사를 전했고, 유수는 곧 그를 양주목凉州牧에 임명했다. 이로써 두융은 계속 그의 영토와 권력을 유지할 수 있었다. 유수는 두융에게 쓴 회신에서 천하를 할거하는 세력들을 서로 대조하며 논하는 한편, 자신과 협력하기로 한 데 대한 감사의 마음을 전했다. 두융은 유수가 천하 형세를 똑똑히 파악하고 있음에 무척 감탄했으며, 자신도 현명한 선택을 하여 다행이라고 생각했다.

전국시대에 광활한 중국은 높은 산과 강, 계곡을 경계로 여러 나라로 나뉘었는데, 각 나라가 대부분 천연 경제 구역이었다. 이 천연 경제 구역들은 저마다 장단점을 지니고 있었는데, 통일되기 전까지는 각 나라 간의 물자 분배와 운송 업무를 중앙 정부가 아닌 바로 나라 사이를 빈번히 왕래하던 상인들이 맡았다. 상인들은 제齊나라의 물고기와 소금, 연燕나라의 밤과 대추, 초楚나라의 비단과 칠기漆器를 끊임없이 각 지역으로 실어 날라 본국에 부족한 물자들로 바꿔 왔다. 이 상인들은 모두 투자와 수익의 이치를 잘 알고 있었다. 그들 중에는 비상한 경제적 두뇌와 전략적 안목을 갖춘 호걸들도 많았는데, 여불위呂不韋가 바로 그 중 한 인물이었다.

여불위는 젊은 시절 물건을 싸게 사서 비싸게 파는 일을 하여 집안을 일으켰는데, 수많은 지역을 돌아다닌 후 천하 형세와 인간 세태에 대한 뚜렷한 인식이 생겼다. 여불위는 한단에 왔다가 뜻을 이루지 못하고 낙담한 진나라의 귀족 영이인嬴異人과 우연히 알게 되었는데, 바로 이때부터 중국 역사상 가장 유명하고 훌륭한 투자가 조용히 시작되었다. 여불위는 영이인을 만나고 심사숙고한 뒤 부친과 대화를 나눴다.

"만약 농사를 짓는다면 얼마나 벌 수 있겠습니까?"

"밑천의 10배쯤 벌 수 있겠지."

"그럼 주옥珠玉과 미옥美玉을 판다면 얼마나 벌 수 있겠습니까?"

"100배 정도겠지."

"그럼 만약 왕을 옹립하고 건국을 돕는다면 그 수익이 얼마나 되겠습니까?"

"그건 가치를 가늠할 수가 없구나."

그러자 여불위가 감탄하며 말했다.

"농사는 너무 피곤하고 수익도 얼마 되지 않습니다. 차라리 왕을 옹립하면 자자손손 번창할 수 있을 겁니다!"

그리하여 여불위는 결심을 굳히고 정치적인 도박을 시작했다. 영이인의 조부는 진소왕秦昭王이었고, 부친은 진나라의 태자인 안국군安國君이었다. 영이인에게는 20명이 넘는 형제가 있었는데 그는 그 중에서도 별로 눈에 띄지 않는 존재였고, 심지어는 조趙나라에 인질로 잡혀가 있었다. 영이인은 본래 재산도 세력도 없이 실의에 빠져 있다가 여불위를 만난 후에야 비로소 기회를 잡았다. 여불위는 큰돈을 들여 영이인의 이름으로 진나라 구석구석에 뇌물을 뿌렸고, 안국군은 마침내 영이인을 계승자로 삼았다.

그 후 영이인은 왕위를 계승하여 진나라 장양왕莊襄王이 되었다. 그는 여불위와 처음에 했던 약속을 지켰고, 진나라는 장양왕과 여불위 두 사람의 천하가 되었다. 전하는 말에 따르면 장양왕의 아들인 영정嬴政은 여불위의 또 다른 '투자 종목'이었다고 한다. 여불위는 이미 수태한 상태였던 가녀歌女 조희趙姬를 장양왕에게 바쳤는데, 그녀가 낳은 아들 영정이 사실은 여불위의 아들이었다는 말이 전해진다. 비록 이런 소문의 사실 여부는 이미 증명할 수 없게 되었지만, 여불위가 미리 자금을 투자하여 천하를 움직이는 권력을 얻은 것과 비교한다면 미미해서 말할 가치도 없다. 그는 정치적인 투자를 통해 정말 큰 이익을 거두었던 것이다.

그러나 그의 이야기는 이렇게 끝나지 않는다. 정치의 소용돌이 속에서 진행되는 투자는 영원히 위험을 안고 가야 한다. 여불위는 이미 조정의 일을 주무르는 데 익숙해져 있었는데, 성년이 된 영정은 여기에 큰 불만을 품었다. 그리하여 여불위는 승승장구하던 날개가 꺾이고 권력마저 빼앗긴 후에 결국 정치 수명이 다해 자신이 다져온 길에서 쓰러지고 말았다. 그러나 어쨌든 간에 여불위의 성공적인 정치적 투자는 역사서에 기록되어 오래도록 전해졌고, 그 후 2천 년의 시간 동안 무수히 많은 부러움의 시선을 받았다.

유방의 장인인 여공呂公 역시 거시적인 안목을 지닌 사람이었다고 한다. 유방이 패현沛縣에 살 때 명망 높던 여공의 가족도 마침 패현으로 이사 왔다. 현에서 이들을 환영하는 연회를 열었고, 많은 사람이 축하하러 왔는데 연회를 주최하던 이가 바로 주리主吏 소하蕭何였다. 그는 사람들에게 말했다.

"축하 예물이 1천 문文*이 되지 않는 분은 모두 당堂 아래에 앉아 주시기 바랍니다."

이때 유방은 수중에 단 1문도 없었지만, 당 아래에 앉기는 싫었다. 그래서 벌떡 일어나 크게 소리쳤다.

"난 축하금으로 1만 문을 들고 왔소이다!"

유방의 말은 사방을 놀라게 했고, 사람들이 그의 말이 진짜인지 가짜인지 생각하기도 전에 여공은 이미 감탄하며 직접 그를 이끌어 귀빈석에 앉혔다. 여공은 사람들의 관상을 보는 것을 좋아했는데, 유방을 보자마자 그의 용모가 특별하다고 느꼈고, 유방의 얼굴이 귀하기 이를 데 없다고 느꼈다. 그래서

---

* 동전을 헤아리는 화폐 단위

여공은 연회가 끝난 후 그를 남게 한 뒤 자신의 딸 여치呂雉의 배필로 삼고 싶다고 했다. 유방은 이를 당연히 기쁘게 받아들였지만, 여공의 아내는 매우 불만이었다. 유방이 간 다음 부인이 물었다.

"당신은 그 수많은 사람이 우리 딸과의 혼담을 꺼냈을 때는 우리 딸이 귀인에게 시집갈 운명을 타고났다고 하면서 거절하더니, 어째서 이제 와 겨우 저런 사람을 사위로 삼으려고 하시나요?"

그러자 여공이 웃으며 대답했다.

"부인은 아직 이해 못 할 것이오."

정치에 뛰어드는 모험가는 호언장담할 때 낯빛 하나 바꾸지 않고 태연자약할 줄 알아야 한다. 여공이 보기에 유방은 대담하게 생각하고 과감하게 행동하며 모험 정신이 매우 강했기 때문에, 어쩌면 그에게서 이런 선천적인 정치 자질을 발견했을지도 모른다. 결국 여치는 훗날 서한西漢의 여황후呂皇后가 되었으니, 여공의 투자는 마침내 이익을 거두어들였다고 할 수 있겠다.

2

감춰진 본색,
무심결에 드러나니 조심하라

무심결에 드러나는 것이 바로 가장 본질적이다. 어쩌면 현상으로 본질을 파악하는 것은 지나치게 편파적일 수도 있다. 그러나 사람을 관찰할 때에는 감상적으로 변하는 것에 주의해야 한다. 사람을 볼 줄 모르면 사람을 쓸 줄도 모른다. 사람을 제대로 보는 가장 좋은 방법은 바로 그 사람이 무심결에 드러내는 자잘하고 사소한 모습들을 관찰하는 것이다.

연왕燕王 주체朱棣가 군사를 이끌고 남경南京을 압박해 오고 있을 때, 명나라 혜제惠帝의 대신이자 사상가인 왕간王艮은 주체에게 굴복하고 싶지 않은 마음에 나라를 위해 순국하려 했다. 그래서 그는 아내와 이별하며 말했다.

"나라의 녹을 먹은 자는 목숨을 바쳐 보답해야 하오. 나는 더 이상 살 수 없소."

당시 조정 대신 중에 해진解縉과 오부吳溥, 호정胡靖 그리고 왕간은 서로 이웃하며 살고 있었다. 남경성南京城이 연나라 군에 함락되기 하루 전날 밤, 이들은 약속하고 오부의 집에 모였다. 현재의 위험과 개인의 활로에 대해 이야기하고 있을 때, 해진은 대의大義를 설명하고, 호정은 격앙되어 몹시 원통하고 슬퍼하였다. 이들 모두 절개를 지키기 위해 목숨을 버리기로 결심했는데 오직 왕간만이 혼자 끊임없이 눈물을 흘릴 뿐이었다. 해진, 호정, 왕간이 오부의 집을 떠난 후에 오부의 어린 아들인 오여필吳與弼이 감복하며 말했다.

"호정 아저씨는 나라를 위해 죽을 것 같아요."

그러자 오부가 말했다.

"내가 보기에는 왕간 아저씨만이 절개를 지킬 것 같구나."

오부의 말이 채 끝나기도 전에 이웃에 있는 호정이 크게 외치는 소리가 들려왔다.

"바깥은 몹시 혼란스러우니 집에 있는 돼지가 도망치지 않도록 잘 봐야 한다!"

오부는 고개를 돌려 아들에게 말했다.

"들었느냐? 호정은 돼지 한 마리도 아까워하는데, 어떻게 나라에 목숨을 바칠 수 있겠느냐?"

그리고 얼마 지나지 않아 왕간의 집에서 울음소리가 났다. 왕간은 죽어도 주체에게 무릎 꿇지 않겠다고 맹세하며 독주를 마시고 자진했던 것이다.

홍승주洪承疇는 명나라 말의 중신이었는데, 송산전투松山戰鬪*에서 청나라 군에 패배하여 포로로 잡혔다. 황태극皇太極은 홍승주를 자신의 사람으로 만들고 싶었기 때문에 범문정范文程**을 시켜 귀순을 권유했다. 홍승주는 처음엔

---

* 지금의 요녕성錦縣 서남쪽에서 벌어진 전투로 명나라가 크게 패하여 명 왕조의 멸망이 가속화되었다.
** 청나라 때의 재상으로, 만주족 군대가 청나라를 세우는 데 일조했다.

귀순하지 않겠다고 욕까지 해대며 결연하게 버텼고, 범문정은 좋은 말로 그를 설득하고자 고금의 일들을 얘기했다. 그때 마침 대들보에 쌓인 먼지가 홍승주의 소매에 떨어졌고, 범문정은 그가 몇 번이고 가볍게 먼지를 털어내는 모습을 보았다. 그 후 범문정이 황태극에게 돌아가 보고했다.

"홍승주는 죽지 않을 것입니다. 하물며 옷가지조차 저리 아끼는데 자신의 생명은 어떻겠습니까?"

결국 황태극은 직접 홍승주에게 투항을 권유했고, 홍승주는 역시나 청 왕조에 귀순했다.

어떤 사람들은 스스로 자신의 본심을 깊이 숨겼다고 생각하지만 사실 그의 말, 표정 그리고 행동이 그의 본심을 추측할 만한 단서를 제공해 준다. 단지 사람마다 그 단서가 많고 적음의 차이가 있을 뿐이다. 총명한 사람은 빙산의 일각을 보고도 그 배후의 진실을 잘 찾아낸다. 이와 관련된 세 가지 이야기를 살펴본다.

첫 번째, 옛날 제나라의 환공桓公*이 조례를 할 때 관중管仲과 위衛나라 공격에 대해서 상의한 적이 있었다. 그런데 제환공이 조례를 마치고 궁궐로 돌아올 때 위나라에서 보낸 비妃 하나가 그를 보더니 그에게 다가와 연신 절을 올리며 위나라가 무슨 잘못을 저질렀는지 여쭸다. 제나라 환공은 이를 신기하게 여겨 왜 그런 질문을 하느냐고 물었다. 그러자 그 비가 대답했다.

"신첩이 대왕께서 걸어 들어오시는 모습을 보니, 발은 높이 들어 올리시고 걸음걸이 폭은 컸으며 얼굴에는 포악한 표정이 떠올라 있었습니다. 이는 모두 어떤 나라를 공격하려는 징조가 아니겠습니까? 게다가 대왕께서 신첩을

* 춘추전국시대에 제나라의 열다섯 번째 왕

바라보실 때 낯빛이 갑자기 바뀌셨으니, 이는 분명히 위나라를 공격하려 하심이 아니옵니까?"

다음 날 조례가 끝난 후 제나라 환공이 관중을 불렀다. 관중이 다가와 여쭈었다.

"대왕께서는 위나라 공격이 내키지 않으십니까?"

제나라 환공이 물었다.

"아니, 그대는 어떻게 알았소?"

그러자 관중이 대답했다.

"대왕께서 조례를 하실 때 아주 겸허하게 읍揖*하시고, 말씀하시는 음색도 부드러우셨습니다. 그리고 저를 볼 때 멋쩍은 표정을 지으셨으니 이를 통해 알았사옵니다."

두 번째, 제나라가 송나라를 공격하자 송나라는 장손자臧孫子를 초楚나라로 보내 도움을 요청했다. 그러자 초나라 왕은 선뜻 송나라를 돕겠다고 약속하고는 장손자와 즐겁게 이야기를 나누었다. 그런데 돌아가는 길에 장손자의 표정이 어둡기에 마부가 물었다.

"이미 목적을 이루었는데, 왜 그리 걱정하고 계십니까?"

장손자가 대답했다.

"송나라는 작고 제나라는 크다. 초나라가 송나라를 도우면 필시 대국인 제나라에 죄를 짓게 된다. 그런데 초나라 왕은 아무런 근심도 드러내지 않고 오히려 말투에서 기쁨이 묻어 나오니, 분명히 송나라가 끝까지 저항하게 할 생각인 것이다. 송나라가 꿋꿋이 저항할수록 제나라는 힘겨워할 것이고, 그렇게 되면 초나라는 여기서 이익을 보게 될 것이다."

---

* 두 손을 맞잡아 얼굴 앞으로 들어 올리고, 허리를 앞으로 공손히 구부렸다가 몸을 펴면서 손을 내리는 인사 예법

장손자가 송나라로 돌아온 후, 제나라가 송나라 5개의 성을 연달아 점령했지만, 초나라의 지원군은 끝내 오지 않았다.

마지막 세 번째 이야기다. 춘추春秋 말에 진나라의 지백智伯은 위나라를 토벌하고 싶었다. 한 번은 지백이 자신의 본심을 숨기고 위나라 왕에게 야생마 4백 필과 옥 하나를 선물로 보냈다. 위나라 왕은 이를 매우 기뻐하였고, 조정 대신들도 왕에게 축하를 올렸는데, 오직 대부大夫 남문자南文子만이 걱정스러운 얼굴을 했다. 그러자 위나라 왕이 물었다.

"대국이 우리와 잘 지내려는 것은 좋은 일인데, 그대는 왜 오히려 근심하고 있는가?"

남문자가 대답했다.

"공이 없는데 상을 받고, 힘쓴 것도 없는데 풍성한 선물을 받는다면 의심해 보아야 합니다. 야생마 4백 필과 옥은 소국이 대국에게 올리는 헌상품의 규격인데, 진나라 같은 대국이 우리에게 이런 선물을 보내 왔습니다. 대왕께서는 반드시 그를 경계하고 대비해야 할 것입니다!"

위나라 왕은 그의 말이 일리가 있다고 생각하여 국경에 있는 수비대장에게 그의 말을 알렸다. 얼마 지나지 않아 지백은 정말 군대를 이끌고 위나라로 쳐들어갔다. 위나라의 국경지대에 도착한 지백은 위나라가 이미 예전부터 대비하고 있었다는 것을 알게 되었고, 할 수 없이 귀환하며 이렇게 말했다.

"위나라에는 현명한 인재가 있는 것이 분명하다. 그가 나의 본심을 미리 알아챘구나!".

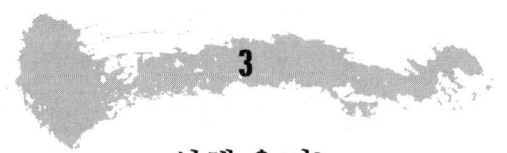

3
악행 유전?
집안 내력을 따져 보아라

민간 속담에 '그 아비에 그 아들'이라는 매우 신빙성 있는 말이 있다. 우리가 어떤 사람을 완전히 파악하지 못하고 효과적인 정보도 얻지 못할 때에는 그의 조상(3대가 제일 좋다)을 살펴보라. 성장 환경은 한 사람에 대한 상대적으로 정확하고 대략적인 판단을 내릴 수 있게 하는 기본 정보가 된다. 물론 절대적인 것은 아니다.

명나라를 세운 주원장의 가족에는 잔인하고 폭력적인 성향이 유전되었다. 이 유전자는 주원장으로부터 시작되었다. 그가 천하를 얻을 때 공을 세웠던 공신들은 큰 불행을 겪었다. 재위 기간 중에 호유용胡惟庸과 남옥藍玉에 의해 두 차례 역모가 발생했고, 그에 휘말려 죽은 사람은 모두 5, 6만 명이나 되었는데, 연루된 사람이 너무 많아서 대부분의 개국 공신들이 주살誅殺당했다. 주원장은 감히 대들면 죽음으로 처단하리라는 경고의 뜻으로 피부를 벗겨 내는 형벌을 내리기도 했다. 남옥이 이 형벌을 받은 후, 그의 피부 가죽은 각 성省을 돌면서 본보기가 되었다. 그의 피부 가죽이 사천四川에 도착했는데, 촉왕蜀王 주춘朱椿의 왕비가 바로 남옥의 딸이었기 때문에 촉왕은 장인의 피부 가죽을 보관했다. 전하는 말에 따르면, 명나라 말에 장헌충張獻忠이 성도成都로 쳐들어갔을 때, 제후의 복장을 하고 인간의 피부로 만들어진 인물상을 본 적이 있었다는데, 그것이 바로 남옥의 잔해였다.

주원장은 수많은 사람을 죽였는데, 전통적인 방식으로 머리만 잘라낸 것이 아니라 온갖 수단을 사용해 죽였다. 비록 공신들이 천하를 얻은 다음에 백성을 탄압하는 경우가 자주 있었고 그에 대한 죄를 물어 벌을 내리는 것이 마땅하기는 했으나, 주원장의 다양한 살인 방식은 사람들을 두려움에 떨게 했다. 공신 주양조朱亮祖 부자도 죄를 짓고 그 자리에서 바로 곤장을 맞았는데 둘 다 매를 맞고 죽었다. 주원장도 이를 기이하게 여겼는데, 원래는 그저 곤장만 몇 차례 때릴 생각이었기에 부자가 모두 죽을 줄은 몰랐던 것이다.

그 후 주원장이 세상을 떠났을 때 그와 일하는 방식이 비슷했던 넷째 아들 연왕燕王 주체朱棣는 황위를 넘겨받지 못했고, 대신 우유부단하고 모질지 못했던 황태손皇太孫 주윤문朱允炆이 즉위했다. 주윤문이 일하는 방식은 주원장이나 주체와는 달랐기 때문에 황위에 오래 앉아 있지 못했고 금방 주체에 의해 하야했다. 주체는 황제가 된 다음 온갖 잔인한 수단을 사용하여 주윤문 휘하의 대신들을 마구 죽였는데, 전해 오던 '구족九族연좌제'*를 '십족十族연좌제'**로 '진화'시키는 등 '주원장 스타일'을 계속 이어 갔다.

폭력 유전자는 주체에게까지 여전히 이어 내려왔다. 주체 다음의 명나라 인종仁宗은 꽤 괜찮은 황제였지만, 이시면李時勉이라는 충신이 그의 생활을

---

* 황제의 뜻이나 국가에 반反하는 자는 고조부모高祖父母부터 현손玄孫: 증손자의 아들까지 9대에 걸친 직계 친족을 멸하는 제도
** 구족에 죄를 지은 이와 친분이 있는 모든 사람까지 포함

하나하나 지적하자 그만 벌컥 성을 내면서 무사를 시켜 무기의 일종인 금과金瓜로 호되게 두들겨 패게 했다. 인종은 그의 갈비뼈가 몇 대 부러지고 나서도 여전히 화를 풀지 못해 직접 그를 때리고서야 감옥으로 내려보냈다. 명나라 헌종憲宗 주첨기朱瞻基 역시 괜찮은 황제였지만 그 또한 폭력 유전자를 지니고 있었다. 사실 주체는 주첨기의 부친인 인종을 그다지 마음에 들어 하지 않았고, 자신처럼 용감하고 전투에 능했던 한왕漢王 주고후朱高煦를 더 좋아했다. 그러나 주체는 손자인 주첨기를 매우 아꼈고 그가 자신과 닮았다고 생각했기 때문에 결국은 황위를 인종에게 물려줬다. 이렇게 하여 주체와 비슷한 성격을 지닌 주첨기와 주고후는 인종이 붕어한 후 바로 싸우기 시작했는데, 주첨기가 최후의 승리를 거둔 뒤 주고후는 결국 감옥에 갇히고 말았다.

사건은 여기서 끝나지 않았다. 헌종은 주고후를 보러 감옥을 방문했는데, 주고후는 헌종이 돌아갈 때 갑자기 다리를 뻗어 헌종이 발에 걸려 곤두박질치게 하였다. 이에 헌종 주첨기는 매우 노하여 사람을 시켜 동銅 항아리를 가져오게 한 뒤 주고후를 들어가게 하고 주위를 땔감으로 둘러싸서 주고후가 그 안에서 타 죽도록 했다.

부득이하게 무력을 사용할 수밖에 없었던 개국 초기가 지나고 문관시대文官時代로 접어들자 주씨 황제들의 몸 안에 잠재되어 있던 폭력 유전자도 점점 사라져 갔다. 주첨기는 주고후의 반란을 평정할 때 주체같이 많은 사람을 죽이지는 않았다. 주원장 식의 잔인한 유전자는 주체 시기의 폭발을 거친 후, 인종과 헌종 황제 때에 이미 서서히 퇴화하고 있었다.

다음 황제인 영종英宗은 심지어 임종하기 전에 자발적으로 주원장이 정했던 '주인이 죽으면 하인도 순장殉葬시키는' 잔인한 제도를 폐지했다. 이에 그의 임종을 지키며 왕의 유언인 유조遺詔를 기다리던 대신들은 양손을 떨 정도로 감동했다. 훗날 주씨 황제의 잔인한 유전자는 거의 사라졌을 뿐만 아니라, 명나라의 화평연대和平年代에 이르러서는 무력을 중시하는 유전자까지도 점점 퇴화하여 국경 수비 능력을 약화시키기도 했다. 명나라 무종武宗 주후조朱厚照는 사막 전투를 몹시 동경했지만, 그의 전공戰功은 그다지 좋지 않았다. 그는 친히 관문을 나가 전투에 임한 적이 있는데, 군사들을 이끌고 아침 7시부터 저녁 7시까지 싸웠으나 겨우 적군 10명 가량만 죽였을 뿐이다. 물론 이 일은 그 자신에 의해서 찬란했던 전적戰績으로 대서특필되었다.

명나라의 멸망이 가까워지자 주씨 황제의 폭력 유전자도 최후의 몸부림을 치는 듯했다. 이런 조짐은 마지막 황제인 숭정崇禎 황제 의종毅宗에게서 찾아볼 수 있었다. 그는 역대 황제 중에서 드물게도 근면한 황제였음에도 국가 대사를 처리하는 수준이 그다지 높지 않았고, 엄격하고 가혹한 법을 자주 사용하여 죽여야만 하는 사람과 죽여서는 안 되는 사람을 함께 죽이곤 했다. 숭정 황제는 이렇게 하면 국가 대사를 정상적으로 처리해 나갈 수 있으리라 생각했지만, 그 결과 오히려 여러 충신과 훌륭한 장수들을 비명에 죽게 하여 쓸데없는 중대한 손실을 가져왔다. 최후에 궁성이 함락되었을 때, 숭정 황제는 직접 장평공주長平公主까지 베기도 했는데, 이는 절망적인 상황에서 나타날 수 있는 비정상적인 행동이었기 때문에 잔인함의 표출이라고 볼 수는 없을 것 같다.

잔학 유전자가 있다면 당연히 유희 유전자도 있을 것이다. 당나라의 목종穆宗과 경종敬宗 부자는 2대에 걸쳐 유희 유전자를 마음껏 펼쳐 보였다. 이 두 부자는 성격에서부터 생각까지 서로 거의 판박이나 다름없었기 때문에, 그렇게 빚은 조물주의 만능과 유머에 감탄을 금할 수 없게 한다. 목종은

26세 때 즉위했고, 주봉문루舟鳳門樓에서 일부 죄인들의 사면赦免을 선포하며 정식으로 4년간의 황제의 삶을 시작했다. 그러나 그는 이런 엄숙한 의식이 끝나자마자 바로 연극 무대를 세우게 하고 가무잡기歌舞雜技를 떠들썩하게 공연하게 함으로써 지켜보던 사람들을 모두 아연실색하게 했다. 열흘이 지난 후 목종은 또 즐거운 마음으로 좌신책군左神策軍을 방문하여 씨름 경기를 구경하기도 했다. 목종은 온갖 사치스러운 취미를 즐기며, 연회를 베풀며 놀았고 기쁠 때는 마음대로 상을 내려 절제하는 법이 없었다. 목종이 즉위한 지 반 년이 되었을 때 마침 9월 중양절重陽節이 돌아왔는데, 그는 이 기회를 이용해 성대한 연회를 열고자 했다. 그러나 관리들은 모두 이에 반대하면서 전 황제가 붕어한 지 이제 겨우 반 년이 지나 연호도 아직 바꾸지 않았고, 부고와 분상奔喪*을 전한 사자들도 아직 출발지로 돌아오지 않았는데 연회를 연다는 것은 도리에 맞지 않다고 아뢰었다. 또 마땅히 먼저 3년간 상복을 입은 후에 다시 연회 문제를 생각해야 한다고 했지만 목종 황제는 전혀 듣지 않았다.

하지만 목종 황제는 폭군은 아니었다. 그는 자신이 유희를 즐기는 것을 좋아하는 성격임을 알고 있었지만 충직한 대신들과 대립하고 싶지는 않았다. 그래서 이른바 '겸허히 받아들이되, 결단코 바꾸지는 않겠다'라는 태도로 대신들을 피해서 행동했다. 한 번은 목종이 화청궁華淸宮에 놀러 가려고 했는데, 재상이 수많은 관리를 이끌고 나타나 가지 말라고 청했다. 그러다 보니 목종과 신하들은 서로 양보 없이 저녁이 될 때까지 맞서고 있었는데, 황제 쪽에서 얼마간 움직임이 없자 신하들은 안심하고 각자의 집으로 돌아갔다. 그제야 목종은 놀러 갈 수 있는 기회를 잡아 그 다음 날 새벽이 밝아지기도

---

* 먼 곳에서 임종 소식을 듣고 급히 집으로 돌아감

전에 몰래 공주와 부마, 천여 명의 금군禁軍 등과 함께 성 밖으로 나가 황혼이 될 때까지 신이 나게 놀다가 돌아왔으니, 대신들도 어쩔 수가 없었다.

목종의 죽음을 초래한 원인도 그가 향락을 추구한 것과 직접적인 관련이 있다. 그는 궁 안에서 환관들과 함께 공치기 놀이를 하다가 갑자기 중풍이 와서 사지가 마비되고 자리에서 일어나 걸을 수 없게 되었다. 목종은 병이 위중할 때 명령을 내려 평소 토끼 사냥을 위해 기르던 매들을 모두 풀어 주라고 하고는, 이로써 하늘이 축복을 내려 자신의 병이 빨리 낫기를 기원하기도 했다. 그러나 그는 다시는 원래대로 돌아갈 수 없었고 황제 등극 4년 만에 붕어했으니, 그때 그의 나이는 서른밖에 되지 않았다.

그를 이어 즉위한 경종 이잠李湛은 목종의 장남으로, 형제가 다섯 있었다. 목종은 황후를 책립하지 않았고 특별히 총애하는 비도 없었기 때문에 이들 형제간에는 적자와 서자의 구분이 없었고 장남인 이잠이 이치에 맞게 즉위하였는데, 그의 나이가 겨우 16세 되던 해였다. 그런데 그의 아버지 목종의 재위 기간도 고작 4년이었는데, 아들 이잠의 재위 기간은 그의 절반 정도에 그쳤다.

이잠이 막 즉위했을 때, 그 역시 그의 아버지와 마찬가지로 선대 황제의 서거를 그다지 비통해하지 않았다. 이는 목종이 생전에 공놀이와 사냥에만 쭉 관심을 쏟고 아들들은 별로 신경 쓰지 않았기 때문에 부자간의 교류가 부족해서 생긴 감정의 메마름이 아닐까 한다. 게다가 이잠은 많이 어렸기 때문에, 목종 황제가 붕어한 후의 첫 한 달간은 공을 차고 음악을 들으며 황궁 곳곳을 유원지처럼 휘젓고 다녔다. 그러나 이 일들은 그저 시작일 뿐이었다. 그 후에 경종은 목종처럼 먹고 마시고 노는 데 보내는 시간이 국사를 처리하는 시간보다 훨씬 많아졌다. 경종의 흥미와 취미는 목종보다 더 광범위했다. 예를 들어 카누 경기와 낚시 구경을 좋아했고, 심야의 여우 사냥을 즐겼으며, 각종 곡마曲馬, 잡기雜技와 백희百戱, 곡예 관람을 좋아해서 심지어 궁 안에서 사흘 내내 관람한 적도 있었다. 그들 부자는 서로 너무 흡사해서 놀라울 정도였는데, 이잠의 성격과 취미는 부친인 목종에게서 많은 영향을 받았으리라 생각된다.

이 어린 황제가 방탕한 날들을 보내던 와중에 상상도 못한 정변이 일어났는데, 사건의 경과가 매우 황당했다. 당시 장안성長安城에 소현명蘇玄明이라는 점술사가 있었는데, 그는 조정의 염방染坊, 염색소에서 일하는 공인工人 장소張韶와 사이가 좋았다. 하루는 소현명이 장소에게 말했다.

"그대의 운세를 점 쳐 보니 아주 좋았다오. 점괘를 보니, 우리는 꼭 황궁의 대전에서 밥을 먹고 부귀영화를 누릴 수 있겠소. 지금 황제가 온종일 공만 차고 사냥만 하느라 궁에 없으니, 우리가 큰일을 할 좋은 기회요."

장소는 그의 말을 사실이라 믿고는, 소현명과 함께 염방에서 할 일 없이 빈둥거리는 공인 1백여 명에게 연락해 무기를 자초차紫草車 안에 숨기고서는 은대문銀臺門에 잠입하여 기회를 틈타 반란을 일으킬 준비를 했다. 그러나 자초차에 너무 많은 무기를 숨긴 나머지 수레가 무거워 보여 길을 채 반도 가기 전에 그만 다른 사람의 시선을 끌고야 말았다. 장소는 초조해져서 내용물을 캐묻던 사람을 즉시 죽여 버리고서는 그와 옷을 바꿔 입고 무기를 든 채 함성을 지르며 궁으로 돌진했다.

이때 당나라의 경종은 청사전淸思殿에서 축구를 하고 있었는데, 환관들은 누군가가 궁 안으로 돌진해 오자 모두 놀라서 황급히 궁문을 걸어 잠그고 황제께 알렸다. 그러나 반역의 무리도 매우 빨리 움직여서 금방 궁문을 부수고 진격해 들어왔다. 경종은 미처 손쓸 새도 없이 허겁지겁 도망치기 바빴다. 한편 경종은 지난날 우신책중위右神策中尉 양수겸梁守謙을 몹시 총애했기 때문에 우군右軍을 특별히 편애했었다. 그래서 경종은 우군의 주둔지로 도망가려 했으나, 곁에 있는 사람들은 모두 우군은 너무 멀리 있어 도망가다 위험해질까 염려되므로, 근처의 좌군左軍에게로 피신하자고 권유했다. 그리하여 경종은 좌군에게로 도망갔는데, 하중河中 출신의 좌신책중위左神策中尉 마존양馬存亮은 황제가 자신에게 피난 온 것을 보고, 큰 신임을 받고 있다 느낀 나머지 감동하여 눈물마저 흘리면서 직접 황제를 업어 군영으로 들어갔다. 그러고는 즉시 반역자들을 처단하기 위해 수하의 장병을 급파했다. 또 황제가 태황태후太皇太后와 태후의 안위도 걱정하였기에 마존양은 기병 5백 기를 보내 태황태후와 태후도 모셔 오도록 했다.

한편, 장소와 소현명은 청사전에 들어가 황제가 앉는 평상인 어탑御榻에 앉아 밥을 먹기 시작했다. 장소는 원래 장기적인 계획이 없었고 단지 그의 최대 목적은 바로 황궁의 대전에 앉아 밥을 먹는 것이었기에, 매우 만족하면서 소현명에게 말했다.

"당신이 얘기한 것과 정말 똑같구려!"

그러자 소현명은 아주 놀라며 물었다.

"설마 여기서 밥 먹은 것만으로 만족한다는 거요?"

장소는 그제야 두려워져서 도망가려던 차에 관군과 마주쳤고, 장소와 소현명 두 사람과 반란의 무리는 모두 죽임을 당하여 온 바닥이 시체로 가득하고 어지러웠다. 이 반란은 밤이 되어서야 전부 평정되었고, 다음 날에는 금원禁苑 안에 숨어 있던 남은 잔당도 모두 잡아들였다.

이 반란은 황궁의 방어 체계가 얼마나 허술한지 보여 주었다. 사건이 발생했을 때 신하들이 보여 준 모습도 조정에 대한 불신을 나타냈다. 전날 반란이 일어났을 때 황궁의 대문은 굳게 닫혔고 황제는 좌군에게로 피신했는데, 아무도 황제가 어디로 갔는지 알지 못했다. 다음 날 경종이 돌아오자 재상은 문무백관을 이끌고 연영문延英門으로 가서 황제의 귀환을 축하하려

했으나, 겨우 수십 명의 대신만이 나와 있었다. 그리고 사건의 책임을 추궁하기 시작했는데, 반란의 무리가 지나온 경로의 궁문들을 감독하는 환관들이 모두 책임져야 했다. 원래 당시의 법률 규정에 따르면 35명 모두 직무유기죄로 사형을 당해야 마땅했으나, 경종은 다음 날 명을 내려 곤장만 치도록 하고 직위를 강등시키거나 파면시키지도 않았다. 이를 통해 당시 환관의 권력이 강력했음을 알 수 있다. 이틀이 또 지난 후, 황제는 명을 내려 반란 진압에서 공을 세운 좌·우신책군의 장병들에게 후한 상을 내렸고, 이로써 한 차례의 풍파가 마무리되었다. 사실 이 사건으로 말미암아 큰 피해도 발생하지 않았고, 원인에 대해 엄격한 책임을 추궁한 것도 아니었다. 하지만 경종처럼 '유머'가 넘치는 사건이었던 것만은 틀림없다.

경종 이잠의 최후에는 여러 가지 의외의 요소가 많았고, 마치 한 편의 희극 같기도 했다. 그는 권력에는 뚜렷하게 욕심이 없었는데, 축구장과 씨름장에서 야단법석을 떨거나, 자주 역사力士들과 놀이 상대들에게 시합을 시켜 머리가 깨져 피가 나도록 괴롭히는 것 외에는 함부로 무고한 자들을 죽인 기록도 없었다. 경종의 관심은 여러 가지 놀이를 바꿔 가며 즐기는 것이었는데, 놀이와 연회, 축구, 곡 연주 등을 좋아하여 걸핏하면 환관과 악사들에게 그 횟수를 셀 수 없을 만큼 상을 하사하였다. 경종은 어릴 때부터 환관들과 함께 컸기 때문에 그들을 많이 총애했고, 그 때문에 궁궐의 환관 세력은 점점 커져만 가서 법률도 신경 쓰지 않는 무법천지가 되었다. 이잠이 가장 좋아한 것은 축구와 씨름이었는데, 각 지방의 관리들은 황제의 이런 취미를 알고는 서로 앞다투어 대역사大力士들을 황제에게 보냈다.

그러나 경종은 여기에 만족하지 못하고 큰돈을 들여 그와 놀아 줄 역사들을 모집한 후, 서로 싸우게 하여 피를 흘리는 모습을 지켜봤다. 경종은 이들을 매우 총애하여 낮이든 밤이든 양옆에 데리고 다녔다. 그러나 그는 성격이 너무 조급했기 때문에 역사들이 자신을 화나게 하면 곤봉으로 세게 때리곤 하여, 시간이 지날수록 곁에 있는 사람들이 모두 그를 미워하고 무서워하였으며, 이것이 훗날의 화근이 되었다. 경종이 즉위한 지 2년이 된 어느 날 밤, 그는 야간 사냥에서 돌아와 환관들 그리고 평소 그와 함께 축구와 씨름을 했던 역사들과 어울려 술을 마셨다. 그들이 인사불성이 될 정도로 술을 마셨을 때, 갑자기 대전大殿 안의 촛불이 모두 꺼졌고, 경종은 어둠 속에서 태감두목太監頭目 유극명劉克明 등에게 시해당했는데 그때 나이가 겨우 18세였다. 경종이 붕어한 후, 역적의 무리는 곧 평정되었고, 우두머리인 유극명은 스스로 우물에 뛰어들어 죽었다. 대신들은 경종의 동생인 이앙李昻을 황제로 옹립했는데 그가 바로 당 문종文宗이었다. 이렇게 목종과 경종의 풍부한 '유희 정신'이 살아 있던 '2대의 제왕 사업'은 마침내 끝을 맺었고, 당나라의 멸망도 서서히 가까워졌다.

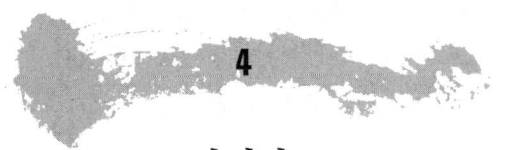

4
첫인상!
성패를 가르는 첫 번째 기회이다

풍채, 행동거지, 말투나 태도 등에서 좋은 첫인상을 줄 수 있다면, 당신에 대한 다른 사람들의 평가도 좋아지고, 당신의 사업에도 도움이 된다. 첫 번째 기회를 잡아야만 두 번째, 세 번째 기회도 잡을 수 있다. 심리학 용어 중에 '초두 효과Primacy Effect'라는 것이 있다. 그 뜻은 첫인상이 매우 중요하여 종종 그 후의 인상도 결정한다는 것이다. 비록 순간적인 만남으로는 그저 타인의 겉모습만 알 수 있을 뿐이고, 사람에게 있어서 가장 중요한 것은 역시 내면이겠지만, 오늘날과 같이 바쁜 시대에는 사람과 사람의 만남의 시간이 매우 짧아서 자신의 내면을 충분히 보여 줄 수가 없다. 어쩌면 당신은 자신을 드러낼 기회가 오직 한번일 수 있고, 그 기회를 놓치면 지게 될 것이다.

삼국시대 때 장송張松이 조조에게 남긴 첫인상은 좋지 않았다. 당시 조조는 북방을 통일하여 그 위세가 오吳나라나 촉蜀나라보다 컸기 때문에 득의 양양했다. 익주목益州牧 유장劉璋은 장노張魯가 자신을 토벌하러 올까 두려워 장송을 조조에게 보내 득실을 설명하게 한 다음, 조조로 하여금 장노를 공격하게 함으로써 자신의 어려움을 해결하고자 했다.

장송은 매우 총명한 인물로 식견은 풍부했지만, 외모가 좀 추했다. 그는 키가 작고 이마가 호미같이 생겼으며 머리가 뾰족하고 코가 낮으며 치아가 돌출형이었다. 이런 얼굴은 누가 보든 간에 그다지 좋은 인상을 주지 못할 것이다. 조조는 장송을 아주 차갑게 대했는데, 장송은 개성이 강한 인물로 그 역시 조조를 풍자하며 조롱했다. 그러자 조조는 바로 그를 쫓아냈다.

사람을 알아보는 법은 어렵고, 사람을 쓰는 법은 더 어렵다. 사람을 잘 쓰려면 반드시 인재를 식별할 수 있어야 한다. 조조는 인재를 알아보고 등용을 잘하기로 유명했지만, 장송이라는 인재는 제대로 알아보지 못했다. 원래 장송은 비밀리에 익주의 각 지역의 지도를 그려 두었고 이를 조조에게 헌상하려고 했었지만, 조조의 오만함 때문에 생각을 바꾸고는 이후 그를 알아봐 준 유비에게 지도를 바쳤다. 그리하여 유비는 삼등분 된 천하의 한쪽을 차지할 수 있었는데, 만약 그도 장송을 못 알아봤다면 삼국의 역사가 바뀌었을지도 모른다. 장송이 능력보다 성공할 수 없었던 이유는 조조 때문만이 아니라 그의 외모가 너무 추했기 때문이다. 만약 그가 오나라의 주유周瑜와 같이 뛰어난 외모와 위풍당당한 풍채를 지녔다면, 조조는 반드시 그를 상장上將으로 삼았을 것이다.

장송과 비슷한 처지의 인물이 또 있었는데, 바로 방통龐統이다.『삼국지三國志』를 보면 노숙魯肅이 손권孫權에게 방통을 추천했는데, 손권은 방통의 짙은 눈썹과 들창코, 검은 구레나룻을 보고 기이한 용모라 여겨 마음 속으로 좋아하지 않았기 때문에 그를 경시했다고 한다. 방통은 자리를 얻지 못하자 유비에게로 갔다. 유비도 방통의 추한 외모를 보고 그다지 좋아하지 않았기 때문에 겨우 현령 자리를 주었으니, 실로 큰 인재를 아깝게 썩힌 격이었다.

만약 당신의 첫인상이 총명하고 침착해 보인다면, 다음에 만났을 때 설령 격렬한 논쟁이 벌어지더라도 상대방은 당신을 업무에 몰입하는 성실한 사람이라고 여길 것이다. 그러나 만약 당신의 첫인상을 그저 옷은 아무렇게나 입고 성격이 나쁘며 산만하게 보였다면, 두 번째 만나서 논쟁이 벌어졌을 때 상대방은 당신을 자기 의견만 고집하는 안하무인이라고 여기게 될 것이다.

그러나 외모가 전부는 아니다. 평범한 외모를 지닌 사람도 풍채, 행동거지, 말투를 통해 좋은 첫인상을 남길 수 있다.

예를 들어, 다른 사람을 만날 때 시선은 상대방을 똑바로 보도록 하고 확고함과 열정이 느껴지도록 해야 하며, 시선을 이리저리 옮기지 말아야 한다. 말할 때는 목소리가 너무 커도 안 되고 너무 작아도 안 된다. 발음은 정확해야 하며, 옷차림은 너무 튀지 않게 깔끔히 입어야 한다. 헤어스타일은 반드시 머리 모양, 얼굴 모양 그리고 체형과 조화를 이루어야 한다. 옷차림, 장신구, 헤어스타일, 화장 등의 수단을 통해 이미지를 크게 개선할 수 있으며 이로써 더 큰 자신감을 가질 수 있다. 우리는 언제나 자신이 아무리 정성을 들여 스스로 단점을 감싸려고 해도, 누군가는 단점을 알아볼 수도 있음을 주의해야 한다. 만약 다른 사람이 고의로 혹은 무의식적으로 당신의 단점을 지적한다 하더라도, 이를 자연스럽고 편안하게 대하도록 하라. 만약 당신이 유머와 재치로 민망한 분위기를 희석할 수 있다면 더 좋을 것이다. 사람을 사귈 때 자신을 적당히 포장하는 것은 자신의 가치를 높이는 일이다. 타인이 당신에게 보이는 호감은 당신이 이미 성공적으로 자신을 홍보했다는 것을 증명한다. 다른 사람이 당신을 받아들였다면, 당신은 그로부터 훨씬 쉽게 도움을 받을 수 있을 것이다.

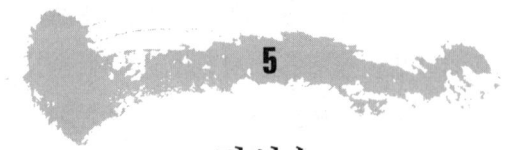

감인술,
어느 부류의 사람과 함께 해야 하는가

재상 자리에 누구를 앉힐지 고민에 빠진 위나라의 문후文侯가 마침 손님으로 와 있던 이극李克에게 말했다.

"일전에 '집안이 가난하면 어진 아내를 생각하고家貧則思良妻, 나라가 어지러우면 어진 신하를 생각한다國亂則思賢臣'라고 말씀하시지 않았습니까? 재상을 임명해야 하는데, 선생께서는 위성자魏成子와 적황翟璜 중 누가 더 낫다고 생각하십니까?"

"낮은 자가 어찌 높은 자의 일에 관여하겠습니까? 외부인이 남의 가정사에 간섭하는 것은 도리가 아니지요. 그러니 저는 그 문제에 대답할 수 없습니다."

"부디 그러지 마시고 가르침을 좀 주시지요."

"인사치례가 아니라 스스로 판단하여 결정하시길 진심으로 바랄 뿐입니다. 사람을 판단하는 데는 5가지 기준이 있습니다.

첫째, 평소 누구와 친하게 지내는가?

둘째, 부유할 때는 누구와 함께 부를 나누는가?

셋째, 관직이 올라 출세하면 어떤 사람을 기용하는가?

넷째, 곤경에 처했을 때 피하려 드는 일은 무엇인가?

다섯째, 궁핍하다고 아무거나 함부로 취하지는 않는가?

이 다섯 가지 기준에 근거해서 사람을 고른다면 구태여 제게 생각을 물을 필요가 있겠습니까?"

문후가 말했다.

"알겠습니다. 과인은 이미 재상감을 결정했습니다."

이극은 자리에서 물러나 집으로 돌아오는 길에 적황의 집에 들렀다. 그가 문후와의 대화를 들려주자 적황이 황급히 물었다.

"문후께서 누구로 결정하셨답니까?"

"당연히 위성자이지요."

적황이 화가 나서 말했다.

"내가 위성자보다 못한 점이 대체 무엇이오? 애초에 문후에게 선생을 천거한 것은 제가 아닙니까?"

"저를 문후에게 천거한 까닭은 대인의 파벌을 형성하고 세력을 키우기 위함이니 전부 사심私心에서 비롯된 것이지요. 문후께서 누구를 재상에 앉혀야 하느냐고 물으셨을 때 저는 사람을 판가름하는 5가지 원칙만을 말씀드렸을 뿐 스스로 판단하시게 했습니다. 그 때문에 위성자가 재상이 될 것을 알게 되었지요. 이유는 간단합니다. 위성자는 봉록의 9/10를 예현하사禮賢下士*에 쓰고 1/10만 남겨 자신을 위해 사용하니, 자하子夏, 전자방田子方, 단간목段干木 등 세 사람을 초빙하고 군주의 스승이 된 것이지요. 그러나 대인께서 천거하신

---

* 선비를 예우하고 자신을 낮춰 인재와 교제하다

다섯 명은 모두 별다를 바 없는 신하가 아닙니까. 이러니 어찌 위성자와 비교할 수 있겠습니까?"

적황은 부끄러운 나머지 쥐구멍에라도 숨고 싶었다. 그는 곧 자신의 이기심을 사과했다.

공자孔子가 사람을 평가할 때 내세웠던 첫 번째 기준은 그 사람이 대국적으로* 문제를 바라볼 수 있는가, 얼마나 대국적으로 생각할 수 있는가의 문제였다. 이를 근거로 공자는 사람을 다섯 가지 등급으로 나누었는데, 용인庸人, 사士, 군자君子, 현인賢人, 대성大聖이 그것이다. 『순자荀子』의 「애공哀公」편에 보면 공자와 노魯나라의 애공이 인재를 판별하는 문제를 토론하는 내용이 나온다.

공자가 말했다.

"사람은 5품으로 나눌 수 있습니다. 용인이 있고, 사가 있으며, 군자가 있고, 현인이 있고, 대성이 있습니다."

애공이 공자에게 물었다.

"어떻게 행동하는 것이 '용인'입니까?"

공자가 대답했다.

"제가 말하는 '용인'은 입으로는 옳은 말을 하지 못하고 마음으로는 깊은 생각을 하지 못하며, 어질고 선량한 사람을 골라 자신의 근심을 나눌 생각을 하지 못하는 사람입니다. 행동에 목적이 없고 어디서 그만두어야 할지도 알지 못하며, 항상 무언가를 고르지만 정작 무엇이 값어치 있는 것인지 알지 못합니다. 남의 뒤만 맹목적으로 따라가며 자신이 어디로 가야 하는지도

---

* 큰 판단이나 대체적인 판국에 따름

알지 못하고 사리사욕이 자기 본성을 해치는 줄도 모르니 마음이 타락하게 됩니다. 이렇게 행동하는 것이 '용인'입니다."

애공이 말했다.

"알겠습니다. 그렇다면 어떻게 행동하는 것이 '사'입니까?"

공자가 대답했다.

"'사'란 모든 도道와 술術에 능하지는 않으나 항상 규율을 따르는 사람입니다. 모든 일을 완벽하게 처리할 수는 없어도 실천으로 옮기기 때문에 '사'는 다량의 지식을 추구하지는 않지만 자신이 아는 범위 내에서 최고의 경지에 오르기 위해 노력합니다. 말에서도 많은 것을 바라지 않아 자신이 하는 말이 정확하고 적절하기만을 바랍니다. 많은 것을 하려고 욕심을 내지도 않으며 가장 합당한 방법으로 일을 처리하려 합니다. '사'는 이미 습득한 지식, 이미 뱉어 버린 말, 이미 행한 행동들이 마치 목숨이나 피부처럼 바뀔 수 없다고 생각합니다. 그래서 부귀영화도 도움이 되지 않고 천박함도 손해가 되지 않습니다. 이렇게 행동할 수 있는 사람을 '사'라 부릅니다."

뒤이어 애공이 어떻게 행동하는 것이 '군자'인지 묻자 공자가 답했다.

"'군자'란 말을 할 때 충忠과 신信을 중시하지만 자신을 도덕적인 사람이라 자부하지 않습니다. 행동함에 인仁과 의義를 중시하지만, 득의양양한 기색을 내비치지 않습니다. 문제를 생각함에 통달하고 노련하지만, 능력을 뽐내며 과시하지 않습니다. 모든 사람이 그를 만만하게 보도록 하는 것입니다. 이것이 바로 '군자'입니다."

그 후 공자는 '현인'의 기준에 대해서도 애공에게 말해주었다.

"행동에 규범이 잡혀 있으나 본성이 억눌리지 않은 사람이 '현인'입니다. 말씨는 천하가 본받을 만하되 남의 말에 상처받지 않음을 보일 수 있고, 천하의 재물을 갖되 부당하게 얻은 재물이 없어야 합니다. 천하에 은혜를 베풀되 가난으로 근심하지 않는 자가 바로 '현인'입니다."

마지막으로 공자는 '대성'의 기준에 대해 말해 주었다.

"'대성'이란 '큰 도大道'에 통달하고 무한한 응용력을 가져 만물의 '정성情性'을 통찰할 수 있는 사람입니다. '도'란 변화를 통해 만물의 법칙을 만들어 냅니다. '정성'이란 본디 갖춘 성질로 쉽사리 변치 않는 본성을 이릅니다. 그러므로 '대성'이 해야 할 일은 천지 만물을 변별하는 것이며 해나 달과 같은 통찰력을 갖춰야 합니다. 또한 바람과 비처럼 만물에 고루 미쳐야 합니다. '대성'은 평온한 태도를 보여야 하지만 그의 행동은 뭇사람이 따라 할 수 없어야 합니다. 마치 하늘의 아들이 그러하듯이 '대성'의 행동은 사람들이 쉬이 이해할 수 없고 백성은 경박하여 그들이 종사하는 바의 사정을 알 리가 없습니다. 이런 사람이 바로 '대성'입니다."

공자의 다섯 가지 평가에서 가장 기본이 되는 기준은 그 사람이 대국적으로 문제를 바라볼 수 있는가, 얼마나 대국적으로 생각할 수 있는가였다. 이를 바탕으로 공자는 사람을 다섯 단계로 나누었다. 그리고 단계마다 사람의 품성뿐만 아니라 '대도大道'와 '소도小道'의 차이가 있음을 알 수 있다. 사실 공자가 사람을 판가름하는 기준과 개인의 자기 수양 기준은 같다. 공자가 일반적인 평가 기준을 세운 진짜 목적은 사람들이 자신의 인생에서 스스로 이성적인 깨달음을 얻도록 하기 위함이었다.

제갈량은 사람을 판별할 때 먼저 그 사람의 본성을 알아야 한다고 했다. 본성을 관찰하려면 그 사람의 외면과 내면을 모두 봐야 한다. 외면과 내면이 일치하면 선악을 쉽게 구별할 수 있다. 그러나 사람은 겉과 속이 일치하지 않는 경우가 많다. 제갈량은 '온화한 외모로 남을 속이는 자, 공경하는 척하며 눈속임하는 자, 용맹한 척하면서 비겁한 자, 최선을 다하지만 불충不忠한

자'가 있다고 말했다.

그래서 제갈량은 사람됨을 알아보는[知人] 일곱 가지 방법을 제시했다.

"사람됨을 알아보는 데는 일곱 가지 방법이 있다. 첫째, 옳고 그른 것을 물어 그 뜻을 살핌으로써 시비를 가리는 능력을 본다. 둘째, 궁지에 몰아 변화를 관찰해 임기응변할 수 있는 능력을 본다. 셋째, 책략 따위를 자문해 식견을 살핀다. 넷째, 위기를 알려 난관에 맞설 용기가 있는지 살핀다. 다섯째, 술에 취하게 하여 본성을 본다. 여섯째, 이익을 제시해 청렴한지를 살핀다. 일곱째, 일을 맡겨 보아 신용을 살핀다. 만약 포부, 임기응변, 학식, 용감함, 품성, 청렴, 신용의 일곱 가지를 겸비한 사람이라면 중책을 맡겨도 좋다."

그 밖에 『헐관자鶡冠子』*에서는 '양인量人'이라는 제목으로 말하고 있다.

"부유한 자는 그 베풂을 보아 인仁을 알 수 있고, 고귀한 자는 그 행위를 보아 충忠을 알 수 있다. 함께 어울리는 자를 보고 손윗사람이 손아랫사람에게 양보하지 않고, 높은 자가 낮은 자에게 양보하지 않는 것을 보면 예禮를 알 수 있다. 행하지 않는 바를 보면 의義를 알 수 있다. 관직에 올라 다스릴 적에 어떤 직무를 맡고 어떤 것을 피하는지를 보면 지智를 알 수 있다. 위험이 닥쳐도 두려워하지 않는 것을 보아 용勇을 알 수 있고, 언변을 보아 변辨을 알 수 있다. 명령을 따르되 감추지 않는 것으로 신信을 알 수 있고, 가난하면서도 무엇을 취하지 않는지를 살펴보면 청렴廉을 알 수 있으며 빈천한 자는 삼가는 것을 보아 현賢을 알 수 있다. 또한 하늘을 살펴보면 성聖을 알 수 있다."

이렇게 하면 덕, 재능, 지혜와 더불어 일 처리 능력도 알 수 있으니 실로

---

* 전국시대 모수鶡冠가 30여 년에 걸쳐 집필하여 후인에게 전했다는 도가 및 병가에 속하는 저작

인재를 판별하는 중요한 자료라 하겠다.

당나라 때는 인재를 선발할 때 독특한 방법을 사용했다. 『자치통감資治通鑒』*에는 다음과 같은 구절이 나온다. "당나라에서는 신身·언言·서書·판判을 통해 자질과 능력을 가려 관직에 앉혔다. 먼저 서書와 판判을 시험하고, 신身과 언言을 가린다. 선발된 자는 등록하여 그 편의를 물으며 등록된 자는 발표하여 알린다." 당나라 시대에 인재를 선발하는 데는 '신·언·서·판'의 4가지 기준밖에 없었다. '신'은 건장한 체구를 말하는 것으로, 외모로 사람을 선별하는 방법이었다. '언'은 언변과 화술인데, 말솜씨가 뛰어나고 조리 있게 말하는 것으로 인재를 선별하는 방법이었다. '서'는 서체를 말하는 것으로, 서체에 힘이 있고 기량이 뛰어난가를 보고 인재를 선별하는 방법이었다. '판'은 글의 논리를 말하는 것으로, 문재文才가 뛰어나고 문체가 유려한가를 보고 인재를 선별하는 방법이었다.

이렇게 인재를 선별하는 데는 신·언·서·판의 구체적인 조건 외에도 몇 가지 절차가 있었다. "먼저 서와 판을 시험한다"라는 것은 대체로 필기시험을 뜻한다. "이미 시험을 거친 자의 신과 언을 가린다"라는 것은 면접에 해당한다. 그리고 앞서 시험한 신·언·서·판이 일반적이고 표면적으로 사람을 살피는 방법이었다면, "선발된 자는 등록하고 그 편의를 묻는다"라는 것은 보다 깊이 있는 단계라 할 수 있다. 여기서 중요하게 보는 것은 응시자의 반응 속도와 생각의 깊이인데, 이는 곧 인재의 내적 소양을 시험하는 것이라 할 수 있겠다.

---

* 중국 북송 때 사마광이 펴낸 역사서로, 기원전 403년부터 기원후 960년까지의 역사가 담겨 있다.

서한西漢의 유향劉向이 지은 『설원說苑』*에 '육정육사六正六邪'라는 것이 나온다. '육정'이란 무엇인가?

첫 번째는 징조가 나타나기 전에 미리 위험을 내다보고 득실을 따져 재난을 사전에 막는 것이니, 이런 인재를 '성신聖臣'이라 한다. 둘째는 마음을 다해 나라를 걱정하고 매일매일 좋은 의견을 내놓으며, 예로써 군주를 설득하여 좋은 계책을 군주에게 간하는 것이다. 또 군주에게 좋은 생각이 있으면 힘써 돕고 군주에게 실수가 있으면 바로잡는 것이다. 이런 인재를 '양신良臣'이라 한다. 셋째는 부지런하게 어진 자와 재능 있는 자를 천거하고 선현들의 행동과 처세를 항상 받들어 이로써 군주의 의지를 다지게 하는 것이다. 이런 인재를 '충신忠臣'이라 한다. 네 번째는 일의 성패를 정확히 내다보고 사전에 방비하여 보완에 힘쓰며 부단히 개선함으로써 불행을 차단하고 전화위복이 되도록 하는 것이다. 이런 인재를 '지신智臣'이라 한다. 다섯째는 규범을 준수하고 뇌물을 받지 않으며 녹봉을 탐하지 않고 자발적으로 상을 거부할 줄 알면서 근검절약하는 것이다. 이런 인재를 '정신貞臣'이라 한다. 여섯째는 군주가 미혹하고 나라에 혼란이 발생하면 아첨을 하지 않고 대담하게 군주의 잘잘못을 지적하는 것이니, 이런 인재를 '직신直臣'이라 한다.

그렇다면 '육사六邪'란 무엇인가?

첫째는 지위에 안주하여 녹봉만 챙기려 하고 공사를 등한시하는 것이다. 또한 부화뇌동하고 남의 눈치만 살피며 주관이 없는 것이니 이런 사람을 '구신具臣'이라 한다. 둘째는 군주가 하는 말이 전부 옳고 그가 하는 일이 전부 옳다고 아부하며 군주가 좋아하는 것만 바쳐 환심을 사려고 하는 것이다.

---

* 전한前漢 말에 펴낸 교훈적인 설화집

이렇게 비위를 맞추고 군주에게 영합하는 수법으로 자신의 관직을 지키는 자는 군주와 더불어 쾌락을 탐닉하면서 그에 따른 부작용을 생각지 못하니 이런 사람을 '유신諛臣'이라 한다. 셋째는 마음 속이 음험한 생각으로 가득 찼으면서도 겉으로는 교언영색巧言令色*하며 속으로 시샘하는 것이다. 이런 사람은 누군가를 천거할 때 항상 그 사람의 장점만을 선전하고 단점은 숨긴다. 누군가를 밀어내려 할 때는 그의 잘못만을 열거하며 장점을 숨겨 군주의 눈과 귀를 속이니 이런 사람을 '간신奸臣'이라 한다. 넷째는 교활하게 실수를 숨기고 갖은 핑계로 군주를 현혹하여 안으로는 가족을 이간질하고 밖으로는 고의로 분열을 조장하니 이런 사람을 '참신讒臣'이라 한다. 다섯째는 대권을 손에 쥐고 권력을 멋대로 휘두르며 옳고 그름을 가리려 하지 않고 당파를 갈라 사리사욕을 취하는 것이다. 또한 왕의 뜻을 날조하고 이로써 자신의 위엄을 드러내려 하니 이런 사람을 '적신賊臣'이라 한다. 여섯째는 화려한 말솜씨로 군주를 현혹하고 군주의 혜안을 가린 뒤 당파를 조직해 악행을 일삼는 것이다. 이런 사람을 '망국신亡國臣'이라 한다.

---

* 그럴 듯하게 말을 꾸미거나 남의 비위를 잘 맞추는 사람을 이르는 말

5장

통전술 統戰術

인맥과 리더십, 단체를 조직하고 경영하라

개인이 모이면 단체가 되고,

단체와 구성원들 사이에는 유한한 자원을 차지하기 위해

경쟁·공생·협력의 관계가 형성된다.

이러한 단체를 조직하고 경영하는 책략이 통전술이다.

사실 통전술의 개념은 춘추전국시대의 종횡학설을

현대적으로 해석해 놓은 것이다.

리더가 되려면 단체를 잘 경영해야 하며,

자신과 뜻을 함께 할 수 있는 동지들을 만들어야 한다.

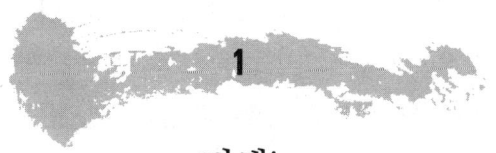

단체!
꿈틀대는 단체를 도모하라

　단체란 이익 공동체이다. 단체의 장점은 여러 사람의 힘을 모을 수 있다는 것이다. 훌륭한 단체가 있다면 몹쓸 단체도 있는데, 후자는 자신과 가까운 이의 편의를 봐주면서 도리는 지키지 않고, 돈만 중시하고 의리는 저버리며, 파벌을 이루면서도 단결하기는 거부한다. 이런 잘못된 단체정신은 함께 이득을 보거나 함께 손해를 보는 결과를 낳는다. 문제는 그 결과가 개인에게는 그저 한때의 흥망성쇠에 불과하지만, 국가에 큰 손실이 될 수도 있다. 그 예로 당나라 때 40년간이나 나라를 시끄럽게 했던 우이당쟁牛李黨爭을 들 수 있다.

　우이당쟁의 발단은 당나라 헌종憲宗의 재위 시절부터 시작된다. 어느 해 장안長安에서 직언으로 간언할 줄 아는 인재를 선발하기 위해 시험을 열었다. 시험 응시자 중에는 이종민李宗閔과 우승유牛僧孺라는 하급 관리도 두 명 있었다. 이들은 답안지에 조정을 비판하는 글을 썼고, 감독관은 이를 본 후 선발 조건에 들어맞는다고 여겨 그들을 헌종에게 추천했다.

그런데 재상인 이길보李吉甫가 이 사실을 알게 되었다. 그는 사대부 출신의 관리로 원래부터 과거 출신의 관리들을 업신여겨 왔는데, 출신이 비천한 이종민과 우승유가 감히 조정을 비판하자 몹시 분노했다. 그래서 이길보는 당 헌종에게 이들은 감독관과 사적인 관계가 있어서 추천받은 것이라 고했다. 당 헌종은 그의 말을 믿고 감독관 몇을 강등시켰고, 이종민과 우승유도 발탁되지 못했다. 이길보가 죽은 후 그의 아들 이덕유李德裕가 부친의 후광을 업고 한림학사翰林學士가 되었다. 당시 이종민도 조정에서 벼슬을 지내고 있었는데, 이덕유는 이종민이 자신의 부친을 비판했던 것 때문에 오랫동안 그를 미워하고 있었다.

당 목종穆宗 즉위 후, 진사進士 시험을 거행하게 되었다. 그때 조정의 두 대신이 시험관인 전휘錢徽에게 자신들과 친분이 있던 자를 사적으로 부탁하였지만 거절당했다. 그런데 마침 이종민의 친지 하나가 시험에 선발되자, 두 대신은 목종에게 전휘가 사리사욕을 채우기 위하여 부정을 저질렀다고 고발하였다. 목종은 한림학사인 이덕유에게 사실 여부를 물었고, 이덕유는 그렇다고 고했다. 그러자 목종은 즉시 전휘를 강등시켰고, 이종민 역시 함께 연루되어 강등된 채 멀리 외지로 쫓겨났다. 이종민은 이덕유가 고의적으로 자신을 배척한다고 여겨 그를 몹시 미워했다. 우승유는 당연히 이종민을 동정하였는데, 이 사건이 벌어진 후 이종민과 우승유는 과거 출신의 관리들과 우파牛派를 형성했고, 이덕유 역시 사대부 출신의 관리들과 이파李派를 형성하여 그때부터 서로 옥신각신하게 되었다.

문종文宗 즉위 후, 이종민은 환관의 길을 걸어 재상이 되었다. 그는 문종에게 우승유를 재상으로 추천했고, 권력을 잡게 되자 함께 힘을 합쳐 이덕유를 공격하여 마침내 그를 경성 밖으로 쫓아내 멀리 서천西川 절도사節度使로 보내 버렸다. 그러던 어느 날, 서천 근처의 한 토번 장령將領이 투항해 왔다.

이덕유는 그 기회를 놓치지 않고 요충지인 유주維州를 수복하였다. 그런데 이덕유가 공을 세웠음이 분명한데도 재상인 우승유는 당 문종에게 "유주를 수복한 일 따위는 아무것도 아닙니다. 만일 토번과의 관계가 나빠진다면 오히려 손해지요"라고 말하면서 문종으로 하여금 이덕유에게 명령을 내려 유주를 토번에게 다시 되돌려 주게 하였고, 이에 이덕유는 길길이 뛰며 분노하였다.

그 후 어떤 이가 당 문종에게 유주를 되돌려 준 것은 크나큰 실책이라고 하며, 이는 우승유가 이덕유를 배척하기 위해 이용한 수단이었을 뿐이라고 했다. 그제야 문종은 크게 후회하며 우승유를 멀리하게 된다.

문종은 환관들에게 둘러싸여 확고한 주관이 없었기 때문에, 어떤 때는 이덕유를 가까이하다가도 또 어떤 때는 우승유를 가까이했다. 그리하여 이 둘 중 어느 한 쪽이 정권을 쥐면 다른 쪽은 힘든 나날을 보내야 했다. 이렇게 두 세력이 시시때때로 엎치락뒤치락하자 조정은 몹시 혼란스러워졌다. 문종 역시 시비를 가릴 수 없었기 때문에 그 둘만 생각하면 "하북河北을 평정하는 것이 조정의 붕당을 없애는 것보다 쉽구나!"라며 한숨을 내쉬었다고 한다.

우파와 이파는 권력과 이득을 쟁취하고자 환관들의 환심을 사려 노력했다. 이덕유가 회남절도사淮南節度使로 있던 시절, 군사를 감독하던 환관 양흠의楊欽義가 경성으로 소환되자 사람들은 모두 그가 돌아가서 권력을 쥐게 될 거라고 생각했다. 양흠의가 떠날 때가 가까워지자 이덕유는 연회를 베풀어 그를 초대하고 극진하게 대접하며 풍성한 선물을 안겨 주었다. 이에 양흠의는 경성으로 돌아간 뒤 무종武宗에게 이덕유를 적극적으로 추천하였고, 결국 이덕유는 재상에 올랐다. 이후 이덕유는 다시 온갖 방법을 써서 우승유와 이종민을 배척했고, 그들을 강등시켜 남방으로 쫓아 보냈다.

이덕유는 무종의 신임을 얻어 몇 년간 재상 자리에 있었으나, 일을 독단적으로 처리하였기 때문에 여러 조정 대신의 원성을 샀다. 서기 846년, 무종이 병사하자 환관들은 곧바로 무종의 숙부인 이침李忱을 황제로 즉위시키는데, 이가 바로 선종宣宗이다. 선종은 무종 시절의 대신들을 모두 내쳤는데, 즉위 첫날에 이덕유의 재상 자리를 박탈하고 1년 뒤에는 그를 강등시켜 애주崖州*로 보냈다. 이렇게 하여 40년에 걸친 당쟁은 끝을 맺지만, 당 왕조는 이미 혼란스러워 바로잡기 어려웠다.

한 국가나 시대가 번영하려면 투명한 정치, 자유로운 언론, 공정한 법률과 안정된 민생이 필수적이다. 그러나 붕당은 언제나 개인이나 특정 이익집단의 이익만을 중시하고 국가나 단체의 이익은 신경 쓰지 않는다. 그래서 국가 번영이라는 이상은 물거품이 되고, 실권자들은 파벌을 나눠 상대방의 과실을 폭로하며 공격해 정치는 혼란스러워진다. 또 여론은 각종 소문으로 뒤덮이고 형벌이 공정치 못해 억울한 일이 생기며 민생이 불안해져서 결국 국가가 쇠락해져 간다. 그러나 후세에 이르러서도 사람들은 이런 역사적 교훈을 제대로 깨우치지 못해, 역대 왕조를 비롯해 현재 사이버 공간에서조차 특정 무리를 이루어 사리사욕을 탐하는 경우가 많다. 백양柏楊**의 "중국인 한 사람은 용이 될 수 있지만, 세 사람이 모이면 지렁이가 된다"라는 말 역시 이런 맥락일 것이다.

공자는 일찍이 "군자는 긍지를 지니되 남과 다투지 않고矜而不爭, 남과 어울리면서도 편당을 짓지 않는다群而不黨", "군자는 두루 사귀며 비교하지

---

* 지금의 해남海南
** 『추악한 중국인』이라는 책으로 주목 받은 작가

않고君子周而不比, 소인은 패거리만 지을 뿐 두루 사귀지 못한다小人比而不周"라고 말했다. 이는 군자가 사람들과 단결하고 서로 작당하여 사리사욕을 취하려 하지 않으며, 소인배는 서로 작당하여 사리사욕을 취하려 할 뿐 단결을 중시하지 않는다는 뜻이다. 유가儒家사상의 영향으로 말미암아 군자는 스스로 자제하며 청렴하게 지내려 노력하고 결탁하는 것을 싫어하지만, 이것이 바로 그들의 약점이기도 하다. 그들은 조직력이 떨어지고 단결하지 못하며 자기 보호 능력이 너무 미약하다. 반면에 소인배들은 종종 도덕의 굴레를 벗어던지고 서로 결탁하여 이득을 취하고 승자가 된다.

북송北宋 말에 등장한 여러 간신 중에는 당대의 '육적六賊'으로 악명이 높았던 채경蔡京, 동관童貫, 왕보王黼, 주면朱勔, 양사성梁師成 그리고 이언李彦이 있었다. 채경蔡京은 육적의 우두머리였다. 이 악명 높은 간신배는 그야말로 타고난 기회주의자였다. 그는 왕안석王安石이 변법變法을 주장할 때는 변법파의 열렬한 옹호자로 나섰다가, 변법을 반대하는 사마광司馬光이 정권을 장악하자 곧바로 반反변법파의 선두에 섰다. 하지만 기회주의자인 채경도 당파 분쟁이 심했던 시기에는 우연히 실수를 저질러 좌천되기도 했다. 송나라 휘종徽宗이 즉위했을 때 채경은 좌천당해 항주杭州에 있었는데 당연히 그대로 주저앉아 있을 리 없던 그는 호시탐탐 기회를 엿보며 '어떻게 하면 새로운 주인에게 잘 보일 수 있을까?'하고 궁리하다, 그 방법으로 환관 동관童貫을 낙점한다.

동관은 서화를 좋아하는 휘종의 명을 받들어 명인名人의 작품을 구하러 항주에 와 있었다. 채경 역시 붓끝을 놀려 세상을 우롱하는 데에는 일가견이 있었기에 고심을 다해 서화가 그려진 부채를 만들어 동관에게 부탁하여 황제에게 대신 진상해 달라고 청했다. 또 명인의 서화를 사들여 제발題跋*을 덧붙인 후 스스로 만든 것이라 속여 건네기도 하고 동관에게 수많은 뇌물을 주어 환심을 사기도 했다. 그리하여 동관은 경성으로 돌아간 뒤 황제에게 채경을 추켜세우며 칭찬했고, 결국 채경은 다시 경성으로 돌아갈 수 있었다.

같은 시기, 막 정치계에 입문한 왕보王黼는 기댈 만한 사람을 찾고 있었는데 채경이 휘종의 총애를 한 몸에 받는 것을 보고 그에게 옥玉 고리를 선사했다. 그는 황제가 채경을 발탁하려 함을 눈치채고는 먼저 상소를 올려 채경의 공적과 은덕을 찬양하였고, 그것을 황제는 만족스러워했다. 채경은 재상 자리에 다시 오른 후 왕보에 대한 보답을 잊지 않았다. 채경은 왕보에게 2년 내에 그를 교서랑校書郎에서 어사중승御史中丞으로 승격시켜 주겠다고 다짐했다. 이는 요즘으로 말하자면 일개 비서가 검찰부서의 책임자로 승진하는 것과 마찬가지다. 왕보는 한 사람에게만 목을 매는 인물이 아니었기 때문에 황제의 곁에서 총애를 받던 환관 양사성梁師成과 이언李彥에게도 열심히 아부하며 비위를 맞추었다. 그의 집과 양사성의 집은 아주 가까웠던 터라 가족처럼 서로 빈번하게 왕래했다.

주면朱勔은 원래 항주의 거상巨商으로, 필요한 것이라면 교묘한 수단이나 힘으로 빼앗는 데 능하여 채경의 눈에 들게 되었다. 채경은 경성으로 돌아갈 때 주면을 함께 데려가 동관의 지위를 이용하여 조정의 관직에 앉혔다. 훗날 주면은 '화석강花石綱'**을 생각해 내 사치스럽기 짝이 없는 휘종의 욕구를 만족하게 했고, 큰 총애를 받게 된다.

이렇게 앞서 소개한 몇 사람은 '하나가 잘 되면 다 같이 잘 되고, 하나가 화를 입으면 다 같이 화를 입으며' 북송 말기의 조정을 휘저었는데, 이는

---

* 서화나 서적 등의 앞뒤에 그 유래나 찬사 혹은 감상을 적은 문장
** 황제에게 진귀한 꽃과 기이한 돌을 보내는 운송 조직

북송이 멸망할 때까지 계속되었다.

그럼 남송南宋의 진회秦檜를 살펴보자. 그 역시 간사한 아첨꾼이었는데, 간사령杆司令 자리로만 만족해서는 권력을 오랫동안 쥘 수 없다는 이치를 잘 알고 있었다. 그래서 재상이 되었을 때 특히나 도당徒黨*을 망라하는 데 주력했다.

진회를 몹시 따르는 도당 중에 왕차옹王次翁이라는 사람이 있었는데, 원래 가난해서 실의에 빠진 문인이었다. 그는 같은 고향 출신인 전前 재상 여이호呂頤浩의 환심을 사려 했으나, 여이호는 별 관심을 보이지 않았다. 왕차옹은 나중에 진회가 재상이 되자 이번에는 그의 환심을 사려 했다. 진회는 둘 사이의 일을 알고서는 그의 탐욕이 쓸 만하다고 여겨 미소를 지으며 말했다.

"그대와 여이호는 본디 갈 길이 다른 사람이오."

그리고 자신이야말로 그를 알아줄 사람이라는 뜻을 비쳤을 뿐만 아니라 즉시 그를 사부원외랑史部員外郎으로 임명했다가 얼마 지나지 않아 비서소감秘書少監, 중서사인中書舍人으로까지 승격시키니 그야말로 고속 승진이었다.

왕차옹은 그에게 감격해 눈물을 떨어뜨릴 정도였고, 어떻게 보답해야 할지 언제나 고민하였다. 그리고 마침내 기회가 찾아왔다. 진회가 펼치던 투항 정책이 실패하고, 이로 인해 흉노匈奴가 대거 침략하자, 송나라 사람들은 진회를 몹시 비난하였고 그의 자리도 풍전등화와 같아졌다. 그러자 왕차옹은 고종高宗을 알현해 진회의 과오를 씻어 주고자 노력하며 호소했다.

"진회를 재상 자리에서 파면시키고 다른 이를 대신 앉힌다 해도 그보다 나을 것이란 보장은 없습니다. 오히려 새로운 세력 싸움을 초래할 수도

---

* 집단을 이룬 무리 혹은 불손한 이의 무리

있으니 이는 나라에도 좋을 것이 없습니다."

　송나라 고종高宗은 원래 귀가 얇은 인물이었기에 왕차옹의 말을 믿었고, 진회는 재상 자리를 보존할 수 있었다.

　중국 정치의 오랜 전통 속에는 고질적인 문제도 있다. 스스로 군자라 여기는 사람 중에는 종종 다른 사람과 어울리지 못하고 자신이 비범하다고 자만하면서, 홀로 속세를 떠나 조용하고 편안하게 사는 것을 즐기며, '무리' 속에서 타인과 협력할 줄 모르는 사람이 많았다. 중국의 군자들은 역사적으로 은사隱士*를 추앙하고 겸양을 떠받들었으므로 서양의 정치가들처럼 치열한 경선을 통해 정권을 쟁취하지 않았다. 중국 군자의 '결탁하지 않는다'라는 원칙과 '겸양하여 다투지 않는다'라는 기풍은 자연스럽게 결탁하기도 하고 겸양하지도 않는 소인배들에게만 득을 가져다 준다. 그래서 군자와 소인배의 싸움은 대부분 군자의 패배로 끝나고는 한다.

　이런 사례들을 통해 우리는 단체란 복잡한 조직이며, 다양한 변수를 지니고 끊임없이 교차하고 변화하는 조직임을 알 수 있다. 관리자의 임무는 단체를 정확하게 운용하고, 조합들을 이룰 긍정적인 '원소元素'들을 찾아내며 그들의 관계를 잘 정립해 줄 뿐만 아니라 변화를 잘 파악하여 단체의 경쟁력을 높이고 올바른 일을 하는 것에 있다고 할 수 있다.

---

* 벼슬하지 않고 숨어 사는 선비

사교력,
인맥에 장기 투자하라

　상대방이 곤경에 처했을 때 내민 도움의 손길은 그의 마음 속에 평생 새겨져 잊히지 않는다. 그러나 모든 일이 순조로울 때는 어떤 좋은 선물을 안긴다 한들 금세 잊힐 수도 있다. 그래서 어떤 사람이 '감정'을 중요하게 여기는지를 알려면 그가 내민 도움이 얼마나 대단한지를 볼 것이 아니라, 그가 언제 '도움의 손'을 내밀었고 언제 '넉넉함'을 보여 주었는지를 봐야 한다.

　눈앞의 이익에 급급한 사람들은 배경이 좋은 사람, 지위가 높은 사람과 친해지려 애쓰며 눈에 보이는 조건만 따진다. 그러나 진정한 안목을 지닌 사람은 지금 당장은 초라해 보여도 그 안에 잠재력을 지닌 친구를 사귀며 그들이 어려움에 부닥쳤을 때 도움의 손길을 내민다. 이런 사람이야말로 진짜 '물건 보는 눈'을 지닌 인재다.

　증국번은 친구를 사귀는 데에도 엄격한 원칙을 두었는데, 바로 기개가 있는 사람만 사귀고는 했다. 그 자신도 기개를 지녔으며 평범하기를 거부하는 인물이었다. 훗날 그의 친구들은 대부분 자신의 분야에서 성공을 거두었다.

증국번은 젊은 시절 경성에서 신중하게 친구를 사귀었는데, 그 중 왜인倭仁, 오연동吳延棟, 하계청何桂淸, 하소기何紹基, 매증량梅曾亮, 경제학자 소의진邵懿辰, 유전형劉傳瑩 등과 가장 친하게 지냈다. 이들은 당시에도 어느 정도 이름이 알려졌지만, 아직 정식으로 정치에 입문한 사람들은 아니었다. 그들은 출신이나 지위, 명성의 차이가 별반 없었고, 서로 이용하거나 배척할 필요도 없었으며 오히려 서로 격려해 주며 진정한 우정을 추구했다. 그리고 훗날 증국번이 대업을 이루려 할 때 이들은 큰 도움을 주었다.

증국번의 벗 중에서 당시의 유명했던 학자인 당감唐鑒의 지위가 가장 높았는데, 증국번에게 끼친 영향도 가장 컸다. 당감은 일찍이 증국번에게 공부하는 방법을 가르쳤다. 그는 증국번에게 공부는 한결같이 해야 한다고 훈계하고, 먼저 학문에 입문하도록 하여 『주자전집朱子全集』을 정독하도록 지도했으며, 증국번의 자연과학 사상에 견실한 기초를 다져 주었다. 그래서 증국번은 언제나 스승을 모시는 예로 그를 대했다. 후에 당감이 세상을 떠나자 증국번은 조정에 청하여 그에게 시호를 내리도록 했을 뿐만 아니라, 그를 기리는 명문도 썼다.

자연과학의 권위자인 왜인倭仁 역시 증국번에게 깊은 영향을 끼쳤는데, 특히 그는 당감과 달리 수신修身하는 방법에서 많은 가르침을 주었다. 증국번은 원래 일기 쓰는 습관이 있었는데, 주된 내용은 일상생활의 자질구레한 일들이었다. 그는 왜인의 가르침을 받고 나서 일기에 하루 동안 있었던 자신의 득실을 기록하고 스스로 반성했으며 자신을 더욱 엄격하게 다잡았다. 그리고 바로 이때부터 증국번의 인격은 크게 변하게 된다.

증국번의 친구들에게는 공통점이 있었는데, 바로 모두가 학문에 몰두하고 허황된 얘기를 하지 않았다. 또한 각자 전문 분야가 있었을 뿐만 아니라,

큰 기개를 지녀 누구 하나 뒤떨어지는 자가 없었다. 그들은 빈번히 왕래하며 서로 격려하고 훈계했다. 훗날 이들은 모두 각자 업적을 이루었는데 이 역시 증국번의 대업을 위한 기초가 되어 주었다. 증국번은 의기투합할 수 있고, 지향하는 바가 같은 인물을 친구로 선택해야 함을 강조했다. 그는 속되거나 큰소리를 치며 타인을 속이는 사람들을 경계했다.

증국번도 경성에 있을 때 탁상공론을 늘어놓는 사람들과 만난 적이 있었다. 그 중 한 사람은 외지에서 돌아온 지 얼마 안 되었는데 경험이 조금 있답시고 언제나 큰소리치며 안하무인으로 행동했다. 증국번은 그를 무척 경멸하여 깊이 사귀지 않았다. 또 방작인龐作人이라는 인물은 증국번의 명성을 흠모하여 교제하고자 했으나 증국번은 그가 허풍을 잘 떨고 공허한 말을 늘어놓는 것을 보며 탐탁지 않게 여겨 점차 그를 멀리했다. 그러던 어느 날 증국번이 양강총독兩江總督이 되어 네 성省의 군무를 보게 되자 방작인이 강남으로 그를 찾아갔는데, 그는 자신의 세 치 혀로 증국번의 눈에 들기만 하면 말단 자리라도 하나 얻어 벼락출세할 수 있을지도 모른다는 속셈을 지니고 있었다. 그러나 증국번은 그를 싫어했기에 일기에 이렇게 적었다.

"방작인이라는 인물은 아는 것도 없으면서 말하기만 좋아한다. 나는 경성에 있을 때부터 그를 경멸했다. 오늘 또 찾아왔는데 사람을 더 난감하게 하고 악질이었다. 사람은 실제로 행할 줄 알아야 할 것이다."

결국, 방작인은 풀이 죽은 채 떠날 수밖에 없었다.

어떤 인물에 대해 알고 싶다면 그와 어울리는 친구들이 어떤지 살펴보면 된다. 증국번이 사귀는 친구들은 대부분 자신의 업적을 이뤘다. 왜인은 목종穆宗의 스승이 되어 문화전대학사文華殿大學士로 임명되었으며 대신들의 우두머리가 되었다. 오연동吳延棟도 서태후西太后의 신임을 얻어 중책을 맡고 형부시랑刑部侍郎이 되었다.

이홍장李鴻章은 경성에 온 뒤 증국번의 지도 아래 점차 인맥을 널리 쌓으면서 기개를 지닌 인물들과 두루 사귀게 되었다. 그 중 주요 인물들은 증국번의 친구인 반저班底와 증국번의 제자들이었다. 이홍장은 대범한 인물이었고 그의 스승보다 사람 사귀는 데 능했다. 증국번은 그가 친구를 사귀는 기준이 엄격하지 않음을 걱정하여 끊임없이 충고했다. 증국번의 제자와 같은 해에 임명된 진사들은 이홍장의 가장 중요한 인맥이었다.

그리고 그 중 동문이었던 이홍장과 심보정沈葆楨은 친분이 가장 두터웠다. 심보정은 이홍장보다 세 살 많았으나, 진사 급제 서열로는 그보다 낮았다. 심보정은 진사가 된 후 이홍장과 함께 3년간 한림원 서길사庶吉士*를 지내고, 또 3년간 함께 한림원 편수編修**를 지냈다. 문종文宗 3년(1853)에 이홍장은 귀향하여 단련團練***을 조직했고, 심보정은 이듬해에 강남 도감찰어사道監察御史로 임명되었다. 2년 후, 심보정은 구강지부九江知府로 임명되었으나 당시 구강 지역은 이미 태평군太平軍에게 점령당한 상태라 자리에 오를 수 없었다. 그리하여 심보정은 증국번에 의해 상군의 부대에 남아 업무를 돌보며 그의 비장裨將****이 되었다.

문종 6년(1856), 심보정은 광신廣信지부로 전임하였다. 그러나 그가 부임한 지 얼마 안 되어 태평군 양보청楊輔淸이 이끄는 수만 대군이 공격해 왔고,

---

* 진사 가운데 성적이 우수한 이를 선발해, 한림원에서 실습하는 관직
** 정부의 문서를 관리하거나 역사를 편찬하는 업무를 담당
*** 중국의 옛 민간 군사 조직
**** 수행 임무를 맡던 무관 벼슬

당시 4백 명밖에 되지 않았던 성의 수비군은 순식간에 뿔뿔이 흩어져 도망가고 말았다. 그런데 심보정이 성 밖에서 한창 공무 수행 중일 때 어떤 이가 그의 부인인 임보청林普晴에게 성 밖으로 몸을 피하라고 권유했으나 그녀는 단호히 거절하고는 혈서를 써서 이웃 현의 청군수비대장인 요연선饒延選에게 도움을 청했다. 심보정이 하구진河口鎭에서 급하게 돌아왔을 때 성은 사방이 불로 뒤덮여 있었는데 임보청이 칼을 쥐고 밖에 서 있다가 남편을 보고 말했다.

"지금이 바로 당신이 조정에 보답하고 나라를 위해 목숨을 바쳐야 할 때입니다. 만약에 당신이 먼저 가신다면 저도 뒤를 따르겠습니다. 이 우물이 바로 제 무덤이 될 것입니다."

하지만 다행히 요연선이 이끄는 지원군이 제때 도착하여 광신성을 지켜낼 수 있었다.

이 사건 후 증국번은 심보정을 더욱 중히 여겨 새롭게 보기 시작하였다. 목종 원년(1862)에 증국번은 황제에게 아뢰어 그를 적극 추천하였고, 심보정은 강남순무江南巡撫로 파격 발탁되어 봉강대리封疆大吏가 되었다.

이홍장과 심보정은 동창이자 동료로 빈번하게 왕래했다. 문종 8년(1858) 말, 이홍장은 증국번에게 의탁하러 가며 일부러 광신에 들려서 심보정을 만나 밤새도록 이야기를 나누었다. 훗날 이홍장과 증국번 사이에 갈등이 생기자, 이홍장은 상군막부湘軍幕府에서는 뜻을 이루기가 어렵다고 여겨 심보정의 고향인 복주로 가서 도대道臺가 되고자 했다. 이 같은 사실을 안 심보정은 즉시 그에게 편지를 써서 자리를 옮기지 말고 증국번의 곁에 남아 기회를 기다리라고 충고했다. 얼마 후 증국번은 비밀리에 두 사람을 순무로 추천하였고, 이홍장은 강소순무江蘇巡撫로, 심보정은 강서순무江西巡撫로 거의 동시에 등용되었다. 그 후 두 사람은 내정과 외교 활동에서 더욱 서로 뒷받침해 주었고, 청나라 말기의 근대화를 이끌었다. 심보정은 상군과 회군淮軍, 특히 이홍장과 좌종당의 사이에서도 매우 중요한 역할을 했다.

이홍장과 친한 벗은 당연히 심보정 한 사람만은 아니었다. 곽숭도郭嵩燾와 진내陳㾾 등도 모두 그의 성공에 중요한 도움을 주었다. 이홍장은 경성에 있었던 짧은 시기 동안 증국번의 지도 아래 여러 의로운 인물과 친분을 맺었고, 이는 훗날 그에게 든든한 인맥이 되어 주었다고 할 수 있다.

정치계의 오뚝이로 유명한 원세개가 청나라 말기의 혼란스러운 정치적 암투 속에서 살아남을 수 있었던 것은 그만의 원만함과 융통성 덕분이었다. 원세개는 전국 각지에서 도움이 될 만한 인물과 교분을 맺으려 애썼지만, 그의 성공은 넓은 인간 관계에만 기대어 얻은 것이 아니다. 그는 사람을 사귈 줄 알았고, 잘 이용할 줄 알았으며, 무엇보다 머무르게 할 줄 알았다. 사람들은 일반적으로 원세개가 의기義氣를 중시하지만 분방한 기질이 있고, 재물에 대해서는 망나니 같으며, 씀씀이가 사치스럽지만 옛정을 잊지 않는다고 생각했다. 그는 관료 집단에서는 어쩔 수 없이 대를 위해 소를 희생시킨 적이 있으나 배은망덕한 짓을 저지르지는 않았으며, 적을 모조리 몰살시키는 일도 드물었다.

그는 평생 정치판에서 종횡무진 활약하였지만, 누군가와 목숨을 걸고 싸운 경우는 극히 드물었다. 그는 언제나 다른 사람과 만남의 여지를 남겨 두려 했다. 그래서 손문과 대립할 때조차도 처음에는 가능한 한 자신의 사람으로 만들려는 회유책을 썼다. 그는 심복에게 "혁명당이 왔다. 환영할 여유는 당연히 없지만 내 편으로 두고 싶구나"라고 말한 적이 있었다. 이 말의 뜻은 혁명당이 그를 따르기만 한다면 배척하지 않겠다는 의미였다. 원세개는 공개 원고에서 청 왕조와 태후 및 황제에 대한 자신의 충성을 강조하였으나,

실은 상대방에게 자신에 대한 충성을 강요하였다. 물론 원세개는 겉으로는 항상 누구에게나 성의를 다할 줄 알았다. 그가 후원자를 찾는 경우를 예로 들면, 원세개는 서태후에게만 아첨하고 성의를 보인 것이 아니라 서태후와 가까운 사람도 환대하였다. 또 그는 조정의 많은 신하에게 관혼상제나 중요한 행사가 생길 때마다 '부조금'을 보냈다. 이처럼 그는 아부할 가치가 있고, 그것이 통할 수 있는 사람이라면 누구에게든 아부하였다.

원세개와 이홍장의 관계를 통해 원세개의 됨됨이를 알 수 있다. 중국이 청일전쟁에서 패한 후, 이홍장은 치욕을 참으며 일본 시모노세키[下關]로 건너가 중국인이 크나큰 굴욕으로 여기는 '시모노세키조약下關條約'을 맺고, 춘범루春帆樓에서 일본 자객에게 살해당할 뻔하기도 했다. 게다가 중국으로 돌아오니 청 정부에서는 큰소리만 칠 줄 아는 청류당淸流党 인물들이 그를 잡아먹지 못해 안달이었다. 그 중 어떤 이는 우선 이홍장을 죽여 본을 보이고 조약을 폐지한 후 다시 전쟁을 치르자고 주장했다. 그리하여 이홍장이 지난 수십 년간 공들여 키우고 정권을 장악하는 데 힘이 되었던 회군淮軍은 연기처럼 뿔뿔이 흩어졌을 뿐만 아니라 이홍장 자신도 지위와 명예를 모두 잃게 되었다. 오죽하면 예모禮帽*의 깃털 장식조차 떨어져 버리고 말았겠는가? 당시의 이홍장은 이미 노쇠했다. 더구나 조약을 맺고 천진天津으로 돌아오니 마주치는 사람마다 그를 욕하고 때렸기 때문에 감히 집 밖으로 나올 엄두조차 못 내는 상황이었다. 이렇게 해서 과거 손님들로 북적대던 집은 하루아침에 인기척도 느껴지지 않는 황량한 집으로 몰락했다.

이런 분위기에서 그 누가 그를 '알현하러' 갈 수 있었을까? 그런데 그를

* 예복을 착용할 때 격식에 맞추어 쓰는 모자

찾아간 사람이 있었다. 원세개는 세상 사람들이 모두 그에게 분노하는 것을 보고도 즉시 관외關外 지역 군사를 감독하는 류곤일劉坤一 밑에서 자기 임무를 다한 뒤 의심을 무릅쓰고 천진으로 이홍장을 찾아가 문안 인사를 드렸다. 이러니 이홍장이 얼마나 감격했겠는가? 사실 원세개의 이러한 행동은 그의 정치 생명에 그다지 큰 위협이 되지 않았다. 그러나 어려울 때 내민 도움은 풍요로울 때 내민 선물보다 훨씬 더 사람을 감동하게 하는 법이다. 다른 사람들은 이를 깨닫지 못했거나, 혹은 깨달았으나 실행에 옮길 담력과 지모가 없었을지도 모르지만 원세개는 머리로 알고 행동으로 옮길 줄 알았다.

그래서 1901년에 이홍장이 8국 연합군과 세를 강화하기 위하여 다시 일어섰을 때, 사람들 사이에 퍼진 소문이 있었다. 그 소문의 내용은 이홍장이 서태후에게 남긴 유서*에 원세개가 그를 대신하여 북양北洋 강신疆臣의 지도자가 되도록 추천하였고, 원세개를 북양의 새 후계자로 여겼으며 "아무리 주변을 둘러봐도 원세개만 한 인물이 없다"라고 극찬하였다는 것이다. 물론 그 후 다른 사람이 이홍장의 유서에는 그가 원세개를 추천하는 내용이 없다는 것을 고증했지만, 앞서 말한 얘기들도 전혀 근거 없는 말은 아니었다. 실제로 이홍장은 원세개를 적극적으로 지원했다. 원세개는 이홍장이 전쟁에서 패했을 때, 그가 패한 것은 회군이 이미 오랫동안 쇠락해져 있었기 때문이었다고 지적하여 이홍장의 적수로부터 호감을 얻었지만, 이홍장을 인신공격하지 않았으며 오히려 사적으로는 동병상련의 마음을 지니고 있었다.

원세개는 경친왕慶親王**을 따르면서 한층 더 성공할 기반을 닦는다. 옛말에

---

* 이홍장은 신축조약辛丑條約에 임시 조인한 후 세상을 떠났다

** 청나라 말기의 황족. 1836~1916년

'관리가 되려면 기댈 사람을 찾아야 한다朝中無人莫做官'라는 말이 있듯이, 원세개는 경친왕이라는 든든한 후원자를 만났기 때문에 외조봉강대리外朝封疆大吏가 되어 멀리서도 중앙 권력을 손에 쥘 수 있었다. 그러나 어느 정도 청렴한 관리들에게는 경친왕과 원세개의 조합이 낭패 그 자체였다. 원세개는 41세 때에 직례총독直隸總督이라는 높은 자리에 올랐다. 청 왕조의 이런 후한 대우는 증국번과 이홍장이 받은 대우보다 더하면 더하지 모자라지는 않았는데, 이는 영록榮祿*이라는 '큰 산'에 기댄 덕분이었다. 그러나 의화단 운동義和團運動**이 일어난 후, 영록의 힘이 많이 약해지자 원세개는 '새로운 산'을 찾아야겠다고 생각했다. 같은 시기에 경친왕은 서태후의 신임을 받기 시작했다. 경친왕은 원세개가 영록에게 일편단심으로 아부하는 것을 다소 질투했기 때문에, 다른 사람에게 "원세개는 영록밖에 모르고 우리는 안중에도 없나 보군"이라고 불평했다고 한다.

경성까지 뻗어 있던 원세개의 소식통은 바람에 흔들리는 풀 소리조차 들을 수 있을 정도로 치밀했다. 그는 경친왕이 영록을 대신하여 군기처軍機處***의 지도자가 되리라는 사실을 미리 알고 곧장 북양 경비에서 돈 10만 냥을 준비해 양사기楊士琦로 하여금 경친왕에게 전달토록 했다. 그러고는 그럴싸하게 다음과 같은 이야기를 전하게 했다.

"원궁보宮保[원세개]는 경친왕께서 얼마 후면 군기처로 오신다는 것을 알고 계십니다. 군기처에 있는 사람은 매일 입궐하여 황태후께 문안 인사를 드려야 하는데 태후마마 주변의 많은 태감太監들도 경친왕께 인사를 올리겠지요.

---

* 태후의 총애를 받은 무위의 책임자
** 청나라 말기인 1899~1901년에 화북華北 지역에서 외세를 배척하고자 비밀리에 조직된 의화단이 일으킨 사건
*** 청나라 때 설치한 군사·정무의 최고 기관으로, 황제의 독재정치를 보좌했다

이 돈은 많지 않지만 경친왕께서 부임하실 때 쓰실 용돈 정도는 될 것입니다. 후에 또 뵙겠습니다."

그러자 경친왕은 의아해하면서도 '원궁보가 이토록 자신을 생각하고 있구나' 하고 기뻐하며 무척 감격했다. 원세개는 그 후에도 자신의 말대로 경왕부의 모든 비용을 북양 경비로 충당해 주었다. 그의 이러한 투자는 모두 보답을 받았는데, 그 후 경친왕은 군기처의 모든 주요 방침과 인사 이동, 일 처리 등에 있어서 원세개의 의견을 우선으로 했다. 여기서 가장 중요한 사실은 원세개가 매우 똑똑했다는 것이다. 그는 아무나 사귄 것이 아니라 잠재력이 큰 사람만 골라서 친분을 쌓았다. 누구나 원세개의 도움을 받을 수 있었지만 그렇다고 아무나 그의 덕을 볼 수 있었던 것은 아니었다.

3

포용과 관용!
후환을 키우지는 마라

인간은 누구나 결점이 있다. 그러므로 완벽함을 추구하는 것은 지혜롭지 못할 뿐만 아니라 이뤄질 수도 없는 일이다. 모든 것이 완벽하기를 바라는 것은 자신을 옭아매는 일이며 자유로워질 수도 없고 생명마저 시들어 갈 수 있다. 역사를 돌이켜 보면 도량이 좁은 인물도 많았지만, 도량이 넓고 포용적인 인물도 많았다.

북위를 세운 탁발규는 나라를 통치할 때 한족漢族을 많이 등용했지만, 문화와 혈연의 차이 때문에 항상 마음의 벽을 느꼈다. 어느 날 탁발규와 일부 한족 관리들 사이에 심각한 갈등이 발생했다. 그는 한족 관리 최령崔逞을 죽인 후 장곤張袞 등 일부 관리도 파면하였다. 그리고 이렇게 감정적으로 일을 처리하자 나쁜 결과를 가져오게 되었다. 그는 예전에 명망 있는 서진西晉*의 종친인 사마휴司馬休가 위나라로 도망쳐 오려 한다는 얘기를 듣고 아주

---

* 중국 삼국시대에 사마염이 세운 나라

기뻐했는데, 아무리 기다려도 소식이 없었다. 그래서 사방에 알아보니, 사마휴가 최령이 죽임을 당했다는 얘기를 듣고서 탁발규에게 귀순할 엄두를 내지 못한다는 사실을 알게 되었다. 그제야 탁발규는 크게 후회하며 이를 교훈 삼아 관리들에게 후한 관용을 베풀었다.

권력을 얻기도 하고 잃기도 하는 지도자들은 탁발규처럼 힘든 선택을 해야 한다. 그것은 바로 관료들의 불충한 생각과 행동을 저울질하느냐 마느냐이다. 지혜로운 지도자는 보고도 못 본 척하기를 선택하는데, 그 예로 역사 속의 많은 인물이 서신을 불살랐다. 그 중 조조가 관도官渡에서 취했던 행동이 가장 유명하다. 그 당시 조조의 병력은 겨우 1만여 명밖에 되지 않았고 군량과 마초도 부족한 상황이었지만 적극적으로 승리의 기회를 만들어 자신보다 열 배는 강한 원소袁紹*를 이겼다. 전투할 때 조조의 상황은 매우 열악했고, 상당수 부하가 이미 원소와 내통하여 투항을 계획하고 있었다. 조조가 승리하자 내통한 서신들이 줄줄이 보고되었는데, 장수들은 내통한 자를 모두 잡아들여야 한다고 했다. 그러나 조조는 뜻밖에도 "처음에는 나 자신을 지키기도 어려웠다. 이들이야 오죽했겠는가!"라고 말하며 사람을 시켜 서신들을 모두 불사르도록 했다.

후한의 초대 황제 광무제光武帝 유수劉秀가 천하를 차지했을 때도 이런 일이 있었다. 유수는 한단성邯鄲城에서 대량의 공문 서신을 발견했는데 그 중 많은 서신이 각 지방 관리와 왕랑王郎이 주고받은 것으로, 자신을 비방하는 내용이었다. 그런데 유수는 더 이상 보지 않고 장수들 앞에서 서신을 모두 태워

---

* 후한後漢 말기의 무인

버리며 말했다.

"잠도 못 이뤘을 자들은 이제부터 안심할 수 있겠구나."

그의 행동은 사람들을 안심시켰을 뿐만 아니라 예전에 왕랑과 연합했던 사람들마저 그에게 감복하게 하였다.

유수의 일 처리 방식은 언제나 포용적이고 평화스러웠다. 일찍이 그가 하북에서 대업을 일으켰을 때, 유림劉林이라는 종친 자제가 찾아와 계책을 올리며 말했다.

"지금 황하黃河 동쪽에서 적미군赤眉軍*이 활동하고 있습니다. 제방을 파서 물길을 그쪽으로 돌리기만 하면 그들 백만 대군도 물고기 밥 신세를 면치 못할 것입니다."

그러나 유수는 이런 의견을 받아들일 수 없었고, 그가 자신을 냉대한다고 여긴 유림은 나중에 태도를 바꿔 "사실 왕랑王郞은 전 왕조인 한나라 성제成帝**의 아들 유자여劉子輿다"라고 주장하며 왕랑을 황제로 옹립하려 해 유수를 곤혹스럽게 만들었다. 그러나 유수는 항상 수하들이 그에게 크게 감복하여 그를 위해 일하게 하였으며, 설령 적의 진영에서 투항해 온 사람들일지라도 그들 마음 속의 공포와 의심을 없애 주려 애썼다.

한 번은 유수가 새로이 투항해 온 부대를 여럿 받아들였다. 사실 예로부터 투항군의 운명은 불투명했다. 가장 비참한 예로, 전국시대의 백기白起나 진나라 말기의 항우 같은 장군은 걸핏하면 수십만에 달하는 투항군을 생매장하여 죽이고는 했다. 그래서 유수에게 투항한 사람들도 대부분 불안해하며 그가 언젠가 자신을 없애지 않을까 걱정했다. 전장을 많이 겪었던 유수도

---

* 서기 18년 산동에서 번숭樊崇이 일으킨 반란군으로 눈썹에 붉은 칠을 해서 얻은 이름
** 전한前漢의 1대 황제

당연히 그들의 마음을 이해했기에 그들 모두를 각자의 진영으로 돌아가게 하여 원래 장군의 관할을 받도록 하고, 그 자신은 행차를 간소하게 하여 여유로운 모습으로 각 진영을 돌며 그들을 만났다. 투항한 장수들은 그에게 크게 감동하여 모두 이렇게 말했다.

"황제께서 이렇게 진심으로 우리를 대해 주시니, 목숨 걸고 충성을 다하지 않는다면 도리가 아닐 것입니다!"

유수는 투항병들이 진심으로 귀순한 것을 확인한 후 그들을 재편하여 각 부 장수 밑으로 배치하였는데, 모두 합치니 수십만 대군이 되었다.

유수가 이토록 진심으로 부하를 대하니, 부하들도 그의 믿음에 보답했다. 당시 북방의 어양漁陽, 지금의 북경 태수 팽총彭寵은 스스로 연왕燕王이라 칭하며 하북성 서북부의 상곡上谷 태수 경황耿況도 끌어들여 함께 유수의 관할에서 벗어나고자 했으나 경황은 동의하지 않았다. 이 소식을 알게 된 후 유수는 경황의 아들인 경엄耿弇을 사령관으로 임명하여 병사를 이끌고 어양으로 가도록 했으나, 경엄은 행군 중에 자신의 부친이 상곡에 있고 예전에 팽총과도 왕래한 적이 있으니 자신은 피하는 것이 마땅하다고 생각하였다. 또 그는 경씨 가문의 자제 중 낙양에 인질로 남아 있는 사람이 없으니 자신은 돌아가야겠다고 생각하며 상소를 올려, 자신은 낙양으로 귀환하고 부사령관이 자신을 대신해 그의 직무를 수행하기를 간청했다. 그러나 유수는 그의 청을 거절하고 다시 서한을 보내 그의 고민을 해결하도록 했다. 그리고 같은 시기, 경황도 경엄에게서 그에게 중앙 군대와 연합하여 팽총을 공격해 달라고 요청하는 서신을 받았다. 그래서 경황은 경엄의 동생 경국耿國을 낙양으로 보내는 한편, 둘째 경서耿舒에게 팽총을 지원하러 온 흉노군이 상곡에 진군하지 못하도록 방어하게 했다. 경서는 금방 승리를 거두었고 팽총은 어양으로 물러날 수밖에 없었다.

또 한 번은 농서隴西에 할거割據*하고 있던 외효隗囂파의 사자가 낙양으로 유수를 만나러 갔다. 그런데 그 사자는 유수의 부하인 대장군 풍이馮異의 군영 앞에서 그만 원수에게 살해당하고, 살인자는 멀리 도망가 버려 행방이 묘연했다. 풍이는 이 예상치 못한 사고로 아주 불안해했다. 그는 예전에 유수와 여러 해를 함께하고 혁혁한 무공도 많이 세웠지만, 그가 군대를 통솔하며 관중關中에 주둔했던 3년 동안 현지 백성의 존경을 받으면서 그 곳에 자신의 세력을 형성하려 한다는 등 여러 유언비어에 시달리고 있었기 때문이다. 실제로 어떤 사람은 유수에게 풍이가 세력을 모으고 있다며 고발하기도 했다. 풍이는 이 소식을 듣고 상소를 올려 낙양 귀환을 요청했으나 유수는 이를 거절하며 풍이의 충성을 절대로 의심하지 않는다는 뜻을 전했다. 하지만 풍이는 여전히 안심할 수가 없어 재차 낙양 입성을 청했고, 이때는 허락받았다. 유수는 풍이를 반기며 예전에 함께 군사를 일으켰던 과거를 회상하면서, 특히 당시 하북 계주薊州에서 요양饒陽까지 가는 길 위에서 함께 이겨 냈던 난관들과 지난날들을 강조하였다. 이로써 모든 의심과 걱정은 긴 이야기 속에 녹아 없어졌다.

하서河西에서 유수에게 귀순한 두융도 언제나 유수가 자신을 의심하지 않을까 걱정했다. 그는 자신의 세력이 너무 강하고 중앙에서 멀리 떨어진 서수西陲에 있으니 자칫하면 의혹을 살 염려가 있다고 생각했다. 그래서 유수에게 자신의 직무를 대신할 다른 인물을 파견시켜 달라고 건의함으로써 자신의 충성을 표시했다. 그러나 유수는 자신과 두융의 관계는 왼손과 오른손같이 잘 어울린다고 말했다. 두융은 이에 감격해 마지않으면서 그제야

* 땅을 나누어 차지하고는 굳게 지킴

안심하고 양주涼州에 머물렀다. 훗날 동한東漢 정권이 날로 안정되어가자 의식이 깨어 있는 일부 공신들은 권력의 중심에서 물러날 것을 생각하기 시작했고, 귀순 출신이라 신분이 미묘했던 두융 역시 더욱 조심스럽고 신중해졌다. 어느 날 유수가 그를 경성인 낙양으로 불러들이자 그는 스스로 자신의 인끈*을 바쳤고, 유수는 바로 그 인끈을 돌려주었다. 이 방문에서 두융은 극진한 예우와 성대한 하사품을 받았고, 얼마 후 익주목翼州牧으로 임명되어 결국 농서 지역을 떠날 수 있었다.

그러나 두융은 여전히 자신의 과거에 대해 불안했기 때문에 조정에서 유수를 알현할 때는 언제나 언행을 굉장히 겸손히 하고 예의 바르게 했으며, 그 어떤 사람보다도 더 조심스럽게 행동했다. 그래서 유수는 그를 더 높이 평가했으며 그와 가족들을 더 후하게 대우했다. 어느 날 아침, 유수는 두융이 아침 문안 인사를 끝내고서도 돌아가지 않은 것을 보고 그가 또 사직하려 한다는 것을 알았기 때문에 사람을 불러 나가게 했다. 그리고 두 번째 만났을 때, 유수는 그에게 자신은 이미 그날 그의 뜻을 알고 있었지만, 또 퇴직 문제를 논하고 싶지 않아 나가게 한 거라고 설명했다. 두융은 유수의 태도를 이해했고, 그때부터 다시는 퇴직 문제를 꺼내지 않았다. 이후 두융 일가는 황실로부터 후한 대우를 받았고, 두융도 운대 28장雲臺二十八將** 중 하나가 되었다.

사람을 관대하게 대하면 긍정적인 효과를 거둘 수 있다고 하지만, 관대함의 적절함이 어느 정도까지인지는 파악하기 어렵다. 전진前秦의 부견苻堅은

---

* 군사권을 가진 무관이 군대를 동원할 때 왕의 명령서와 함께 보내는 표지인 발병부發兵符의 주머니를 매어 차던 끈

** 유수 휘하에서 그를 도와 한나라 중흥에 큰 역할을 한 28인의 대장

바로 그 때문에 큰 낭패를 봤다. 부견은 원래 아주 포용적이고 인자한 군주였는데, 항상 적국의 귀족을 우대하여 자신의 가문 사람들은 외지로 보내고 외부인은 경성에 남게 했다. 그러나 이는 후환을 키운 셈이었다. 부견의 총애를 받던 선비족 모용씨는 결국 나라를 엉망으로 만들었고, 부견은 요장姚萇의 손에 죽게 되었기 때문이다. 물론 부견이 베푼 관용은 지나친 감이 있지만, 그가 비극적인 결말을 맞게 된 이유는 단지 운이 좋지 않았기 때문이다. 만약 비수淝水 전투*에서 패하지 않았다면, 그도 사람을 쓰는 데 있어 어떠한 의심도 품지 않는다는 점에서 본보기가 될 만한 인물로 꼽혔을지도 모른다.

그 반대의 예도 많다. 명조의 숭정 황제**는 비록 망국의 군주였지만 그의 근면함은 중국의 수천 년에 이르는 황제들 중에서도 드물었다. 숭정제崇禎帝는 닭이 울면 깨어났고 근검하고 자율적이었으며 여색을 가까이하지 않았고 궁에서 연회를 벌이지도 않았는데, 심지어는 자주 과로로 몸져누울 정도였다고 한다. 숭정제 즉위 초에는 환관 위충현魏忠賢***과 그의 무리가 조정을 안팎으로 장악하고 있었다. 17세의 숭정제는 내색하지 않고 암암리에 준비하여 위충현과 그의 무리를 일괄 소탕하였으며 신하와 국민의 칭송을 받았다.

당시 명나라 조정은 이미 멸망의 길로 들어서고 있었다. 불길한 조짐이 꼬리를 물고 일어나고, 전란이 끊이지 않았다. 숭정제는 혼란을 다스리고자 마음먹고 군신들에게 말했다.

"세상에 화가 끊이지 않는 것은 전부 사람을 잘못 쓰기 때문이오. 짐은 더 이상 그대들의 오만한 행동과 국사에 대한 무관심을 용납하지 않을 것이오.

---

*   383년에 동진東晉의 사현謝玄이 전진前秦의 부견을 격파한 전투
** 명나라의 17대이자 마지막 황제
*** 명나라 말기의 환관으로, 황제의 총애를 믿고 정치를 농단하여 명나라 멸망을 촉진하였다

그런 죄가 있다면 짐이 반드시 벌할 것이오."

그러나 조정의 폐단은 이미 오래되었고 대신들도 나태했기 때문에 누구도 숭정제의 말을 귀담아듣지 않았다.

그러던 어느 날 숭정제가 친히 조방朝房*을 순찰했는데 한 대신이 당직하지 않은 것을 알고 크게 분노하고는 즉시 명령을 내려 그 대신을 잡아 와 효수梟首**하라 명했다. 그때 어떤 이가 간청했다.

"폐하 살펴 주시옵소서, 너무 서두르지 마시옵소서. 이 사람은 평소에는 근면 성실한데 공교롭게 오늘 실수한 것입니다."

그러나 숭정제는 그의 말을 듣지 않고 오히려 모질게 매질까지 한 뒤 사납게 말했다.

"그대들은 사사건건 반박할 줄밖에 모르는군. 이러하니 조정에 화가 많은 것도 당연한 일이야. 짐은 망국의 군주가 되고 싶지 않으니, 우선 그대들 같은 망국의 신하부터 처단해야겠다!"

숭정 2년(1629)에는 큰 가뭄이 들어 숭정제가 몹시 걱정하였다. 그가 대신들에게 물었다.

"하늘이 재난을 내린 것은 필시 그대들이 부덕한 탓이다. 이래도 여전히 변명만 하겠는가?"

예부시랑禮部侍郎 전상곤錢象坤이 아뢰었다.

"하늘에는 하늘의 난이 있고 땅에는 인재가 부족할 수 있으니 이는 이상한 일이 아닙니다. 폐하께서는 너무 질책하지 마십시오. 지금 가장 시급한 것은 재난을 구제하는 일입니다. 이러한 때 대신들을 처벌하시면 인심만 술렁이고 큰일을 이루는 데 해가 될 뿐입니다."

---

* 조회 시간을 기다리며, 조정의 신하들이 쉬는 방
** 죄인의 목을 베어 높은 곳에 매달아 놓는 형벌

숭정제는 전상곤을 훈계하고 대신들에게 스스로 반성하도록 했다. 대신들은 그에게 불만을 품고 몰래 의논하며 말했다.

"폐하께서는 너무 가혹하게 구시는군. 우리가 다 성현이 되기를 바라시는 건가! 조정의 재난이 하루 이틀 일도 아닌데 우리라고 무슨 방도가 있겠는가?"

숭정제는 대신들을 미심쩍어했기 때문에 누구도 그를 만족시킬 수 없었다. 그는 항상 믿을 만한 좋은 신하가 없음을 애통해 했고, 재능이 뛰어났던 원숭환袁崇煥도 그를 뒷받침해 줄 만한 신뢰와 권력을 얻지 못한 채 결국 억울하게 처형당하고 말았다.

숭정제가 재위한 17년 동안, 대학사大學士가 50명, 병부상서兵部尙書가 14명이나 바뀌었다. 그가 빈번하게 신하를 바꾸자 한 신하가 간언하였다.

"난세는 하루아침에 평정되지 않습니다. 폐하께서는 군신들에 대한 기준을 너무 높게 두지 마십시오. 무엇이든지 완벽한 사람은 세상에 없습니다. 만약 폐하께서 현자만을 바라신다면 일을 그르칠 뿐이고 쓸 만한 사람이 없을 것입니다."

그러나 숭정제는 여전히 독단적으로 단호하게 말했다.

"짐은 나라를 잘 다스리기 위해 애쓰고 있다. 어찌 무능한 자가 오랫동안 관직을 차지하도록 하겠는가? 지금은 어려움이 많아 현인이 아니면 구제할 수 없을 것이다. 짐은 어떤 실수도 용납할 수 없다."

군신들은 몹시 두려워하며 자신의 몸을 보전할 수 있는 계책만 생각했다. 하루는 전방의 전쟁 상황이 긴박하여 숭정제가 대신들을 모아 대책을 생각했다. 그런데 숭정제가 몇 번이나 물었지만 아무도 대답을 올리지 못했다. 숭정제는 크게 화를 내며 소리쳤다.

"국가가 위험하여 긴장을 늦출 수 없거늘, 그대들의 충정은 고작 이것밖에 되지 않는단 말인가!"

그러자 군신들이 대답했다.

"우둔한 신하는 그저 폐하의 명을 따를 뿐이옵니다."

숭정제는 분노했지만 어쩔 수 없이 혼자서 결정할 수밖에 없었다. 그 후 숭정제 곁에 있던 태감이 그에게 고했다.

"폐하께서는 지금까지 군신들에게 불만이셨습니다. 그들이 어찌 감히 말씀을 올리겠습니까? 만약 폐하께서 군신들의 도움을 바라신다면 좀 더 관용을 베풀어야 할 것입니다."

그러자 숭정제는 차갑게 웃으며 말했다.

"신하가 무능한 것은 국가의 불운이다. 짐 스스로 중책을 맡을 수밖에 없구나."

숭정제는 죽을 때조차 대신들을 탓했다.

"대신들이 모두 짐을 해하는구나. 명나라의 277년 천하가 이렇게 하루아침에 무너지는구나. 이 모든 것은 간신들의 잘못이 아니던가!"

포용은 어려울 수도 있지만 쉬울 수도 있다. 사실 포용이란 당신 자신이 눈앞의 이익과 장기적인 이익, 일부의 이익과 전체의 이익을 어떻게 처리할지를 선택하는 문제라 할 수 있다. 당신이 부분을 포용할 때 전부를 얻을 수 있을 것이고, 순간 품었던 포용으로 인해 훨씬 더 오랫동안 이득을 얻을 수도 있다. 더 많이 포용할수록 더 많이 얻을 수 있을 것이다.

군자여!
소인배를 피하지 말고 맞서 물리쳐라

초나라 때 굴원은 조정에서 쫓겨난 뒤에 「이소離騷」라는 시를 지었다.

"난조, 봉황 같은 길조들은 나날이 멀리 날아가 버리고鸞鳥鳳凰 日以遠兮, 제비, 참새, 까마귀, 까치 같은 잡새들만 안채와 뜰로 날아드는구나燕雀烏鵲 朝堂檀兮." 굴원은 정의가 악함을 물리치지 못하고 소인배들이 정권을 잡고 있는 현상을 한탄했던 것이다. 역사 속에는 이렇게 소인배들이 득세한 상황이 많았다.

명나라와 몽골 칼무크 족인 오이라트[瓦剌]와의 전쟁 중에 명군은 토목보土木堡에서 패배하고, 몸소 군대를 이끌던 명나라의 황제 영종英宗은 포로로 잡히고 만다. 게다가 오이라트족의 수령 야선也先[에센]이 먼저 군대를 내어 북경을 포위하고, 영종을 인질로 삼아 명나라 조정에 압력을 가하니 형세가 매우 위급했다.

그때 서정徐珵 등의 인물은 천도를 주장했지만, 우겸于謙과 일부 조정 대신들은 황태후에게 상소를 올려 새 황제를 옹립하여 야선의 야망을 막아야 한다고 주장했다. 결국 황태후는 조정 대신들의 말을 받아들여 영종의 동생인 주기옥朱祁鈺을 황위에 즉위시킨다.

야선은 명나라 황실에 새 황제가 즉위한 것을 보고 영종이 자신의 손에 있어 봤자 별로 가치가 없음을 알았다. 야선은 영종을 명나라로 돌려보내어 한 나라에 두 명의 황제가 있는 형국을 만들어 거기서 어부지리로 이득을 얻고자 마음먹었다.

주기옥은 즉위한 지 얼마 되지 않아 형이 돌아온다는 소식을 듣고는 진퇴양난에 빠졌다. 그는 형이 돌아온다면 자신이 계속 황위를 보존하기 어려울 거라는 생각에 어떻게 해야 할지 고민하다가 결국 마지못해 사람을 보내 영종을 맞이했다. 주기옥은 고국으로 돌아온 영종을 태상황太上皇으로 올리고는 남궁南宮에 유폐시키고 만다. 주기옥은 형이 자신의 황위를 찬탈하는 것을 막고자 심복을 보내 남궁을 감시하도록 하는 한편, 누구도 접근하지 못하게 했다.

주기옥이 친형을 남궁에 가둔 방식은 좀 잔인했지만, 그는 친형인 영종 주기진朱祁鎭보다 더 강력한 황제가 되었다. 주기옥은 먼저 조정의 간신들을 모두 처단하고 재능 있는 충신들을 중용했다. 그가 통치했던 기간에는 국력도 어느 정도 강해졌다. 그러나 주기옥은 자주 병에 걸렸고, 그로 말미암아 몸 상태가 점점 악화되었다.

경태景泰 7년, 주기옥의 병세는 더욱 악화되었고 며칠씩이나 자리에서 일어나지 못했다. 조정의 대신들은 모두 의논이 분분했는데, 어떤 이는 주기옥에게 아들이 없으므로 태상황의 아들인 주견심朱見深을 황제로 즉위시켜야 한다고 주장했다. 또 어떤 이는 원래 태상황 주기진이 돌아왔을 때 주기옥이 황위를 내주어야 했으므로, 주기옥이 붕어한다면 태상황을 다시 황제로 복위시켜야 도리에 맞는다고 주장했다.

당시 중신들은 저마다 자신의 생각이 있었다. 조정 내 기회주의자인 석향石亨과 서유정徐有貞은 환관 조길상曹吉祥과 작당하여 이 기회에 득을 보고자 암암리에 모의했다. 그들은 남궁에서 태상황을 모셔 와 복위시킬 준비를 했는데, 만약 일이 잘 풀리기만 한다면 큰 공을 세우는 것이었다. 이 야심가들의 눈에 태상황은 '값비싼 물건'이었다.

어느 날 밤, 서유정과 석향은 환관 조길상과 손을 잡고 병사를 이끌고서 남궁으로 돌진하여 영종을 모셔 왔다. 영종은 한밤중에 황궁에 도착하여 오랫동안 떠나 있었던 옥좌에 다시 앉으면서 저린 심정으로 감개무량해 했다. 역사는 영종이 복위한 이 사건을 '탈문지변奪門之變'이라 부른다. 그의 동생 주기옥은 이 소식을 듣고도 입을 열지 않았는데, 이미 병들어 쇠약해진 몸으로 자신이 형을 이길 수 없음을 알고 있었기 때문이다. 얼마 지나지 않아 주기옥은 병으로 세상을 떠났고, 주기진은 당당히 황제의 자리에 다시 올랐다.

영종이 복위한 뒤, 앞서 말한 기회주의자들은 대공신이 되었으나 우겸의 입장은 아주 난처하게 되었다. 오이라트가 영종을 인질로 삼아 북경을 포위했을 때, 서유정은 도망가자 주장했고, 석향은 군대를 철수시켜 성을 봉쇄하자고 주장하였으나 모두 우겸이 반박하고 나섰던 것이다. 결국, 그들은 영종에게 우겸에 대한 온갖 험담을 고해 올렸다. 영종 역시 우겸이 주기옥의 황위 즉위를 도운 것에 늘 불만을 품고 있었기 때문에 우겸에게 모반 혐의를 씌워 사형에 처할 준비를 했다.

물론 모반 혐의는 억지로 갖다 붙인 근거 없는 죄목으로, 실제는 그러하지 않았다. 영종 역시 마음 속으로는 우겸이 조정의 공신이며 억울하다는 것을 알았기에 죽이기를 매우 주저했다. 이때 서유정이 영종을 알현해 말했다.

"우겸을 죽이지 않는다면 폐하의 복위는 정당한 명분이 없어집니다."

이는 영종이 황위의 복위에 정당성을 부여하기 위해서는 우겸을 죽여야 만 한다는 의미였다. 이러한 서유정의 날카로운 말은 결국 영종의 마음을 움직였고, 영종은 끝내 우겸을 죽이기로 했다.

도대체 누가 우겸을 죽이려 한 것이었을까? 바로 서유정과 석향, 조길상 그리고 어리석었던 명나라의 영종이 그러한 일을 꾸몄다. 보위전保衛戰에 앞서 서유정은 천도를 강력히 주장했으나 군신들과 명나라 대종代宗의 질타를 받았다. 그 후 서유정은 우겸에게 복직을 도와 달라고 부탁했고, 우겸도 그가 어느 정도는 능력을 갖추고 있다고 생각했기 때문에 대신 상주上奏*해 주었다. 하지만 명나라 대종은 뜻밖에도 서유정을 몹시 싫어하여 윤허하지 않았고, 서유정은 우겸이 자신을 위해 힘써 주지 않는다고 오해하여 그를 몹시 원망했다. 아무리 벼슬을 하고 싶어도 이렇게까지 곡해하는 경우는 참 드물다. 석향은 우겸에게 몹시 아첨을 떨었는데 우겸은 그의 방식을 혐오하여 그를 난처하게 만든 적이 있었다. 그래서 석향 역시 우겸을 증오했다. 조길상은 원래가 환관이기도 하니 순전히 그의 이익을 보호하기 위해 이들과 뜻을 함께했다.

우겸이 조정의 기강을 엄격히 다스리자, 이들에게는 불이익이 되었다. 그러자 이들 같은 대신, 무장 그리고 환관들이 모여 '우겸 타도' 연맹을 결성했다. 하지만 명 대종은 우겸을 무척 신뢰했기 때문에 그들의 '우겸 타도'는 그다지 현실성이 없어 보였다. 그런데 대종의 병은 깊어지고 뒤를 이을 태자가 없자 우겸 타도 연맹은 이를 기회라 생각하여 이번에 상황上皇의 복벽復壁**을 돕고 공로를 세워 이득을 보려 했다. 이들은 모두 소인배들로 자신의 목적을 이루기 위해서 영종을 복벽시킨 뒤 우겸을 극형에 처하도록 했는데,

---

* 왕에게 말씀을 올리다
** 물러났던 임금이 다시 왕위에 오름

이 모든 행동은 조정을 위하는 것이 아니라 황제의 힘을 빌려 개인적인 복수를 하기 위함이었다.

　마음에 거리낌이 없는 군자가 소인배를 이기지 못하는 경우가 종종 있다. 왜냐하면 군자는 공적인 일을 위하고 사리사욕을 추구하지 않으며 자신의 안위를 돌보지 않기 때문이다. 이는 참으로 애석한 일이다. 소인배는 본성이 탐욕스러워 이익이 될 만한 더러운 일을 잘 찾아낸다. 다른 사람들은 낌새도 알아차리지 못할 때, 그들은 이미 이익 집단을 결성하는 것이다.
　이런 비열한 무리를 없앨 방법은 없을까? 답은 '없다'이다. 왜냐하면 세상은 원래 선과 악으로 나누어져 있고, 선량한 힘이 큰지 악한 힘이 큰지는 철학자도 확실히 말할 수 없는 문제이기 때문이다. 소인배 역시 하나의 군체群體로 완전히 멸종되지는 않을 테지만, 특정한 소인배의 무리는 멸종될 수도 있다. 멸종의 원인에는 몇 가지가 있는데, 다른 이익 집단에 먹히거나, 그들 스스로 무덤을 파서 자멸하거나, 혹은 모든 작물을 먹어 치운 거대한 메뚜기 떼처럼 굶어 죽을 수도 있다.
　많은 군자가 소인배의 손에 쓰러지는 것을 볼 수 있는데, 이는 모두 군자들이 소인배의 수단을 쓸 줄 모르거나 쓸 가치가 없다고 여기기 때문이다. 그러나 소인배들은 도덕 따위는 생각하지 않으므로 수단과 방법을 가리지 않고 싸워 크게 승리하곤 한다. 군자는 여기에서 교훈을 얻어야 한다. 소인배를 상대할 때 소인배의 수단을 써서 다스리는 것도 필요하다. 모든 일은 한 수 여유를 남길 필요가 있는 법이다. 군자는 소인배의 역습에 대비하기 위해 자신의 결백을 증명할 증거를 미리 남겨서 소인배가 날조된 증거로 자신을 해치지 못하도록 해야 한다. 소인배들은 대부분 도둑이 제 발 저리듯이 악행을 감추려 하면 할수록 더 드러내는 특성이 있으므로, 군자는 그들에 대한 경계를 늦추지 말고 그들의 사악하고 비겁한 언행에서 약점을 잡아야한다. 이는 마치 안하무인한 제천대성 손오공의 머리에 주문을 외면 옥죄이는 머리띠를 씌운 것과 같다. 소인배가 방자하게 나쁜 짓거리를 감행하면 머리띠를 꽉 죄어 꼼짝달싹 못하게 해야 한다. 그럼 다시는 감히 횡포를 부릴 엄두를 내지 못하거나 최소한 어느 정도 삼갈 줄 알게 될 것이다.

명나라 대종 경태景泰 연간에 광동廣東 부사副使 한옹韓雍이 강서로 순무를 갔을 때, 어느 날 갑자기 영왕寧王의 아우인 모 친왕親王이 그를 만나러 왔다. 한옹은 일단 아프다고 거짓말하며 잠시 기다리시라 전했다. 그러고는 사람을 보내 삼사三司*를 불러오게 하면서 눈에 띄지 않게 옆문으로 들어오라고 분부했다. 또 한편으로는 백목白木 탁자를 찾아오라 일렀다.

일련의 조처를 한 한옹은 그제야 친왕을 만나러 나와 몸을 조아리며 말했다.

"신이 몸이 불편하여 인사가 늦었습니다. 친왕께서는 부디 너그러이 헤아려 주십시오."

친왕은 한옹을 만나자마자 그의 형이 조정에 모반하려 한다고 했다. 한옹은 자신의 귀에 문제가 있어서 잘 들리지 않으니 하고자 하는 얘기를 모두 적어 달라고 청했다. 이에 친왕이 종이를 달라고 하자 한옹은 부하를 시켜 백목 탁자를 가져오게 한 후 말했다.

"제가 갑작스러워 미처 종이를 준비하지 못했습니다. 친왕께서는 불편하시더라도 이 탁자 위에 써 주십시오."

그러자 친왕은 형의 모반 계획을 백목 탁자 위에 자세히 쓰고 돌아갔다.

한옹은 이 사실을 조정에 보고하였고 황제는 대신들을 보내 모반 계획의

---

* 명대에는 각 성의 성도에 있는 지휘사사指揮使司, 포정사사布政使司, 안찰사사按察使司를 합쳐 삼사라 불렀다

여부를 조사했다. 그런데 이미 형과 화해하고 사이가 좋아져 있던 친왕은 한옹에게 했던 말과는 다르게 형이 모반하려 한다고 말한 적이 없다고 했고, 모반 계획에 대한 어떠한 증거도 찾을 수가 없었다. 대신들이 경성으로 돌아온 후, 조정은 영왕 종실을 이간질한 죄로 한옹을 처벌하기로 하고 그를 경성으로 호송하려 했다. 다행히 한옹은 친왕이 친필로 백목 탁자 위에 쓴 소장을 증거로 제시하고 삼사를 증인으로 내세워 풀려날 수 있었다.

그러나 한옹과 다르게 북송의 추호鄒浩는 운이 좋지 않았다. 북송 철종哲宗 황제에게는 아들이 하나뿐이었는데 그가 바로 소회昭懷 유씨劉氏가 비빈 시절에 낳은 헌민태자獻愍太子 조무趙茂였다. 당시 맹孟 황후는 이미 폐위되어 황후의 자리가 비어 있었는데, 유씨가 아들을 낳았으니 철종은 그녀를 황후로 책봉하고 싶어 했다. 그런데 아이가 태어난 지 석 달 만에 요절하고 말았다. 그 시기에 대신大臣 추호는 철종에게 유씨를 황후로 책봉해야 한다고 세 번이나 진언했지만, 글로 남기지 않아 그 내용은 아무도 몰랐다. 나중에 추호는 황제에게 간신 장돈章惇을 고발하는 상소를 올렸다가 벼슬이 강등되어 멀리 외진 곳으로 쫓겨 갔다.

그 후 휘종徽宗이 황위를 계승한 후 추호를 다시 조정 대신으로 등용했다. 추호가 조정으로 돌아와 휘종을 알현했을 때, 휘종은 가장 먼저 예전에 추호가 태후 책봉을 간언한 일을 몇 번이고 칭찬했다. 휘종은 그 내용이 적힌 그 상주문이 아직 남아 있느냐고 물어봤지만 추호는 이미 태워 버렸다고 아뢰었다. 퇴청한 후 추호가 이 일을 진관陳瓘에게 얘기하자 그는 안타까워하며 말했다.

"이제 자네는 큰일 날지도 모르네. 나중에 만약 어떤 간신 하나가 상주문을 날조해서 자네를 해치려 해도 자네는 해명할 길이 없네."

간신 채경은 정사를 도맡고 있었는데 평소 추호를 몹시 싫어했기 때문에 사람을 시켜 추호가 진언한 상주문을 날조했다. 그 내용은 다음과 같았다.

"유씨는 탁卓*씨를 죽인 후 그의 하나뿐인 아들을 자신의 아들이라고 빼앗아 갔습니다. 이 일은 사람들을 속일 수 있을지 몰라도 어떻게 하늘을 속일 수 있겠습니까?"

휘종은 이를 보고 사건을 알아보도록 했다. 결국 추호는 다시 형주衡州의 별가別駕**로 강등되어 떠났다가 다시 소주昭州로 보내졌으니, 모든 것이 과연 진관의 말 그대로였다.

명나라 때 서계徐階가 입각하여 대학사大學士가 되었을 때는 마침 그 시대를 주름잡던 권신權臣 엄숭嚴嵩의 위세가 가장 승승장구하던 시기였다. 명나라는 내각대학사內閣大學士 제도를 시행했는데 내각대학사는 옛 왕조의 재상에 해당하는 직위로, 단지 재상이라는 이름이 붙지 않았을 뿐이다. 명나라 제도는 반드시 몇몇 대학사가 동시에 함께 내각에 근무하여 특정 인물의 독재를 막도록 규정하고 있었다. 그래서 엄숭이 비록 조정과 재야에 세력이 뻗어 있긴 했어도 혼자서 내각을 독점할 수는 없었.

서계도 가정嘉靖*** 왕조의 다른 재상들처럼 세종이 재초齋醮****를 지닐 때 필요로 하는 청사青詞를 잘 지었기 때문에 벼슬길에 올라 재상이 될 수 있었다. 그러나 그는 이전의 다른 재상들과 달리, 자신을 내세우기 위해 남다른 행동을

---

* 철종의 다른 비
** 자사刺史를 보좌하는 직책
*** 명 세종의 연호
**** 도교의 굿, 재

하거나 엄숭을 향해 정면 도전을 감행하지 않았다. 그는 정무를 볼 때 말을 아끼고 따르는 자세를 보이며 엄숭이 위협을 느끼지 않도록 했다. 그렇지만 청사를 성의를 다해 빼어나게 지어서 세종의 환심을 샀고, 가끔씩 긴요하지 않은 문제에는 자신만의 독특한 의견을 내놓았다. 그리하여 엄숭이 그를 특별히 경계하지 않도록 하는 한편, 명 세종에게도 자신과 엄숭은 서로 한통속이 아님을 밝혔다. 왜냐하면, 신하들이 도당을 조직하여 사사로운 이익과 욕심을 꾀하는 것은 명 세종이 가장 금기하는 일이었기 때문이다.

　서계는 근면한 자세로 명 세종의 신임을 얻었고 엄숭 역시 그를 마음에 들어 했다. 그 해 어느 날, 세종이 머무는 서원西苑의 만수궁萬壽宮에 큰 불이 나서 세종은 궁전을 개수하고 싶었다. 세종이 엄숭에게 의견을 물었는데, 엄숭은 순간 방심하여 세종의 진정한 의도를 파악하지 못했다. 엄숭은 궁전을 재건하는 데 드는 목재와 시간이 부족하다 여겨 세종께 잠시 궁을 떠나 남성南城 이궁離宮에 머무르시라고 아뢰었다. 그러나 그 곳은 세종에게 금기되던 장소였는데, 바로 예전 명 영종이 태상황일 때 머물던 곳이었다. 세종은 속으로 크게 분노하며 서계에게 의견을 물었다. 그러자 서계는 세종의 궁궐 개수 계획을 적극적으로 찬성하면서 그 해에 삼대전三大殿을 수리하고 남은 목재를 쓰고 공부工部*에 일임하여 수리를 책임지게 하면 알맞게 완공할 수 있을 것이라 아뢰어 세종이 매우 만족했다. 그래서 바로 서계의 아들에게 만수궁 건설을 감독하게 했는데, 석 달여 만에 만수궁을 완공했다.

　이 일을 계기로 명 세종은 서계가 엄숭보다 더 유능하다고 느꼈고, 엄숭에게는 그다지 만족하지 못했다. 한편, 엄숭이 오랫동안 정권을 장악하자 궁궐 내의 환관과 방술도사方術道士들은 그를 시기했는데, 세종의 총애가

---

* 중국 중앙관청인 6개 부 중 하나

엄숭에서 점점 서계에게로 옮겨 가는 것을 보고 기회를 틈타 엄숭을 몰아 내려고 했지만 확실한 돌파구를 찾지 못하고 있었다. 그 즈음 어사御史 추응용鄒應用이 궁중 조회에 왔다가 이러한 상황을 알게 되어 엄숭을 몰아낼 절호의 기회라 생각했다. 그러나 그는 무턱대고 일을 진행하지 않고 서계에게 가르침을 구했다. 서계는 그에게 엄숭이 일삼은 온갖 나쁜 짓들은 모두 황제의 손을 빌려 저지른 것이기에 그를 제거하고 싶어도 직접적으로 건드려서는 안 된다고 했다. 자칫하면 황제까지 연루될 가능성이 있는데 황제는 스스로 뛰어나다고 여기므로 절대 잘못을 인정하지 않을 것이며, 과거에 엄숭을 끌어내리려 했던 대신들이 오히려 모두 죄인이 되어 죽어 나간 것도 이를 간과했기 때문이라 했다. 그러니 엄숭을 무너뜨리려면 그의 아들인 엄세번嚴世蕃부터 손을 대라고 했다.

 추응용은 서계로부터 시의적절한 대책을 듣고 집으로 돌아가 밤새도록 그 뜻을 따져 보았다. 다음 날 아침, 그는 엄세번을 탄핵하는 상소를 올렸는데, 엄세번이 재물을 탐하고 뇌물을 받아 공사公事를 진행하며 모친상 중에도 술을 마시고 방탕한 행동을 일삼는 등 대죄를 지었다는 내용이었다. 엄숭을 시기하고 미워하던 환관들은 이 간언서諫言書를 세종에게 올렸으며, 세종은 이를 보고 마음이 좀 동하여 도사 남도행藍道行을 불러 부계扶乩*를 치게 했는데, 그는 환관들에게 미리 부탁받은 바대로 장황하게 얘기하기 시작했다.

 세종이 도사에게 대학사가 현량賢良** 한지 묻자, 도사가 대답했다.

 "대학사 엄숭은 독재를 일삼는 아주 간악한 인물입니다."

 도교에 매우 심취해 있던 세종이 매우 놀라며 물었다.

---

* 점술의 일종, 신이 내려 쓴 글자나 기호로 길흉을 점침
** 어질고 착함을 이르는 말

"아니, 그렇다면 신령들께서는 왜 그를 벌하지 않으십니까?"

그러자 도사가 대답했다.

"그것은 황제의 몫이옵니다."

세종은 도사의 말을 한 치의 의심도 없이 믿었기 때문에 엄숭을 파면하고 그의 아들 엄세번은 뇌주雷州*로 보냈다. 이렇게 하여 대신들의 몇 차례 공략에도 끄떡없이 20년 동안 독재하며 세상에 온갖 화를 불러일으켰던 간신 엄숭은 서계에 의해 실각하게 되었다.

그러나 사건은 아직 끝난 것이 아니었다. 엄숭은 자리에서 물러났지만, 죄를 지어 처벌받은 것은 아니었다. 세종은 비록 엄세번의 죄를 이유로 엄숭을 파면했지만, 그가 자신을 보필한 20년의 세월을 유념했다. 세종은 엄숭이 쌓은 공적을 높이 평가했으며 여전히 그를 그리워했다. 그 후 도사가 부계를 이용해 술수를 쓴 것임을 알게 된 세종은 크게 분노하며 즉시 그의 목을 베어 죽였다. 세종은 그 탓을 추응용에게 돌려 추응용을 악당이라 질책했다. 만약 서계가 추응용을 옹호해 주지 않았더라면 그의 결말도 좋지 않았을 것이다. 세종은 엄숭을 다시 불러올 뜻을 내비치기 시작했고, 서계는 자신의 처지도 위험해졌음을 알았다.

서계는 이대로 앉아 죽을 수는 없다고 생각하여 어사 임윤林潤에게 복건福建을 순시하라 했다. 엄세번은 유배 중 벌로 받은 병역兵役을 수행하기는커녕 고향인 강남으로 가서 토목 공사를 크게 시작했다. 임윤은 엄세번을 탄핵하며 그가 죄를 뉘우치지 않을뿐더러 원망을 품고 병사를 양성하며, 산적들과 결탁하고 외적과 내통하며 반역을 꾀하는 정황이 있다고 상주했다. 세종은 이를 보고 크게 노하여 임윤에게 당장 엄세번을 경성으로 호송하여 고문하라

---

* 레이저우, 중국 광둥 성 남부에 있는 하이캉 현[海康縣]의 옛 이름

명했다.

임윤과 대리사大理寺의 관리는 엄세번을 심문하여 그의 죄상을 하나도 빠뜨리지 않고 낱낱이 열거하여 자백서를 작성했다.

그러나 엄세번은 옥중에서 그의 동당同黨에게 웃으며 말했다.

"두려워 말게, 황상께서 보시고 나면 우리를 풀어 주실 걸세."

당시에는 아무도 그 의미를 알 수 없었는데, 서계가 그 자백서를 본 후 대리사의 관리에게 물었다.

"그대들은 엄 공자가 살기를 바라는가?"

그러자 대리사의 관리가 대답했다.

"반드시 죽여야 합니다. 어찌 그를 살려 줍니까?"

이에 서계가 말했다.

"이 죄들은 모두 엄숭 부자가 황제의 힘을 빌려 저지른 짓일세. 만약 그대들이 이대로 황제께 고한다면 죽는 쪽은 그대들이 될 것이야. 엄 공자는 내일이면 바로 말을 타고 성문을 빠져나갈 걸세."

그러자 대리사의 관리는 두려워하며 그에게 도움을 청했고, 서계는 직접 붓을 들어 엄세번이 비적들과 결탁하고 반란을 모의한 혐의만 남겨 두고 모두 지웠다. 엄세번은 이 일을 전해 듣고는 두려움이 섞인 탄식을 내뱉었다.

"이제 죽었군, 죽었어."

세종은 자백서를 본 후 과연 크게 노하면서 엄세번을 효수하고 가산을 모두 몰수하라 명했다. 그 후 한때 막대한 부를 자랑했던 엄숭은 다른 사람의 무덤 옆에서 굶어 죽는 최후를 맞이했다.

명 세종은 우매한 제왕 가운데에서도 비교적 특별한 인물이었다. 그는 도교를 신봉하고 조정 업무를 잘 돌보지 않았지만 한번도 손안의 권력을 포기한 적이 없었다. 명나라 왕조의 역사를 살펴보면, 대부분의 왕조에서 환관들이 조정과 금의위錦衣衛*를 어지럽히고 동창東廠**을 통해 온갖 잔인한 짓을 저질렀는데, 오직 가정嘉靖 연간에만 이런 일들이 자취를 감추었다. 그러나 엄숭을 중용하고 20년간 그를 신임하면서 마찬가지로 천하를 어지럽히고 천인공노케 하며 명 왕조를 쇠락시키니, 가정 연간은 명 왕조의 뚜렷한 분계선이 되었다.

서계는 세종과 엄숭이라는 똑같이 의심 많은 사람 사이에 끼어 있었으니 살아가기가 쉽지만은 않았다. 그는 황제를 만족하게 해야 했을 뿐만 아니라 동시에 엄숭의 용인 범위를 넘어서도 안 되었다. 이는 거의 불가능한 일로 최소한 서계 이전의 대학사들 중 누구도 해내지 못했지만, 서계는 해냈다.

궁전 개수를 이용해 엄숭에게로 향하던 황제의 총애와 신임을 빼앗고, 엄숭을 직접 공격하는 대신 그의 아들 엄세번을 공격했으며, 엄씨 부자가 실제로 저지른 수많은 악행들을 놔두고 사실은 있지도 않았던 엄세번의 '모반죄'를 기어이 꾸며내서 마침내 엄씨 부자를 사지死地로 내몰았으니, 이 모두는 서계가 관리 사회에서 얼마나 초인적인 지혜를 발휘했는지 보여 준다. 이렇듯 소인배를 상대할 때는 소인배의 수단으로 대응하는 것도 좋은 방법이라 할 수 있다.

---

* 명나라 때의 황제 직속 정보 보안 기관으로, 궁정의 수호와 정보 수집 및 죄인의 체포 등을 담당했다.
** 명대에 반역 사건 등을 방지하고자 설치한 관청

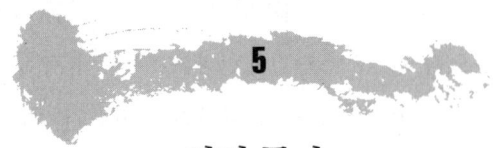

5

인정 투자,
상황에 맞게 적절한 시기에 과감하게 하라

세상에서 가장 갚기 어려운 빚은 '인정 빚'이다. 인정에 투자하면 종종 큰 이익을 얻을 수 있다. 특히 중국처럼 전형적인 인정 사회에서는 더욱 그렇다. 인정과 의리를 중시하는 것은 인간 본성의 큰 약점이기도 한데, 중국인은 더욱 그러하다. '살아서는 충성을 다하고生當隕首, 죽어서는 결초보은한다死當結草.', '여인은 자신을 기쁘게 해 주는 이를 위해 단장하고女爲悅己者容, 선비는 자신을 알아주는 이를 위해 죽는다士爲知己者死.' 등은 모두 '감정 효과'의 결과다. 관직에 있는 자는 대부분 '인정'의 오묘함을 잘 안다. 시기를 놓치지 않고 감정 투자를 잘하면, 부하를 거둘 때 종종 생각도 못한 큰 효과를 얻을 수 있다.

한비자韓非子는 신하를 다스리는 방법을 말하는 어신술馭臣術에 관해 이야기할 때 '상賞'과 '벌罰' 단 두 가지만을 언급했다. 물론 이 두 가지가 제일 중요한 수단이지만, 둘만으로는 충분하지 않다. 때로는 마음을 두드리는 몇 마디 말과 몇 방울 슬픔의 눈물이 높은 직위나 후한 봉급보다도 더 사람에게 감동을 준다. 그러므로 감정 투자는 적은 노력으로 큰 이익을 얻을 수 있는 일종의 가장 고명한 통치술이다.

 기원전 258년, 진나라가 군사를 일으켜 조趙나라 도성인 한단邯鄲을 포위하자 조나라의 상황이 위험해졌다. 위나라 신릉군信陵君과 조나라 평원군平原君은 친척이었기에 신릉군은 조나라를 구하고 싶은 마음이 굴뚝같았다. 신릉군의 권고로 위왕은 대장 진비晉鄙에게 10만 대군을 이끌고 조나라를 지원하도록 했다.
 그러나 이때 진왕이 먼저 만약 누구든지 조나라를 도우려 한다면 진나라가 가만히 두지 않을 것이라며 으름장을 놓았다. 위왕은 진왕의 협박에 눌려 결국 진비에게 전진을 멈추고 탕은湯隱에 주둔하라 명하였다.
 신릉군은 마음이 까맣게 타들어 가듯 초조했지만, 자신은 국왕이 아닌데다 진비의 군대가 그의 말을 들을 리도 없었다. 이때 그의 모사謀士 후영侯嬴이 신릉군에게 물었다.
 "신릉군께서 예전에 위왕의 총비寵妃 여희如姬를 도와주신 일이 있었지요?"
 "그렇다네. 왜 그러는가?"
 "예전에 여희는 부친이 살해당하자 복수하기 위해 노력했지만 3년 동안이나 살인범을 잡을 수 없었습니다. 어느 날 여희는 신릉군께 복수하지 못한 원통함을 울며 호소했고 주군께서는 식객을 보내 그 살인범을 죽여 원수를 갚아 주었습니다. 아마도 여희는 신릉군께 입은 은혜를 지금껏 잊지 못하고 감사하고 있을 것입니다. 이제 신릉군께서 그녀의 도움을 받으실 때입니다. 여희는 위왕의 총애를 받고 있으니 병부兵符를 몰래 꺼내 오는 건 손바닥 뒤집듯이 쉬운 일일 겁니다. 만약 주군께서 그녀에게 위왕의 병부를 몰래 가져다 달라고 부탁하신다면 그녀는 반드시 승낙할 겁니다. 그 병부를 가지고 위왕의 명령인 양 속여 군대를 이동하는 것이 어떻사옵니까."

신릉군이 그의 말대로 여희에게 부탁하자 그녀는 과연 두말하지 않고 위왕이 침실에 둔 병부를 몰래 빼내 왔다. 신릉군은 병부를 가지고 즉시 전선으로 달려가 군권을 넘겨받고 조나라를 구해 냈다.

신릉군이 이렇게 거사에 성공할 수 있었던 이유는 그가 예전에 인정에 투자했기 때문이다. 자칫하면 죽음을 자초할 수도 있는 일을 매우 특별한 관계가 아니라면 누가 대신하려 하겠는가? 만약 신릉군이 과거에 여희에게 은혜를 베풀지 않았다면 그가 억만금을 준다 한들 돕지 않았을 것이다. 인정 투자는 그만큼 시간을 들여야 성과를 거둘 수 있고, 평소에는 신경 쓰지 않다가 급할 때만 요행을 바라면 효과를 기대할 수 없다. 평소에 인맥이 넓고 품행이 친절하여 좋은 평가를 듣는다면, 일을 처리하는 데 좋은 기반이 될 수 있을 것이다. 또 하나 주의해야 할 것은 인정 투자는 절묘해야 한다는 것이다.

서한西漢 때 대장군 위청衛靑이 출정하여 흉노匈奴를 토벌하고 여오수余吾水 부근까지 치고 올라갔다가 돌아왔는데, 전공戰功이 탁월하여 한무제漢武帝 유철劉徹은 그에게 금 천 근을 상으로 하사했다.

위청이 궁문을 나설 때 동곽東郭 선생이 그의 마차를 막으며 장군께 드릴 말씀이 있다고 했다. 위청이 마차에서 내리자 동곽 선생이 말했다.

"요즘 왕부인王夫人이 주상의 총애를 받고 있는데 그녀의 집은 아직 매우 가난합니다. 오늘 장군께서 금 천 근을 얻으셨으니 그 중 절반을 왕부인 댁에 하사하신다면 주상께서 듣고 분명히 기뻐하실 겁니다."

위청은 그의 말을 듣고 정말 좋은 생각이라 여겨 감사를 표시했다. 그리고 즉시 금 오백 근을 왕부인 댁에 가져가 양친의 생신을 축하한다며 선물로 주었다. 왕부인은 이 일을 유철에게 얘기했는데, 유철은 위청의 평소 모습을 생각하니 아무래도 그의 생각이 아닌 것 같아서 그를 불러 누가 알려 준 건지 물어보았다.

위청은 솔직하게 대답했다.

"동곽 선생이 신에게 알려 준 것이옵니다."

그리하여 유철은 즉시 동곽 선생을 불러 그를 군도위郡都尉에 임명하였다. 동곽 선생은 오랫동안 대소공차서라는 직급에 있었는데, 너무나 가난하여 떨어진 옷 한 벌밖에 남지 않았고, 눈이 올 때는 가장자리만 남은 바닥이 다 닳은 신을 신고 다녔다. 그런데 이제 그저 말 한마디 잘한 덕분에 운이 트여 이천 석의 녹봉을 받는 자리에 오르게 된 것이다.

위청은 누나인 위황후衛皇后 덕분에 황제의 총애를 받았는데, 이제 한무제는 왕부인을 총애하고 있었다. 동곽 선생은 이를 예리하게 살펴 위청에게 왕부인에게 잘 보이라고 권유한 것이니, 참으로 절묘한 생각이라 할 수 있다. 더욱이 왕부인은 이제 막 황제의 총애를 받던 터라 집안이 여전히 가난했기에, 이런 때 선물을 보내면 원래보다 더 귀하고 고맙게 여길 수 있었다. 만약 왕부인 일가가 온갖 아첨꾼들이 아부하기 위해 앞을 다투어 보내 온 선물들로 부유해진 뒤에 위청이 선물을 보냈더라면 그다지 큰 가치를 발휘하지 못했을 것이다.

근세의 풍운아 두월생杜月笙은 젊은 시절 과일을 팔아 생계를 이었는데, 도박을 좋아하고 여색을 밝히며 먹고 마시는 것을 즐겨 뜨내기 불량배 무리 중에서도 이름 있는 '큰형님'이었다. 하지만 그는 다른 뜨내기들과 달리, 도당을 만들고 인맥을 넓히는 것을 매우 중시했다. 그는 몇 년 동안 여러 불량배와 친분을 맺어 상해탄上海灘에서는 제법 이름이 알려졌다. 두월생의 행보는 이후 범죄 조직 청방青幇의 보스인 진세창의 눈에 들어, 그의 제자로 들어간다. 이때부터 두월생은 청방의 세력을 이용해 강호를 떠돌고 상해탄을 장악하게 된다. 당시 백 년의 역사를 지닌 청방의 세력은 이미 사회 각계각층에 뻗어 있었는데, 황금영이란 인물이 청방의 가장 큰 어른이었다. 두월생은 가능한 한 빨리 두각을 나타내고자 황금영의 수행원이 되기로 하는데, 이것은 두월생의 최종 목표가 아닌 또 다른 야망을 이루기 위한 하나의 과도기이자 과정에 지나지 않았다. 청방의 어른인 황금영의 행동을 직접 보고 듣는 것보다 더 좋은 공부가 어디 있겠는가? 두월생은 그로부터 과일 장수 시절에 배우지 못했던 간사함, 노련함, 위선 그리고 흉악함을 배웠다.

그러나 두월생은 재물에 목숨을 거는 황금영과 살인을 아무렇지 않게 여기는 장소림張嘯林 같은 암흑 조직의 효웅梟雄*과는 달랐다. 두월생은 처세할 줄 알았고, 돈을 벌 줄 알았으며, 돈을 쓸 줄도 알았다. 그는 폭넓게 인맥을 쌓으며 '더러운 손'을 씻어 나갔고 자신의 사회적 지위를 높였다. 이렇게 그는 뜨내기, 시정잡배, 암흑 조직의 수행원에서 점점 사회 명사, 자선가, 문화계의 유명 인사로 변모해 간다.

인정을 투자해 명사의 힘을 빌리고, 명사를 이용해 자신의 이름을 높일 수 있다. 두월생은 과일 장수 시절 사귀었던 뜨내기, 잡배, 기원妓院의 늙은 마담, 암흑 조직 수행원들은 모두 공개적으로 나설 수 없는 무뢰한들이며 상류사회에 오를 수 없을 뿐만 아니라 그들의 힘을 빌려 대상해大上海라는 화려한 세계에서 성공하기란 더욱 무리란 걸 알고 있었다. 그래서 두월생은 이들과 같은 사회 하류 계층의 어둠의 군상들과 거리를 두기로 하고 필요할 때만 그들을 이용했으며 다시는 직접 그들과 어울려 나쁜 짓을 하거나 의기투합하지 않았다. 그는 유명 인사들과 두루 사귀고 그들의 명성을 이용해

---

* 용맹스럽고도 사나운 인물

자신의 이름을 높였으며 표면상으로는 암흑사회와의 관계를 끊었다.

그 당시 상해탄은 명사들의 집산지였다. 뜻을 잃은 정객, 패배한 군벌, 실의에 빠진 문인, 한몫 잡으려는 상인들, 유랑하는 예술가들이 모두 화려한 상해탄에서 영혼의 안식처를 찾았다. 두월생은 그들 중 도움이 될 만한 인물을 잘 선택한 후 온갖 궁리를 다해 자신에게 '인정 빚'을 지게 했는데 그리하면 언젠가 보답을 받았다. 이 명사들은 많은 돈을 지니고 상해로 왔으나 대상해처럼 화려하고 정신없는 곳에서는 아무리 돈이 많아도 부족했다. 게다가 일은 하지 않고 놀고먹는 데에만 재산을 탕진하니 장기 계획이 있을 리 만무했다. 만약 건달과 범죄 조직에 사기라도 당하면 빈털터리가 되기 일쑤였다. 그렇지만 이때가 바로 두월생이 인정을 베풀 좋은 시기였다. 그는 가뭄의 단비처럼 종종 이 유명 인사들이 무일푼일 때 주머니를 풀어 아낌없이 도와주었고 그들은 매우 고마워했다. 또 두월생은 이미 뜻을 잃은 명사들에게도 여전히 예의를 갖춰 대우하고 조금도 소홀히 대하는 법이 없어 그들이 자신을 더욱 친절하고 따뜻하게 느끼도록 했다. 그리하여 모두가 두월생과 친분을 맺고 그를 위해 이름을 날리고 싶어 했다.

어느 날 전 총통總統 여원홍黎元洪이 상해에 왔다. 두월생은 성대한 연회를 열고 상해의 명사들을 초청하여 그를 환영했다. 그의 환대는 예상 밖으로 성대하였고 여원홍은 매우 감동하여 "춘신문의 식객은 삼천이고春申門下三千客, 두월생이 사는 곳은 광대하다小杜城南尺五天"라는 대련을 지어 건네 두월생이 매우 기뻐했다. 여원홍은 두월생을 전국시대에 '사공자四公子'로 불린 의협심 강하고 정의로운 초나라의 재상 춘신군春申君에 비교하기도 했는데, 두월생은 이를 영광으로 여겼다.

'항주 무뢰한' 대립戴笠은 처음에 두월생의 도박 친구였다가 나중에 의형제를 맺는다. 두월생은 먼저 청방의 어른 황금영과의 관계를 이용해 대립을 광동에 있는 장개석蔣介石에게 소개했고, 대립은 광동으로 건너가 황포군사학교에 다닌 후 북벌에도 참가한다. 장개석이 퇴진했을 때 대립도 의지할 곳이 없어졌지만 두월생의 도움으로 난관을 헤쳐 나갈 수 있었다. 훗날 대립은 득세하여 오랫동안 정보, 헌병과 특무 사무를 담당하며 대권을 장악하는데, 두월생의 두터운 인정에 언제나 감사하던 터라 두월생이 그를 통해 얻을 수 있었던 인정 빚의 보답이 얼마나 큰지는 헤아릴 수 없다. 여원홍과 친분을 맺은 것이 순전히 명성 때문이었다면, 대립과 인정으로 사귄 목적은 이익을 위함이라 할 수 있다.

두월생은 유용하기만 하다면 크게 인정을 베풀고 널리 인맥을 쌓았다. 장태염章太炎이 어려움에 부닥쳤을 때, 두월생은 그를 예의와 겸손으로 대하며 직접 일을 도맡아 처리하였다. 사천四川 군벌 범소증范紹增이 상해에 왔을 때 두월생은 지주의 도리로 그를 크게 환대했고, 훗날 한패가 되어 아편 사업을 할 때 폭리를 취할 수 있었다. 두월생은 세력을 잃은 군벌 오패부吳佩孚의 비서조차 귀빈으로 대하고 그가 죽은 후 장중한 장례를 치러 줘 좋은 평판을 이끌어 냈다.

당시 상해는 경제의 도시이자 문화의 도시였다. 두월생도 문화계 인사로서 인정을 베푸는 것을 잊지 않았고, 이를 통해 자신의 문화적 품위를 높여 문화계 명사의 대열에 들어섰다.

두월생은 대극원大劇院과 걸음마 단계에 지나지 않았던 영화 산업에 아낌없는 후원을 베풀었을 뿐만 아니라 당대의 유명한 희극 배우나 영화배우와도 친하게 지냈는데, 매란방梅蘭芳, 호접胡蝶, 완령옥阮玲玉 등은 모두 두월생 저택의 단골손님들이었다.

그리고 두월생은 사회 여론을 통제하는 데 신문이 얼마나 중요한지 잘 알고 있었다. 그는 직접 『신문보新聞報』, 『시사신보時事新報』, 『정보正報』 신문을 통제하는 한편, 『중앙일보中央日報』의 상무이사직을 겸임하면서 『신보申報』의 이사장이 되는 등 거의 모든 상해탄의 여론을 장악하고 있었다. 그뿐만 아니라 '상해 실업계'의 이사와 '프랑스 조계지租界地'의 중국인 이사직을 맡았기 때문에 각계의 사람들과 친구가 되고 교분을 맺을 수 있었다.

두월생은 자신만의 '인정 원칙', 즉 '상황에 따라 적절한 시기에 과감하게 인정을 베푼다'라는 원칙에 따라 인정을 베풀었다. 그래서 많이 베풀수록 더 많이 얻었다.

두월생은 정치적 안목도 꽤 있었는데, 마치 가치 있는 물건을 쌓아 놓고 가격이 오를 때까지 기다려 폭리를 취하는 투기성 장사를 하듯이 종종 밑천을 아끼지 않았다. 그는 인정을 베풀 때 항상 어떤 조건도 내세우지 않음으로써 상대방이 감격하여 눈물을 흘리면서 진 빚을 꼭 갚아야겠다고 스스로 다짐하게끔 하였다. 두월생은 인정 빚의 실리를 교묘하게 숨겼기 때문에 그에게 인정을 빚진 사람과 인정 빚을 갚는 사람은 조금도 그의 목적을 의심하지 않았다.

또 두월생은 친구에게 경제적인 도움을 줄 때 친구의 체면을 매우 중요하게 생각했다. 그래서 도와주기 전에는 친구가 부끄러움을 느끼지 않도록 배려하고 절대로 반환이나 보상 등과 같은 어떤 요구도 하지 않았다. 도운 다음에는 항상 생색내지 않고 친구에게 인정 빚을 짊어지게 하지 않았다. 특히 그는 자신에게 은혜를 입은 사람을 각별한 존경과 공경으로 대함으로써, 상대가 업신여김이나 모욕감을 조금도 느끼지 못하게 했다. 공개적인 장소에서 대중을 앞에 두고는 늘 친구를 칭찬하고, 사적인 자리에서도 언제나 친구의 장점만 말하고 단점은 이야기하지 않았다.

멀리 바라보고 인정을 베풀면 얻게 될 혜택도 더 많아진다. 두월생이 인정을 베푼 유명 인사들 중에는 대립처럼 오랫동안 그에게 보답한 이도 많다. 이것이 바로 두월생이 이룬 성공의 핵심이다. 두월생은 명사들에게 인정을 베푸는 한편 사회에도 인정을 베풀었다.

그는 유명 인사와 사귀며 명사의 대열에 들어선 후 자선사업을 통해 더 많은 정치 자본을 끌어모았다. 1920, 30년대의 상해는 '동방의 파리'로 명성이 높았지만, 당시의 중국은 여전히 전화戰火와 재난이 끊이지 않아 피해가 계속되었고, 상해 역시 그 영향을 받을 수밖에 없었다. 흉작, 흉년에 전란까지 벌어지자 수많은 난민들이 모두 상해로 몰려들었다. 두월생은 문하생들을 시켜 곳곳에서 모금 활동을 전개해 이재민들을 돕도록 했다. 사람들은 그들이 모두 두월생의 이름을 걸고 모금 활동을 벌이는 데다, 이재민을 돕는 선행이었기에 누구나 지갑을 열었다. 그는 모금한 막대한 기부금 중 일부를 이재민들을 위해 쓰고 나머지는 자신이 가져갔다. 이렇게 하여 두월생은 '두 얼굴의 인정'을 베풀어, 한편으로는 도움을 받은 이재민들로부터 깊은 감사를 받으며 사방에 이름을 알렸고, 다른 한편으로는 기회를 틈타 순조롭게 크게 한몫 챙길 수 있었으니, 예전에 뜨내기 짓을 하며 암흑 조직의 수행원으로 강도질을 하거나 사기를 쳤을 때보다 훨씬 더 많은 이익을 챙길 수 있었다.

두월생은 명예와 돈을 모두 얻고 거기다 그가 장악하고 있던 신문들이 연일 그를 선양하기 바빴기 때문에 '대선인', '대인배'라는 타이틀을 가지게 되었다. 두월생은 상해뿐만 아니라 전국 어디든 재난이 발생하면 신속히 이재민 구호 활동을 조직했다. 그는 먼저 유명 인사들을 모아 '구호회'를 조직하고 명성이 자자한 이들과 형식상 어깨를 나란히 하며 동등한 위치에 서서 재난 구호라는 명의로 자선 공연, 자선 판매, 모금 활동을 조직했다.

그는 재난 구호 활동마다 매번 명예와 돈을 얻었으며 두 얼굴의 인정을 베풀었다. 이렇게 그는 온갖 수단을 써서 명예를 얻음과 동시에 엄청난 재물을 모았다. 두월생은 구호 활동을 계기로 자선가 대열에 들어서서 국가적십자협회의 부회장이 되었고 더 많은 이득을 볼 수 있었다. 두월생이 행한 '두 얼굴의 인정'은 문제가 많았지만, 그가 인정을 베풀면서 행한 원칙이나 방법 등은 살펴볼 만한 것이다.

'금전 장부帳簿'는 벌어들이는 이익이 아무리 많더라도 한계가 있지만, '인정 장부'는 무한한 비즈니스 기회를 제공하며, 그를 통해 유한한 재물뿐만 아니라 그보다 더 가치 있는 인정人情을 얻을 수 있다.

호설암胡雪岩은 순전히 돈을 벌고자 장사를 한 것이 아니라 인정도 베풀고자 했다. 그에게는 '금전 장부'와 '인정 장부'가 있었다. 만약 이 두 장부를 비교한다면, 호설암은 '인정 장부'를 '금전 장부'보다 훨씬 중요하게 여겼다. 호설암은 과거 견습생 시절부터 '금전 장부'와 '인정 장부'를 같이 기록하고 실천했다.

호설암이 견습생이던 어느 날 한 친구가 주막집에 몸져누워 있었는데 병을 치료할 돈이 없었다. 호설암은 친구를 돕고 싶었지만 견습생의 박봉으로는 자신도 겨우 입에 풀칠이나 할 정도라 친구를 도와줄 여력이 없었다. 그러나 인정을 중시하는 호설암은 친구의 어려움을 그저 보고만 있을 수 없었기에 다른 친구를 찾아가 도움을 요청했다. 그런데 하필 그 친구가 집에 없자 호설암은 그의 부인에게 자초지종을 설명하고 도움을 구했다. 아마도 친구의 부인은 호설암의 간절함과 어려운 친구를 도와주려는 의리에 감동했는지 은화 다섯 냥을 빌려 주었다. 호설암은 그녀에게 자신의 경제적 상황을 솔직하게 말하고 반드시 빚을 갚겠노라고 했다. 또 자신의 어머니께서 남겨 주신 은팔찌를 증표로 건네면서 꼭 '금전 빚'과 '인정 빚'을 함께 갚겠 노라고 약속하고 돌아갔다. 훗날 호설암은 빌렸던 은화 다섯 냥을 갚았는데 은팔찌는 되돌려 받지 않으려 했다. 그는 친구에게 자신이 비록 '재물 빚'은 갚았지만 '인정 빚'은 아직 갚지 못했다며, '인정 빚'을 갚게 되는 때에 은팔 찌를 돌려받겠다고 했다. 마침내 이 친구가 장사하다 크게 손해를 봤을 때, 호설암은 힘껏 도와주었고 친구는 난관을 극복할 수 있었다. 그 후 친구의 부인이 은팔찌를 다시 건네자 호설암은 그제야 되찾아 갔다.

호설암은 이처럼 '인정 빚'을 갚는 것을 '재물 빚'을 갚는 것보다 훨씬 더 중요하게 여겼다. 그리고 이것은 친구의 지위가 낮든 높든, 평범하든 유명 하든 똑같았다. 왕유령王有齡은 호설암의 지기였다. 호설암이 출세할 수 있 었던 이유는 바로 왕유령에게 인정을 베푼 것에서부터 시작되었다.

왕유령은 본래 몰락한 관리의 자제였는데 집안이 쓰러질 듯 몹시 궁핍하 여 그의 아버지가 타지에서 객사했을 때도 관을 보내 고향으로 모셔올 돈 조차 없었을 정도였다. 호설암은 그의 어려움을 알고 제때에 도움의 손을 내밀었다. 호설암은 왕유령이 벼슬길에 오를 수 있도록 돕기 위해 자신이 견습생으로 일하던 전장錢莊*에서 몰래 은화 오백 냥을 유용하여 그에게 건 넸다. 당시 호설암은 큰 위험을 감수했고 많은 압박을 견뎌야 했다. 전장의 주인장은 그에게 돈을 되찾아올 것을 요구하면서 그를 해고하려 했다.

하지만 그는 왕유령이 능력 있는 인재이기에 언젠가는 빛을 볼 날이 올 것이라고 굳게 믿었다. 그리고 왕유령은 정말로 호설암의 기대를 저버리 지 않고 절강해운국총판浙江海運局總辦이라는 '명당 자리'에 임명되었다. 그 당시 강남江南이 경성에 공물을 바칠 때 사용하던 운송 방식은 강을 통한

---

* 환전을 업으로 하던 상업 금융 기관. 청나라 중기에 번영하였다.

조운漕運에서 해운海運으로 바뀌었다. 그래서 해운국이 취급하는 재물과 곡물의 규모는 어마어마했고, 불로소득도 많았다. 이제 왕유령이 해운국에서 선박의 운항을 관장하는 직급인 총판總辦이 되었으니, 호설암이 부자가 될 기회가 찾아온 것이었다.

되로 주고 말로 받는다는 말이 있다. 왕유령은 은혜를 알고 보답할 줄 아는 사람이었다. 그가 총판이 되고 나서 가장 먼저 한 일은 호설암에게 보답하는 것이었다. 왕유령의 비호 아래, 호설암은 말단 점원 생활에 이별을 고하고 독자적으로 양식을 구매하여 운반하는 일을 시작하는 한편 부강전장阜康錢莊을 개업했으니, 그의 사업은 나날이 번창하기 시작하였다.

얼마 후 왕유령은 절강순무로 승직했다. 그는 절강성 전체의 모든 식량 호송 업무의 급료는 호설암의 전장을 통해 환거래 받으라고 훈령을 내렸다. 그리하여 호설암은 절강성 공금의 환거래권을 독점할 수 있게 되었다. 호설암이 여기서 얼마나 이윤을 얻었을지 상상할 수 있을 것이다. 왕유령이 몹시 빈곤했을 때 아낌없이 그를 돕고 인정을 베풀지 않았더라면, 호설암이 어떻게 이런 큰 보답을 받을 수 있었겠는가? 호설암이 '인정 빚'을 '재물 빚' 보다 더 중요하게 여긴 것이 결국 더 많은 이득으로 돌아왔음을 알 수 있다.

호설암은 '대상인大商人'이었을 뿐만 아니라 인정을 베푸는 데에도 고수였다. 그와 좌종당의 교류는 이를 뒷받침해 준다. 청나라 동치원년同治元年, 1862에 항주는 태평군에게 포위당하고 왕유령은 자살하고 만다. 호설암은 이에 몹시 비통해했다. 그의 든든한 후원자가 사라졌으니 이제 어찌할 것인가? 그때 호설암은 군대를 이끌고 태평군과 악전고투 중인 민절閩浙* 총독總督

---

* 현재의 푸젠성과 저장성

좌종당을 떠올렸다.

그때 좌종당의 수만 군대는 밖으로는 원군援軍이 없고 안으로는 식량도, 여물도 없는 곤경에 처해 있었다. 호설암은 지금이 인정을 베풀 가장 좋은 기회라는 것을 알았다. 그래서 기회를 놓치지 않고 좌종당을 알현하여 스스로 군자금 이만 냥을 후원금으로 내놓고, 돌아간 후에는 상해에서 제때에 쌀 만 석을 보내왔다. 이는 가뭄에 단비 같은 도움이 되어 좌종당의 군대는 눈앞의 불을 끌 수 있게 되었을 뿐만 아니라 항주성에 고립되어 있던 백성들도 굶주림의 고통을 면할 수 있었다. 어떤 인정이 이것보다 더 크고 중요하겠는가?

나라의 관리인 봉강대리封疆大吏에게 국토를 수호하고 백성을 편안하게 하는 것보다 더 중요한 일이 있겠는가? 그래서 좌종당은 호설암의 공덕이 무량하다 생각했다. 이 일을 계기로 좌종당도 호설암의 능력과 됨됨이를 깊이 이해하게 되었고 그에 대한 의혹도 사라졌다.

이때부터 호설암은 좌종당의 세력에 기대어 '국영사업'을 크게 벌였다. 호설암은 십여 년 동안 좌종당을 대신하여 군량과 급료 조달, 무기 구매, 외채 차관, 양무 사업 등을 도맡았으며, '국영사업' 또한 나날이 번창해 갔다. 호설암의 개인 재산도 수십만 냥에서 수천만 냥으로 늘어났으며, 한때 그의 사업은 해가 중천에 떠있듯이 흥성하였고 최고의 부를 자랑했다. 거기에 파격적으로 상을 하사받으니 명실상부한 '국영상인'이 되었다.

좌종당 역시 호설암의 든든한 협조가 있었기 때문에 항주를 수복하고, 반란군인 염군捻軍을 평정하고, 회족回族의 봉기를 소탕했으며, 신강新疆 원정을 하는 등의 업적을 이루고 이름을 알릴 수 있었고, 또 이 때문에 양무洋務를 추진하고 실업을 일으킬 수 있었다. 그리하여 그의 권세는 나날이 커졌으며 신임과 중용을 받았다.

이를 통해 알 수 있듯이, 호설암의 '인정 장부'는 크기도 하고 얻은 것도 많았다. 만약 그가 옛날 좌종당이 곤경에 처했을 때 적시에 군량과 군대의 급료를 보내는 넉넉한 인정을 베풀지 않았더라면, 이토록 오랜 시간 신임을 받을 수 있었겠는가?

'인정 장부'는 멀리 내다보고 돌려받아야 하니 한때의 빚이나 손해는 감내해야 한다. 절대로 근시안적인 식견으로 매번 하나하나 손실을 따져 오랫동안 받을 수 있는 후한 보답을 놓치는 실수를 말아야 한다. 이를 위해서는 안목도 필요할 뿐만 아니라 그보다 더 중요한 도량이 있어야 한다. '인정 장부'는 '금전 장부'보다 계산하기 어렵지만, 이득을 얻는 것은 더 어렵다.

때로는 '인정 장부'와 '금전 장부'를 청산하는 과정에서 서로 모순이 생길 수도 있다. 선택의 순간에서 호설암은 재화를 잃더라도 인정을 잃지 않기로 했다. 창업 초기에 호설암은 동업자와 생사生絲* 사업을 공동 경영하여 은화 십만 냥 이상을 벌었다. 그러나 배당금과 각종 지출을 제하고 나니 오히려 일만 냥이 넘는 적자를 보았다. 어떻게 할 것인가? 만약 공동 출자 경영자들의 배당금을 조금 줄인다면 손해는 보지 않겠지만, 호설암은 그러고 싶지 않았다. 그는 적자를 무릅쓰고 배당금을 나누는 것이 비록 '금전 장부'에는 손해를 끼치겠지만 '인정 장부'에는 이득이 될 거라고 생각했다. 그리하여 공동 출자 경영자들은 이번 협력을 통해 호설암이 사업 경영에 재능이 있음을 알게 되었을 뿐만 아니라, 의리를 중시하고 신용을 지키는 그의 인품을 더 높이 사게 되었다. 그래서 그들은 모두 호설암과 평생 신뢰하고 협력하기를 원했다. 아마도 이 '인정 장부'의 이득이 얼마나 큰 것이었는지

---

* 고치에서 뽑아낸, 가공하지 않은 상태의 실

호설암 자신도 잘 알지 못했을 것이다. 그렇게 호설암과 함께 생사 사업을 벌인 동업자들은 계속 그와 함께 돈을 벌기를 원했다. 이렇듯 호설암은 '금전 장부'에서는 비록 적자를 봤지만 '인정 장부'는 흑자를 보게 되었던 것이다.

'금전 장부'는 벌어들이는 이익이 아무리 많더라도 한계가 있지만, '인정 장부'는 무한한 비즈니스 기회를 제공할 수 있으며, 그를 통해 유한한 재물뿐만 아니라 그보다 더 가치 있는 인정을 얻을 수 있다.

6장 전신술 全身術

심신 수련,
삶의 지혜가 승부를 가른다

몸은 모든 것의 기본이다.

그러므로 스스로 몸과 마음을 잘 단련하여야

성장을 할 수가 있다.

또한 인생의 지혜를 충분히 갖추어야

어려움 속에서 자신을 구할 수 있으며,

식견을 넓혀서 형세를 읽을 수 있어야 한다.

한 시대를 읽지 못하면 찰나도 읽지 못하는 법이다.

비용과 효율을 분석해

제대로 된 결정을 내릴 줄도 알아야 한다.

이 모든 것이 전신술이다.

1
오직 자신뿐!
스스로 믿고, 판단하고, 실행하라

증국번은 태평군에게 포위당한 동생에게 보낸 서신에 이렇게 썼다. "위급할 때는 다른 사람의 말만 들을 게 아니라 오직 자신만을 믿어야 한다. (중략) 위급할 때는 다른 사람에게 기대지 말고 스스로 하는 것이 가장 믿음직하다." 또 증국번은 일찍이 "군자가 뜻을 세우고자 하면 분별없이 다른 사람에게 기대어 이루려 해서는 안 된다"라고 부하를 가르친 일이 있다. 즉, 실은 능력이 없는데도 다른 사람에게는 자신을 한껏 포장하여 유능한 척하다가는 언젠가 낭패를 본다는 말이다. 만약 대업을 이루고자 한다면 먼저 스스로 시작해야 한다. 자신의 능력으로 천하를 거머쥐어야지, 다른 사람의 도움과 지지를 바라며 요행을 기대해서는 안 된다.

비록 증국번 스스로 사람이 많을수록 일하기 좋고 도와주는 사람이 많을수록 큰일을 이룰 수 있다고 강조한 바 있지만, 결국 그가 가장 중시한 것은 '자신'이었다. 왜냐하면, 자신이 굳건히 터를 닦으면 다른 사람들이 자연스레 도움을 주기 마련이지만, 만약 스스로가 쓸모 있는 '그릇'이 되지 못한다면 어떤 방법도 소용없기 때문이다.

사람들은 누구나 각자 추구하는 이익이 있다. 평생 당신만을 따르고 당신을 위해 기꺼이 희생하면서도 아무런 보답도 바라지 않는 사람을 바랄 수는 없다. 증국번은 일생을 관료 사회에서 희로애락을 겪으며 인정의 냉혹함과 따뜻함을 맛봤다. 그는 권세 때문에 좌종당, 심보정沈葆楨과 가까워졌다가 나중에는 경쟁 상대로 변모하여 결국 서로 공격하며 외면하게 되었다. 그에게 변함없을 것 같던 이원도李元度조차도 패전 후 그를 떠나 왕유령에게 의탁하고 만다. 증국번은 권력이 있을 때는 아첨하다가도 없어지면 뒤돌아서는 사람들의 냉담함을 보며 점점 세상의 이치를 깨달았다. 청나라 문종文宗 10년(1860) 12월의 어느 밤에, 증국번은 그의 절친한 친구인 풍수당馮樹堂과 인간 관계에 관해 얘기를 나누고 일기에 이렇게 썼다.

"밤에 풍수당과 세상 인정세태를 얘기했다. 남에게 돈을 주는 것은 정의 두터움과 얇음 그리고 한 마디 말의 경중에 달려 있다. 아버지가 아들을, 형이 동생을 대신할 수 없듯이, 물을 마실 때 그 물이 차가운지 뜨거운지는 결국 자신만이 알 수 있을 따름이다. 위기의 순간에는 친한 친구도 자신을 진정으로 도와줄 수 없을 뿐만 아니라 설령 부모 형제라도 자신을 대신할 수 없다. 이것이 바로 인생이다."

증국번은 다음의 일을 겪으면서 이런 사실을 더욱 깊이 깨달았다. 청나라 문종 10년(1860), 증국번의 아우 증국전曾國筌의 군사가 홀로 우화대雨花臺에 주둔하고 있을 때였다. 증국전은 태평군의 수도 천경天京*을 포위해 함락하고 맨 먼저 공을 세우려고 했다. 그러나 고작 2만 명에 지나지 않는 군사로

---

* 태평천국이 수도로 삼은 남경南京을 이름.

천경을 함락시킨다는 것은 불가능한 일이었다. 얼마 지나지 않아 태평군의 전략가 이수성李秀成의 명령을 받드는 30만 대군이 천경에 도착하여 증국전의 부대를 겹겹이 포위하고 40일간의 혈전을 벌였다. 2만의 군사로 10배가 넘는 수의 적을 상대하니, 결과가 참혹할 것이라는 점은 불을 보듯 뻔했다. 증국전은 하루에 십여 통이나 편지를 보내 사방에 도움을 요청했다. 자신의 친동생이 화를 입을까 염려한 증국번은 포초鮑超, 다륭아多隆阿 등의 부대에 명하여 그를 돕고자 했다. 그러나 포초는 마침 영국寧國 일대에서 양보청楊輔淸과 한참 격전을 벌이던 중이라 그 자신을 지키기도 어려웠고, 다륭아는 오랫동안 증씨 형제에 불만을 품어 왔던 터라 원군 요청을 거절하였으며, 호광湖廣 총독 관문官文은 다륭아를 섬서陝西로 보내 다른 농민군을 진압하도록 했다. 증국번은 소식을 듣고 애타게 발을 동동 구르며 관문에게 급히 서신을 보내 "섬서의 적군은 삼천도 되지 않아 뇌정관雷正綰만으로도 충분할 것이나, 천경의 적군은 섬서의 백배가 넘으니 다륭아를 보내 주시오"라고 요청하였으나 그는 이를 무시했다.

증국번은 통솔자임에도 어쩔 도리가 없었기에 동생에게 편지를 써서 잘 버텨 내라고 격려할 수밖에 없었다. 9월 1일에 쓴 편지에서 그는 "군사의 일은 부모·형제도 서로 돌볼 수 없다. 전부 자신에게 달렸을 따름이다"라고 했고, 9월 13일에 또 편지를 보내 "위급할 때는 자기 자신만 믿어라. 다른 사람은 믿을 수 없다"라고 했다. 10여 일이 지난 후 그는 또 편지를 써서 다시 한번 당부했다. "위급할 때는 다른 사람의 말만 들을 게 아니라 오직 자신만을 믿어야 한다. (중략) 위급할 때는 다른 사람에게 기대지 말고 스스로 하는 것이 가장 믿음직하다."

이 절박한 말 속에서 그의 안타까운 마음이 드러난다. 사실이 그렇다. 가장 위험한 순간에는 자신만을 믿어야 한다는 현실을 인정하고 마주해야만 위기를 극복할 수 있다. 그의 격려 아래 증국전은 불굴의 의지를 불태워 이수성의 맹공을 막아 냈고, 40여 일간의 격전 끝에 이수성의 군대를 철수시켰다. 태평군이 철수를 시작하자 증국전은 수비에서 공격으로 자세를 바꿔 그들을 추격하였고, 큰 승리를 거두었다. 증국전은 완강한 면이 있어 태평군에게서 '증 철통'이라 불렸다. 그는 이 전투로 명성을 얻었고, 그 기세를 몰아 마침내 천경성을 함락했다.

  이 사건을 겪으며 증국번은 세상사를 더욱 깊이 깨달았다. 훗날 그가 스스로를 황제라 칭하지 않은 데에는 조정을 향한 충성심 외에도 부하에게 품었던 반복된 의심이 중요한 원인이 되었을 것이다. 그렇지만 그의 경험에서 알 수 있듯이 중요한 일을 스스로 해야 한다는 것은 인생의 철칙이다.

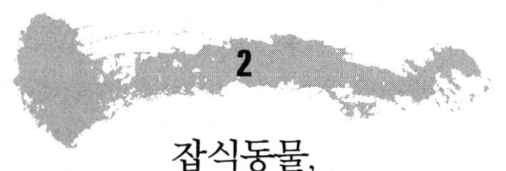

잡식동물,
변화에 적응하며 미래를 도모하라

　인류 사회에서 '잡식동물'이란 무엇일까? 이는 한번쯤 생각해 봐야 할 문제이다. '잡식동물'을 우리는 여러 가지 능력이 있는 사람, 혹은 환경 변화에 잘 적응하는 사람으로 이해할 수 있다. 어떤 사람들은 성공하지 못하면 바로 하늘과 사람을 원망하고, 상사가 자신의 가치를 알아주지 않는다고 탓하며, 직장의 분위기가 좋지 않다고 탓하는 등 자신이 아닌 다른 것에서 그 원인을 찾으려 한다. 이런 사람은 나중에 직업을 바꿔도 여전히 성공하지 못한다. 이는 그의 실패가 환경의 문제가 아니라 마음가짐의 문제라는 것을 설명해 준다. 우수한 사람은 어디에 있든 일을 뛰어나게 해낼 자신이 있어야 한다.

　오대五代 때의 풍도馮道는 전형적인 '잡식동물'이었다. 그는 다섯 왕조를 섬기며 모두 고관을 지낸 난세의 오뚝이였다. 그의 성공 비결은 무엇일까?

　첫째, 함께 발전할 수 있는 사람을 선택하여 미래의 성공을 보장해야 한다.

당나라 말 중화 2년中和*에 풍도는 각 지에서 여러 군벌이 서로 견제하고 전란이 빈번하게 일어나는 시대를 살았다. 당시 진양晉陽과 그 일대를 제패하고 있던 이극용李克用은 뛰어난 재능과 원대한 계략을 지닌 인물이었고, 그의 아들 이존욱李存勖 역시 양梁나라를 멸망시키기 전에도 꽤 많은 업적을 쌓았다. 풍도는 아마 그런 면을 높이 평가해서 앞날을 위해 이존욱에게 의탁하러 갔을 것이다. 이전에, 풍도는 고향에서 비교적 가까운 유주幽州에서 하급관리인 소리小吏를 하고 있었다. 당시 유주 수비군인 유수광劉守光은 몹시 흉악하고 잔인하여 살인을 밥 먹듯이 하고 그의 부하조차도 마음에 들지 않으면 바로 죄를 물어 죽이곤 했다. 심지어 죽인 후에도 다른 사람에게 그 고기를 떠서 날 것으로 삼키게 했다. 이런 사람 밑에서 일하는 것은 몹시 두려운 일이었다.

그런 상황인데도 풍도는 유수광이 역주易州와 정주定州를 치려 하자 이를 말렸다. 풍도는 유수관의 미움을 사서 거의 죽을 뻔했으나, 다른 사람이 통사정하여 겨우 죽음을 면하고 옥에 갇혔다. 풍도는 도움을 받아 감옥을 탈출해 태원으로 도망쳤다. 그는 진나라 대장군인 장승업張承業에게 의탁하여 그의 식객이 되었고, 그의 추천을 받아 후당後唐을 세운 장종莊宗 이존욱의 측근이 된다. 이때부터 풍도는 파란만장한 벼슬길을 걷게 된다. 풍도는 처음에 진왕부의 서기로 일하며 각종 공문서와 군사서신의 초안을 잡고 수발을 책임졌다. 얼마 후 이존욱은 주온朱溫이 세운 후량의 정권이 심하게 부패된 것을 보고는 이를 멸망시킬 준비를 하기 시작했다.

이존욱은 후량을 멸망시키고 후당을 세운 뒤, 명문 귀족 출신들만 중시하고 풍도처럼 출신이 비천한 사람은 중용하지 않았다. 그 후 풍도는 이존욱이

---

* 희종僖宗의 연호, 882년

살해당하고 명종明宗 이사원李嗣源이 즉위하고 나서야 조정의 부름을 받을 수 있었다. 명종은 선대의 교훈을 되새겨 학식 있는 자를 중용하고 학문으로써 나라를 다스리고자 했다. 그리하여 풍도는 마침내 재상으로 발탁되어 진정으로 입신양명하게 되었다.

둘째, 자신이 밟고 선 땅이 단단한지 일찌감치 파악하고 다음은 어디를 디딜지 생각해야 한다. 후당 명종이 붕어한 후, 아들인 이종후李從厚가 즉위했으나, 즉위한 지 네 달도 채 되기 전에 동종同宗 이종가李從珂가 군사를 일으켜 쳐들어 왔다. 이종후는 이 소식을 듣고 신하들이 보고를 올리기도 전에 자형인 석경당石敬瑭에게로 부리나케 도망쳤다. 이튿날 아침 풍도와 대신들은 조정에서 황제를 찾을 수 없었다. 그때에서야 그들은 이종가가 군대를 일으켜 경성으로 돌진해 오고 있음을 알게 되었다. 풍도와 대신들은 입장을 정해야 했다. 그런데 풍도가 태도를 바꿔 뜻밖의 결정을 했다. 그는 원래 명종에게 발탁되어 변변치 못한 자리에서 재상의 자리에까지 올랐다. 도리를 따지자면 지금이야말로 명종의 큰 은혜에 보답할 때였다. 그러나 풍도는 문무백관을 이끌고 이종가를 환대하기로 결정했다. 이종가는 비록 고집이 세기는 하지만 대군을 거느리고 있고, 이종후는 아이와도 같아서 즉위하고서도 제대로 실권을 잡지 못했을 뿐만 아니라 사람을 대함에 있어서도 지나치게 너그럽고 유순했다. 풍도는 득실을 가늠해 본 뒤 그런 결정을 한 것이다. 이리하여 풍도는 기존 왕조의 원로 중신에서 새로운 왕조의 개국 공신으로 탈바꿈했다.

셋째, 새로운 주인에게 제때 충심을 보여 의심을 없애야 한다. 석경당은 거란족의 지지를 받아 이종가를 물리치고 황제가 되었다. 황제 즉위 후 그의 첫 주요 과제는 바로 야율덕광耶律德光*과 맺은 약속을 지키는 것이었는데, 만약 지키지 않으면 왕조가 전복될 위험이 있었다. 특히 스스로 '아들 황제'라고 자칭하면서 거란의 왕과 왕후를 황제와 황후로 존칭하는 것은 참으로 부끄러운 일이었다. 기록에 의하면 이러한 명칭을 사용하여 거란에 보내는 조서를 쓰던 관리는 안색이 변할 정도로 힘겨워하거나 눈물을 흘렸다고 하니, 얼마나 치욕스러운 일이란 말인가. 황후를 책봉하는 의식을 치르기 위해 거란으로 사람을 보내는 일은 굴욕이기도 했지만 했지만 목숨을 걸어야 할 만큼 위험한 일이기도 했다. 석경당은 재상인 풍도가 신중하고 노련해서 그를 보내고 싶었지만 거절할까 걱정했다. 그런데 석경당이 얘기를 꺼내자 뜻밖에도 풍도는 조금의 망설임도 없이 그 자리에서 명을 받들어서 석경당을 몹시 기쁘게 했다.

사실 석경당은 풍도의 속셈을 간파하지 못했다. 풍도는 야율덕광과 친분을 잘 쌓아야만 석경당 곁에서 더욱 입지를 굳힐 수 있으리라 여겼다. 즉 '아버지 황제'를 잘 구슬리면 '아들 황제'는 식은 죽 먹기라 여겼기 때문에 뒤에서 욕을 먹을지언정 흔쾌히 거란으로 간 것이다.

풍도는 아주 성공적으로 자신이 맡은 외교적 임무를 수행하였다. 그는 거란에 두 달 넘게 억류되어 있었는데, 야율덕광은 수차례에 걸쳐 그를 시험해 보고 나서야 믿을 만하다고 여겨 다시 돌려보내기로 했다. 그런데 풍도는 오히려 돌아가고 싶지 않다고 말하며 야율덕광에게 몇 번이나 글을 올려 자신의 충성을 표시하고 거란에 남기를 희망했다. 야율덕광은 이제 그만 돌아가라는 명을 내렸고, 풍도는 그제서야 섭섭해서 어쩔 줄 모르겠다는 듯이

---

* 902~947 요나라 2대 황제

떠날 채비를 했다.

풍도는 한 달 후에나 귀국길에 올랐는데 그마저도 길에서 가다 쉬기를 반복하며 두 달이나 걸려 거란의 국경을 벗어났다. 그를 모시던 수행원이 이해할 수 없다는 듯이 물었다.

"살아 돌아갈 수 있는 것만 해도 기뻐 날아가고 싶은 마당에 어째서 이렇게 느긋하게 걸어가시는 겁니까?"

그러자 풍도가 답했다.

"만약 급하게 가면 도망가는 것처럼 보일 것이다. 우리가 아무리 서두른다고 해도 거란의 준마를 당해내지는 못할 터인데 서두르는 것이 무슨 소용이 있겠느냐? 차라리 천천히 가는 것이 낫다."

여기에서 그의 지혜를 엿볼 수 있다.

임무를 성공적으로 마치고 돌아온 풍도는 진정한 권력을 손에 쥐게 되었다. 심지어 석경당조차 그의 비위를 맞추고 안색을 살피며 일을 처리할 정도였다. 석경당은 그에게 병권을 주고 일의 대소를 가리지 않고 그의 방식대로 처리하도록 했으며, 얼마 후 '노국공魯國公'으로 승격시켰다.

석경당의 후진 정권은 십여 년 후에 무너졌다. 후진 2년(946)에 야율덕광이 30만 대군을 이끌고 남하하자 거란이 중원을 평정하리라 예측한 풍도는 자발적으로 야율덕광에게 의탁하러 갔다. 그는 야율덕광이 자신을 무척 환영하리라 생각했지만, 이 오랑캐족은 중원의 세상 물정을 모르는지 그를 보자마자 후진을 보좌한 책략이 잘못 되었다고 질책했다. 풍도는 순간 놀랐으나 곧 기지를 발휘하여 한껏 몸을 낮춰 굽실대며 조심스레 그의 명을 기다렸다. 그런 풍도를 보던 야율덕광이 물었다.

"그대는 왜 나를 알현하러 왔는가?"

그러자 풍도가 대답했다.

"저는 병사도 없고 성도 없는데 어찌 오지 않을 수 있겠습니까?"

야율덕광이 다시 그에게 물었다.

"그대는 대체 어떤 사람인가?"

이에 풍도는 스스럼없이 능청을 떨며 말했다.

"소인은 우매하고 덕도 재주도 없는 하찮은 늙은이일 뿐입니다!"

야율덕광은 풍도가 이렇게 스스로 몸을 낮추며 이야기하는 모습을 보자 더는 어찌할 수 없어 그를 더 이상 괴롭히지 않았다.

얼마 후 야율덕광은 중원의 백성들이 도탄에 빠진 것을 보고 풍도에게 물었다.

"어떻게 하면 세상의 백성들을 구제할 수 있겠는가?"

그러자 풍도는 드디어 기회가 왔음을 알고 진심처럼 말했다.

"지금은 누구도 이 재난을 구제할 수 없습니다. 오직 전하만 가능하십니다!"

이리하여 야율덕광은 서서히 풍도를 믿고 아끼게 되어 그를 요遼 왕조의 태학박사太學博士*로 삼았다. 후에 어떤 이가 풍도가 예전에 반反 거란 활동에 참여했다고 고발했으나, 야율덕광은 오히려 그를 변호하여 말했다.

"그는 믿을 만한 자이다. 쓸데없는 짓을 하지 않으니 모반하지 않을 것이다. 함부로 끌어 들이지 말지어다."

그 후 거란족은 중원 백성들의 저항으로 다시 쫓겨나게 되었다. 풍도는 거란을 따라 항주恒州까지 갔다가 전투에 패한 틈을 타 도망쳐 나왔다. 이때 석경당의 대장군인 유지원劉知遠이 기회를 틈타 정권을 빼앗고 후한後漢을

---

* 중국고대의 최고 학부이자 관부인 국자감國子監의 관직 가운데 하나

세웠다. 유지원은 민심을 안정시키고 세력을 끌어들이려고 그를 태사太師로 등용했다.

넷째, 기술을 갖춘 실용적인 인재가 되면 누구나 등용하고 싶어 한다. 주마등처럼 빠르게 이루어진 오대의 정권 교체는 혼란스럽기 그지없었다. 유지원이 후한을 세운 지 4년 만에 곽위郭威가 반란을 일으켜 군사를 이끌고 경성에 쳐들어왔다. 이때 풍도는 예전에 썼던 낡은 수법을 다시 발휘하여 백관을 이끌고 그를 영접했다. 후당 명종 때 7년이나 재상을 지냈으면서도 나라를 저버렸던 그가 겨우 4년도 되지 않는 후한 태사 자리에서 어떻게 했을지는 뻔한 일이었다. 풍도는 대신들을 이끌고 곽위를 영접하러 변경汴京으로 가서 그가 세운 후주後周의 재상이 된 후, 자발적으로 종군을 지원하여 유지원의 부계 일족으로 대군을 손에 쥐고 있었던 유숭劉崇, 유빈劉贇 등을 굴복시키러 간다. 유빈은 풍도를 믿었고 30년간이나 대대로 교분이 있었기에 그가 자신을 속일 것이라고는 생각하지 못했다. 그러나 유빈의 군대는 종주宗州에 도착하자마자 곽위의 군대에 의해 무장해제를 당했고, 이로써 풍도는 후한의 안정에 큰 공을 세웠다.

풍도가 살았던 난세에는 정국이 복잡해서 왕조의 운명이 풍전등화처럼 위태로웠다. 이러한 상황에서 침착하게 대응하고 화를 면할 수 있었던 그의 자세는 다시 한 번 되새길 만하다. 첫째, 풍도는 탐욕스럽지 않았고 둘째, 간사하게 아첨하지 않았으며, 누구를 위해 일하든 신중하고 진지하게 자신이 맡은 바를 다했다.

풍도가 어떤 평가를 받든 간에 국가와 백성들을 위해 많은 일을 한 것은 사실이다. 문관이었기에 군대를 거느리지 않았던 풍도는 다른 군벌에게 위협이 되지 않았다. 또한 어떤 군벌이든 권력을 손에 쥐고 나면 그들을 위해 일할 문관이 필요했는데, 풍도와 그의 동료들은 가장 적합한 인물이었던 것이다. 풍도는 바로 자기가 맡은 일에 최선을 다하고, 전문적인 수완을 겸비했으며 야심이 없었기 때문에 몇 번씩이나 왕조가 바뀌어도 계속 중용될 수 있었다.

어떤 의미에서는 끝까지 지조를 지키려는 사람들은 단일 식성 동물에, 자신에게 해가 될 일은 미리 피하는 사람들은 잡식성 동물에 비교할 수 있다. 그리고 후자가 훨씬 생존에 유리하다. 한 가지 식성만 고집하는 동물들, 예를 들어 황제의 자리를 찬탈한 주체朱棣에게 끝까지 굴복하지 않아 십족이 멸한 방효유方孝孺, 명나라의 관리였으며 강직한 성품의 청렴결백한 인물로 황제에 맞섰던 해서海瑞, 송나라(남송)가 원나라에 항복하자 저항하다 체포되어 몽고에 전향을 권유받았지만 거절하고 죽음을 택했던 문천상文天祥 등 어느 한 가지 식성만을 고집했던 사람들은 모두 비참하게 죽거나 참혹한 일을 겪지 않았던가? 더욱이 비극적인 것은, 그들의 죽음에 따른 보상이 단지 청사에 이름을 남긴 것뿐이라는 점이다.

'잡식동물'의 처세술은 사교 활동에서 더 두드러지는데, 그 중 '상대에 따른 대화 화제 찾기'가 있다. 사람과 잘 사귀려면 대화 화제를 잘 찾아야 한다. 어떤 이는 대화를 나눌 때 이야깃거리를 잘 찾아내는 능력을 배워야 한다고 말한다. '이야깃거리 찾기'는 바로 '화제 찾기'를 뜻한다. 대화를 나눌 때 좋은 화제가 있으면 아주 자연스럽게 얘기를 나눌 수 있다. 좋은 화제는 첫 대화의 매개체가 되고, 심도 있는 대화의 기초가 되며, 즐거운 대화의 발단이 된다. 좋은 화제의 기준은 첫째, 최소한 어느 한 쪽이 익숙하고 잘 아는 내용이어야 하며 둘째, 모두가 관심을 두고 얘기하고 싶어 하는 내용이어야 하며 셋째, 함께 토론을 벌일 여지가 있고 자신에게 익숙한 화제여야 한다.

낯선 사람들을 대할 때는 모두가 관심 있어 하는 사건을 화제로 선택해야 하며 사람들을 흥분시킬 수 있도록 초점을 맞춰야 한다. 이런 종류의 화제는 모두가 이야기하고 싶어 하고 즐기며 누구에게나 익숙하다. 사람들은 이런 화제에 대해 각자의 의견을 지니고 있기 때문에, 자연스럽게 이야기의 흐름이 끊기지 않고 많은 사람들의 의론과 발언을 유도할 수 있다. 시간이나 장소가 다른 사람의 이야기를 소재로 하여 대화를 나눌 수도 있다. 어떤 사람은 상대방의 이름, 출신, 나이, 패션, 주거지 등을 소재로 삼아 즉흥적으로 화제를 생각해 내어 종종 좋은 결과를 얻기도 한다. '즉흥적인 흥미 유발법'이 가지는 장점은 이야기가 유연하고 자연스러우며 상황에 따라 화젯거리를 선택할 수 있다는 것이다. 여기서 포인트는 사고 회로가 민첩해야 하며, 상대방이 잘 연상할 수 있도록 해야 한다는 것이다.

낯선 사람과 대화할 때는, 먼저 몇 가지 문제를 던져 서로 어느 정도의 이해를 거친 후에 본격적으로 대화를 나눌 수도 있는데 그러면 대화가 좀 더 자유로워진다. 예를 들어 모임에 참가했는데 옆자리에 낯선 이가 있다면 먼저 '오늘 모임을 주선한 분과 같은 고향 출신인가요, 아니면 동창이신가요?'라고 물어본다. 그럼 이후는 상대방의 대답에 따라 이야기를 계속해서 이어 나갈 수 있다. 만약 예상외로 '오랜 동료'라고 대답하더라도, 그에 맞춰서 이야기를 계속해 나가면 될 것이다.

만일 처음 만난 사람의 관심거리를 파악할 수 있다면, 그에 맞는 질문을 할 수도 있어 순조롭게 화제를 찾을 것이다. 예를 들어 상대의 취미가 장기를 두는 거라면 이를 화제로 삼아 장기의 묘미, 차, 말, 포의 운용 등을 얘기할 수 있다. 만약 당신이 장기를 잘 둔다면 대화의 좋은 기회를 잡은 것이고,

반대로 잘 모른다 하더라도 배울 기회이니 열심히 경청하고 적절히 질문하여 식견을 넓힐 수도 있다.

고사성어 중에 '첫 만남에 오래된 벗같이 친해지다一見如舊'라는 말이 있는데, 낯선 사람도 대화를 통해 의기투합하고 친근해지도록 노력하면 첫 만남이 오래된 만남처럼 변할 수 있다는 뜻이다. 이를 위해서는 우선 상황을 잘 살펴야 한다. 말해야 할 타이밍을 놓치지 말고 적절할 때 이야기에 참여하며 제때 자신을 어필함으로써 상대방이 나를 충분히 이해할 수 있도록 한다. 그리고 자신과 상대방 사이의 매개물을 찾아 이를 통해 공통된 의견을 나누고 서로의 거리를 좁히도록 한다. 마지막으로 대화에 어느 정도 여지를 남겨 상대방이 말을 이어 나갈 수 있도록 하고, 서로 마음이 통하며 대화가 순조로웠다고 느낄 수 있게 하여 거리를 좁혀야 한다. 그러므로 낯선 이와 이야기를 나눌 때는 절대 혼자 말을 끝내거나 자신의 관점만 주장하지 말고 토론할 줄 알아야 한다.

'상대에 따라 이야기가 달라진다'라는 말이 있다. 만약 대화의 상대를 제대로 파악하지 못한다면, 처세도 할 수 없을 뿐만 아니라 상대의 체면을 상하게 할 수도 있다. 그러나 상대의 상황을 이해하고 있다면, 조금 대범하게 의견을 말해도 상처를 주지 않을 뿐만 아니라 자신의 목적을 달성할 수도 있다. 그렇다면 어떻게 해야 할까?

첫째, 상대의 신분에 따라 말하는 방식과 내용을 결정한다.『세설신어世說新語』에 다음과 같은 이야기가 있다.

이부吏部의 관리로 있던 허윤이란 사람은 항상 같은 고향 사람을 발탁하였다. 위나라 명제明帝는 이를 알고는 무사를 보내 그를 잡아 오게 했다. 그때 그의 아내가 재빨리 나와 그에게 충고했다. 명제는 도리를 중요시하는 사람이므로 인정에 호소하긴 어려우니, 황제에게 도리를 분명히 설명하되 애원하며 용서를 구하지는 말라고 했다.

그리하여 위 명제가 허윤을 심문할 때 그는 솔직하게 고했다.

"폐하께서 규정하신 선발 원칙은 자신이 잘 아는 사람을 뽑으라는 것입니다. 저와 같은 고향 사람들은 제가 제일 잘 아는 사람들이니, 폐하께서는 그들의 자격이 부합되는지 조사해 보시고, 만약 자격이 없다면 신은 기꺼이 벌을 받겠습니다."

위 명제는 사람을 보내 허윤이 발탁한 사람들을 조사했는데 과연 모두 마땅한 자격을 갖추고 있었다. 그래서 그를 석방했을 뿐만 아니라 새 의복까지 하사했다.

허윤은 봉건 왕조가 제정한 개인 추천제의 임관 제도에 따라 같은 고향 사람들을 뽑았는데, 이 제도가 타당하든 그렇지 않든 황제가 윤허한 '도리' 임에는 분명했다. 허윤의 아내는 황제와 얘기할 때 정에 호소하기는 어렵지만 도리에 맞게 이야기한다면 통한다는 것을 잘 알고 있었다. 그래서 허윤에게 선발의 원칙과 도리를 이야기하게 함으로써, 동향 사람을 편애하고 작당하여 사리사욕을 취하려 한다는 의혹을 없애도록 한 것이다. 이는 대화 상대의 신분을 고려하여 적절하게 대화를 이끌었던 좋은 예이다.

둘째, 처세를 잘하려면 상대방의 신분은 물론이고, 성격도 잘 관찰해야 한다. 일반적으로 성격은 그 사람의 말과 행동, 표정 등을 통해 드러난다. 예를 들어 말이 빠르고 동작이 민첩하며 눈빛이 날카롭고 충동적인 사람은 성격이 조급한 경우가 많다. 솔직하고 열정적이며 활발한 사람, 잘 움직이며 반응이 빠르고 사람 사귀는 것을 좋아하는 사람은 성격이 명랑하다.

조용하고 우울하며 대화를 즐기지 않고 혼자 있기를 좋아하는 사람, 남을 사귀는 데 서툰 사람은 성격이 괴팍한 경우가 많다. 또 터무니없는 말을 지껄이며 자화자찬하고 남을 가르치려 드는 걸 좋아하는 사람은 대부분 교만하고 방자하다. 반면에 예의를 지키고 신의를 중시하며 실사구시의 태도에 온화하고 다른 사람을 존중하는 사람은 겸허하고 신중한 사람이 많다. 이렇게 사람들의 성격은 다양하여서 사람들과 교류할 때는 상대방의 성격을 구체적으로 분석하여 그에 맞춰 응대해야 한다.

『삼국연의』에 전하는 이야기 중에서 마초馬超가 병사를 이끌고 남맹관南萌關을 공격했을 때의 예를 들어 보자. 제갈량이 유비에게 아뢰었다.

"장비張飛와 조운趙雲만 있으면 마초를 이길 수 있습니다."

그러자 유비가 답했다.

"자룡子龍은 아직 돌아오지 않았고, 익덕翼德은 여기 있으니 빨리 그를 보내 상대하도록 하지요."

그러자 제갈량이 자신 있게 답했다.

"주공께서는 일단 알리지 마십시오. 제가 그를 자극해 보겠습니다."

이때 장비는 마초가 쳐들어왔다는 소식을 듣고 출전을 허락해 달라고 크게 소리치고 있었는데, 제갈량은 이를 못 들은 척하며 유비에게 말했다.

"마초는 지혜와 용맹함을 두루 갖추어 형주荊州에 있는 운장雲長 말고는 그를 상대할 맞수가 없습니다."

그러자 장비가 흥분하며 말했다.

"군사께서는 왜 이 몸을 무시하십니까? 저는 혼자서 조조의 백만 대군과 맞붙은 적도 있습니다. 하물며 마초 같은 필부를 두려워하겠습니까?"

그러자 제갈량이 대답했다.

"장군께서 당양當陽에서 강을 방패로 삼아 다리를 끊었던 것은 조조가 내막을 몰랐기 때문입니다. 만약 조조가 사실을 알았다면 무사히 돌아올 수 있었겠습니까? 마초가 그 누구보다 용맹하다는 것은 세상 사람들이 다 알고 있습니다. 위교육전渭橋六戰에서는 조조를 크게 이겨 그를 혼비백산하게 하고 거의 사지死地로 몰았던 적도 있으니, 설사 운장이 온다 해도 이길 수 있을지 모를 일입니다."

이에 장비가 대답했다.

"나는 오늘 꼭 마초와 맞붙어야겠습니다. 만약 패한다면 군령장軍令狀을 따르겠습니다."

제갈량은 상대를 자극하여 분발시키는 '격장법激將法'이 효과를 발휘하는 듯하여 분위기를 살핀 뒤 그제야 허락하며 말했다.

"군령장까지 쓰겠다고 하시니, 선봉으로 나서십시오!"

그리하여 장비와 마초는 남맹관에서 꼬박 하루 동안 이백이십 합을 넘게 겨루었는데, 비록 승부는 가리지 못했지만 마초의 날카로운 기세는 한풀 꺾였고, 후에 제갈량에게 설득당해 유비의 수하로 들어가게 된다.

『삼국연의』를 보면 제갈량이 장비의 거칠고 성급한 성격을 잘 파악해서 종종 '격장법'을 구사하여 다스리는 장면이 나온다. 중요한 전투를 앞두고 있을 때마다 제갈량은 먼저 장비에게 이 임무를 맡기에는 역부족이라고 말하거나, 그가 술에 취해 거사를 그르치게 될까 봐 염려된다면서 서약서를 쓰도록 부추기고, 그가 더 큰 책임감과 급박함을 느끼도록 하여 투지와 용기를 다지게 하여 적을 가볍게 여기지 않도록 했다.

그러나 관우에게는 상대방을 추켜올리는 '추앙법'을 구사했다. 마초가 유비에게로 온 후, 관우는 그와 무예를 겨뤄보고 싶다고 했다. 제갈량은 어느 한 쪽은 다칠 수밖에 없는 용호상박의 싸움을 말리기 위해 관우에게 이렇게 편지를 썼다.

"관우 장군이 마초와 무예를 겨뤄 우열을 가리고 싶어 한다는 말을 들었습니다. 마초가 보통사람보다는 영특하고 용맹하지만, 그의 그릇은 익덕과 견줄 만한 정도이지 어떻게 미염공美髥公과 견줄 수 있겠습니까? 게다가 장군은 요충지인 형주를 수비하는 중책을 맡고 있습니다. 만일 당신이 떠난다면 형주가 큰 화를 입을 수도 있으니, 얼마나 죄가 크겠습니까!"

관우는 편지를 읽은 후 웃으며 말했다.

"역시 공명孔明께서는 내 마음을 알아주는구나."

그는 편지를 손님들에게 돌려 보게 하고 마초와 겨루려는 생각을 거두었다.

누군가에게 부탁할 때는 부탁할 상대의 상황, 예를 들면 흥미나 취미, 장점과 약점, 성격, 세계관 등을 주의해야 할 것이다. 그러나 이런 것들보다 가장 우선하여 고려해야 하는 중요한 사항은 상대의 신분과 성격이다.

전국 시기의 유명한 종횡가縱橫家*인 귀곡자鬼谷子는 상대에 따른 각양각색의 대화 방법을 정밀하게 종합하였다. 그에 따르면, 지혜로운 자와는 넓은 식견으로 이야기하고, 둔한 자와는 분별 있게 얘기해야 한다. 따지기 좋아하는 자와는 요점을 가지고 말해야 하며, 신분이 귀한 자와는 기개를 가지고 얘기해야 한다. 부자와는 당당하게 얘기해야 하고, 가난한 자와는 이익을 논해야 한다. 비천한 사람과 얘기할 때는 겸허해야 하며, 용감한 이에게는 대범함을 보여야 하며, 어리석은 자와 얘기할 때는 날카로움을 보여야 한다. 주인에게 말할 때는 특별해야 하지만 아랫사람에게 말할 때는 은근해야 한다.

---

* 중국 전국시대에 활동한 분파로, 제후들 사이를 오가면서 여러 나라들을 종횡으로 합쳐야 한다는 합종연횡合縱連衡의 책략을 논하였다.

위의 말의 뜻은, 대화 상대에 따라 대화에 필요한 능력과 자세가 각각 다르다는 것이다. 대화를 나눌 때 총명한 사람과는 풍부한 지식이, 둔한 사람과는 변별 능력이, 변론을 잘하는 사람과는 요점을 찾는 능력이 필요하다. 지위가 높은 사람과는 위풍당당하게 얘기해야 하고 부유한 사람과는 호탕하게 말할 줄 알아야 한다. 가난한 자는 이익으로 마음을 움직이고, 지위가 낮은 사람은 겸허하게 예의로 대해야 한다. 용감한 사람에게는 나약한 모습을 보이면 안 되고, 어리석은 자에게는 자신을 드러내도 된다. 상관과 얘기할 때는 참신하고 기발한 생각으로 그를 감탄시켜야 하지만, 부하와 얘기할 때는 실질적인 이익으로 그를 설득시켜야 한다.

말로써 처세할 때 주의해야 할 또 다른 문제는 바로 상대방의 말을 열심히 경청해야 한다는 것이다. 어떤 사람들은 혼자 끊임없이 말하며 끝낼 줄을 모른다. 이런 사람들은 계속 하소연하거나 상대방을 추켜올리며 아첨하면 호감을 살 수 있으리라 생각하지만, 오히려 그 반대라는 사실을 모른다. 그러므로 사람과 교제할 때는 자신의 입을 잘 단속하고 귀를 쫑긋 세워야 한다. 목적을 이루고 싶다면 먼저 좋은 청중이 되어야 한다. 당신이 상대의 이야기를 진지하게 경청할 때, 상대는 당신의 성실함과 성의, 격려와 칭찬을 통해 존중받고 있다고 느낄 것이며 언젠가 선의의 보답을 할 것이다. 이것이 바로 '받듦'의 본질이다.

그럼 어떻게 하면 좋은 청중이 될 수 있을까?

첫째, 귀는 열고 입은 닫아라. 다른 사람과 이야기를 나눌 때에는 가능한 한 상대가 관심을 보이는 일을 얘기하도록 유도하고, 격려나 손동작으로 상대가 계속 말하도록 유도한다. 그리고 적당한 순간에 감탄의 말을 한다면 상대는 당신이 자신을 존중해 주며 정중히 얘기를 듣고 있다고 느낄 것이다.

가볍게 손가락을 튕기거나 다리를 떠는 행위는 상대방의 자존심을 상하게 할 수도 있다. 눈은 상대의 얼굴을 처다봐야 하지만, 너무 오랫동안 눈을 뚫어지게 직시해서는 안 된다. 상대가 불쾌해할 수도 있기 때문이다. 당신이 정신만 집중해서 편안히 앉아 얘기를 들으면, 상대가 소리를 더 크게 내지 않아도 빠트림 없이 모두 들을 수 있을 것이다. 아울러 상대가 얘기를 계속할 수 있도록 잘 돕는 것도 필요하다. 만약 다른 사람이 한참 얘기했는데 당신이 아무런 반응도 보이지 않는다면, 당신이 아무리 열심히 듣고 있었어도 그는 당신이 다른 데 정신을 팔고 있었다고 여길 것이다. 상대의 얘기에 잠시 공백이 생길 때, '진짜예요?', '잘됐군요!', '어떻게 된 일인지 말해줘요.' 등의 말로 짧게 맞장구치며 당신이 열심히 듣고 있었음을 호소해도 좋다. 이런 반응은 상대가 더욱 신나서 얘기할 수 있도록 한다.

어떤 사람들은 일을 처리할 때 하소연을 잘하고 끊임없이 다른 사람을 추켜올려야 쉽게 성공한다고 착각하는데, 사실은 그렇지 않다. 당신 혼자서 끊임없이 이야기하지 말며, 다른 사람에게도 이야기할 기회를 주어야 한다. 또한, 다른 사람이 이야기하고 있을 때 스스로 똑똑하다고 생각하며 상관없다는 말로 이야기를 끊으면 그의 분노를 살 수도 있다.

둘째, 의중을 잘 파악해야 한다. 보통 특정한 언어 환경에서는 말 외에도 눈빛, 표정, 동작 하나하나가 명확한 뜻을 표현한다. 같은 말이라도 상대방이 알아내야 할 숨은 뜻과 암시가 있을 수 있다.

3

대범한 생각과 행동, 목표를 높이 세워 매진하라

사람은 스스로 최고의 목표를 세워야 비교적 높은 성과를 얻을 수 있다. 만약 평범한 목표만 세운다면 전반적으로 그리 좋은 성과는 얻지 못할 것이며 인생은 금방 신기루가 되어 사라질 것이다. 고대에 어떤 신하가 황제에게 상, 중, 하책을 올리면, 황제들은 하책을 선호하여 선택하는 경우가 자주 있었다. 하책을 선호했던 황제들을 보면, 신하들이 능력 발휘를 할 수 없었다는 사실이 안타까울 뿐 아니라, 심지어 당시 황제들의 지능을 의심하게 된다.

16국十六國 시기* 남연南燕 말기의 국왕 모용초慕容超는 아둔한 군주 중 하나였다. 사람은 비록 똑똑했지만, 세금을 징수하는 데에만 머리를 썼기 때문에 어떻게 동진과 맞설 것인지 대책이 없었다. 어느 날 대신공大臣公 손오루孫五樓는 그에게 유유劉裕를 상대할 상, 중, 하책을 올렸다. 상책은 대립을

---

* 304~439년

피하고 시간을 끈 다음 정예 부대를 보내 동진군의 군량 운반로를 끊어 앞, 뒤로 협공하는 술책이었다. 중책은 곡물을 감추어 유유의 군대에게 이용되지 않도록 한 다음 싸우지 않고도 스스로 궤멸하도록 하는 것이었다. 마지막으로 하책은 아무것도 하지 않고 그저 유유가 성을 공격해 오면 맞서 싸우는 것이었다. 모용초는 자신만만하게 하책을 선택했는데, 유유의 군대에 연전연패하여 결국 이듬해 멸망하고 모용초도 건강建康으로 압송되어 효수되고 말았다. 이런 예는 아주 많은데, 가장 중요한 원인은 기본적으로 의견을 듣는 사람들이 모두 진취적인 기상이 부족했다는 데 있다. 그들은 모험할 용기가 없었기 때문에 더 큰 일을 이룰 수 없었다.

동한東漢 말기, 동탁董卓의 불경함과 포악함에 불만을 품은 관동 지역의 수많은 주군州郡 목수牧守들이 함께 군사를 일으켜 동탁을 처단하려 했다. 이들 모두 자신의 군대를 이끌고 와서 훌륭한 가문 출신이자 '사세삼공四世三公'으로 불리던 원소를 맹주로 추천하였는데 이것이 바로 유명한 18로 제후들이 동탁을 치려 한 사건이다. 동탁은 이들이 군대를 일으켰다는 소식을 듣고 한나라의 헌제를 장안長安으로 압송한 뒤 낙양의 궁전을 불태워 버렸다. 당시 동탁의 군대는 매우 강력했고 각 제후는 제각기 속셈이 있었다. 그들은 하남의 연율延律 북쪽의 산조酸棗 일대에 주둔하면서 주저하고 망설일 뿐 전진할 생각을 못했다. 조조는 그들이 이렇게 속수무책인 것을 보며 씁쓸함을 금치 못했다. 동탁이 황제를 납치하고 포악한 행동을 일삼으며 각지의 공분을 사고 있는 때에 왜 각 지역 제후가 이런 좋은 기회를 잡아 동탁을 처단하지 못하는지 이해할 수 없었던 것이다.

결국, 혼자서 군사를 이끌고 동탁을 치러 간 조조는 작전에 실패하여 수많은 군사를 잃고 그 자신도 화살에 맞아 하마터면 도망치지 못할 뻔했다.

그러나 다행히 조홍曹洪이 그에게 "천하에 저 하나 없는 것은 아무것도 아니지만, 주군이 없는 것은 안 됩니다!"라고 말하며 자신의 말에 그를 태우고 걸어가 마침내 배 하나를 발견하여 함께 도망칠 수 있었다. 산조酸棗의 연합군 주둔지로 돌아온 조조는 제후들과 10만이 넘는 대군이 매일 연회를 벌이고 놀며 동탁을 칠 생각이 없었음을 알게 되어 분노를 금할 수 없었다. 그는 모두에게 제후들의 군사는 각자 웅거하여 요새를 지키도록 한 후, 병사를 나누어 서쪽으로 무관武關을 치고 동탁을 멸망시킬 기회를 엿보자고 하였으나 아무도 듣지 않았다.

얼마 후, 원소와 한복韓馥은 유주의 목유우牧劉虞를 황제로 옹립하려 했으나 조조는 이를 단호히 반대했다. 그는 원소에게 지금 동탁은 황제를 붙잡아 두고 있어 공분을 사고 있지만, 의군은 정당한 도리의 편에 서 있기 때문에 사람들의 지지와 호응을 얻을 수 있다고 말했다. 또한 헌제는 인질이 되었을 뿐이고, 아직 살해당하지 않았기에 망국에 이른 것은 아니다. 그러니 새 황제를 내세울 명목이 없다고 했다. 마지막으로 조조는 원소에게 설령 모두가 새 황제를 추대한다고 해도 자신은 끝까지 한헌제를 정통 황실의 후계자로 모실 것이라 했다. 이런 과정에서 조조와 제후들의 거리가 점점 멀어져 가자, 조조는 제후들이 재능은 뛰어나지만 큰 뜻을 품고 있지 않다고 여겨 그들을 경멸했다. 또한 제후들 사이에도 온갖 이익 충돌이 발생하여 장기적인 협력은 어차피 불가능한 것이었기에, 결국 제후들은 각자 흩어지고 말았지만, 조조만은 끝까지 남아 가장 큰 공을 세웠다.

동진東晉 말기에 삼오三吳 지역의 정책이 지방 민심을 술렁이게 하자, 낭아琅琊의 손씨孫氏 가문에서 태어난 오두미도五斗米道 교주 손은孫恩이 기회를 틈타 군사를 일으켰다. 예전에 손은의 숙부인 손진孫秦 일가는 종교의 힘을 빌려 군사를 일으켰다가 주살당했지만, 교도들은 여전한 믿음과 정성으로 계속해서 손은을 신봉했다. 그래서 손은이 절동浙東의 작은 섬으로 도망갔을 때도 많은 신도가 그에게 재물을 바쳤다. 그는 백여 명의 충실한 신도들을 모아 다시 한 번 군사를 일으키려 했다. 삼오 지역의 민심이 혼란스러운 이때가 절호의 기회라 생각한 손은은 신도들을 이끌고 상륙해 상오上虞를 공격하고 현령을 살해했다. 또 기세를 몰아 회계성會稽城을 맹공했다. 회계는 곧 함락되었고, 근처 여덟 군의 백성들도 봉기하여 지방 관리를 죽이고 손은을 지지했다. 그리하여 손은을 따르는 이는 겨우 며칠 사이에 수십만 명으로 늘어났다.

만약 손은의 정치적인 재능이 좀 더 뛰어났더라면 더 큰 일을 이룰 수도 있었을 것이다. 그러나 그는 정치적인 혜안이 부족하였고 결연한 의지도 없었으며, 단지 파괴할 줄만 알았지 생산적이지 못했다. 그리하여 그의 날도 그리 길지 못했다. 군사를 일으킨 초기에, 그는 여덟 군의 백성들이 봉기하여 자신을 지지한다는 얘기를 듣고 몹시 기뻐하며 수하에게 말했다.

"천하가 눈앞이구나. 며칠만 지나면 조정의 관복을 입고 건강建康으로 갈 것이다."

그 후 유뢰지劉牢之가 군대를 이끌고 그를 공격하러 온다는 소식을 듣자 그는 즉시 그의 '원대한 목표'를 바꿔 말했다.

"내가 여기 절동浙東 지역만 차지하더라도 구천勾踐* 정도는 되지 않겠는가!"

또 며칠이 지나 유뢰지가 이미 군대를 이끌고 강을 건넜다는 소식을 듣자 그는 또 목표를 낮추어 "도망친다고 해도 부끄러울 것은 없다"고 했다.

결국, 손은은 동쪽으로 도망쳤고 이후 해도海島로 돌아갔다가 다시 육지로

---

* 춘추시대 말기 월나라의 왕. 재위 기원전 496~465년. 와신상담의 주인공이다.

오는 등 하는 일마다 성공과 실패를 거듭했으나 마침내 능력의 한계로 절호의 기회를 많이 놓치고 말았다. 환현桓玄이 군사를 이끌고 사마도자司馬道子를 토벌할 때, 관군은 이미 손은과 다시 싸울 겨를이 없었는데도 손은은 제때 부대를 정비하여 반격하지 못했다. 그 후 환현이 조정을 장악하고 정국을 안정시킨 뒤 다시 군대를 정비해 손은을 치려 하자, 그때야 손은은 이미 형세를 만회할 수 없음을 깨닫고 스스로 물에 뛰어들어 자살했다. 그리고 그의 식솔과 신도들 역시 그의 뒤를 따랐다.

이것이 바로 물을 거슬러 노를 젓는 형국이니, 전진하지 못하고 후퇴할 수밖에 없었다. 손은이 죽은 후, 그를 따르던 수천 명은 손은의 매부인 노순盧循을 새 교주로 추대했는데, 그 역시 이 기회를 틈타 제부인 서도복徐道覆과 함께 군사를 일으켰다. 당시 그도 호기를 만났다고 할 수 있다. 마침 조정 내부는 환현의 일로 뒤죽박죽 엉망이었고, 서도복 역시 선견을 지닌 묘책을 가지고 있었던 것이다. 그러나 그들은 불행히도 유유를 만나 여러 번 패배를 맛봐야 했다. 노순은 유유보다 뛰어나지 못했다. 더구나 웅대한 이상과 포부가 부족하여 향락만 탐하다가 그저 자리 하나 차지하기만을 바랐다. 유유가 경성을 떠나 후연後燕을 차지하기 위해 북벌에 나섰을 때, 노순에게는 건강을 치고 정권을 탈취할 기회가 있었다. 그러나 서도복의 권유에도 망설이며 주저하던 그는 결국 기회를 놓치고 말았다. 서도복은 자신의 의견이 받아들여지지 않는 것을 매우 괴로워하며 하늘을 보고 길게 탄식했다.

"나는 노순 같은 사람을 만났으니, 큰일을 해낼 수 없겠구나. 만약 영웅들과 함께할 수 있다면 천하를 손에 넣는 것이 간단치 않았겠는가!"

이렇게 좋은 기회들을 번번이 놓쳐 버린 후, 노순과 서도복의 세력은 결국 유유에게 멸망하고 만다.

손은을 평정한 유뢰지도 나중에 비슷한 곤경에 처한다. 그는 북부병北府兵의 고위 장교였으나, 대단한 가문 출신이 아니라서 오랫동안 많은 냉대와 멸시를 당해 왔다. 그는 대군을 거느리고 있었지만 마땅히 따를 곳이 없었고, 어떻게 해야 자신의 세력을 형성하는지 몰랐다. 그는 자신을 중용할 강력한 버팀목을 찾아서 기대야만 자신의 입지를 공고히 할 수 있으리라 생각했다. 그래서 유뢰지는 처음에는 사마원현司馬元顯에게 의탁해 자신과 함께 일을 도모했던 왕공王恭을 배반하고 공격했으며, 그 다음에는 사마원현을 배반하고 환현에게 투항했다. 그러나 환현이 건강에 입성한 후, 유뢰지는 그가 자신의 병권을 뺏으려 한다는 사실을 알고 군사를 일으켜 반란을 꾀하려 했다. 유뢰지보다 현명했던 유유는 이미 오래전부터 그에게 '버팀목'을 자꾸 바꾸지 말라고 충고했지만, 그는 듣지 않았다. 그러다가 지위도 명예도 잃고 나서야 비로소 당시 유유의 충고를 듣지 않은 것을 후회했지만 이미 때는 늦었다. 박쥐와 같은 유뢰지의 행위는 결국 그의 미래를 망쳤고, 군사들의 지지와 신임도 잃게 했다. 얼마 후 유뢰지는 패주하던 길에 스스로 목숨을 끊고 말았다.

4
더 멀리, 더 길게!
정치적 통찰력을 키워라

책략의 고수는 기개와 도량 같은 좋은 품성을 지녀야 한다. 도량은 강자의 마음가짐이며 어려움과 맞서는 강인한 정신을 필요로 하는데, 이는 곤경에 부딪혔을 때 눈앞의 위험에 동요하지 않고, 목표에 도달하지 않으면 쉬지 않겠다고 맹세하는 단단하고 질긴 정신이다. 기개와 도량은 일종의 식견으로, 기개와 도량이 있는 사람은 사물을 통찰하여 멀리까지 내다볼 수 있다. 식견을 높여야 정책을 결정하는 능력과 행위 능력이 보통 사람을 초월할 만큼 좋아질 수 있다.

중국 역사에 종종 나오는 예리한 정치가들은 조그만 징조를 보고도 큰일이 벌어질 것을 미리 알고 긴급 대책을 세워 순응할지 불응할지 대비했다. '나뭇잎 하나가 떨어지는 것을 보고 가을이 온 것을 안다一葉落而知天下秋'라는 말은 바로 이와 같은 정치적 통찰력을 뜻한다.

서진西晉 무제武帝 사마염 시대의 태위太尉 하증何曾이 바로 이런 통찰력을 가진 인물이었다. 하증은 사마염과 함께 자주 연회에 참석했다. 그런데 하증은 사마염과 담소를 나눌 때 그로부터 항상 일상적인 이야기밖에 듣지 못했고 치국에 대한 장기적인 계획은 들어보지 못했다. 하증은 이런 사실이 걱정스러워 집으로 돌아온 후 아들들에게 탄식하며 말했다.

"황제께서 나라를 세우고, 기반은 닦으셨지만, 나라의 앞날을 위한 장기적인 계획은 없으시구나. 이렇게 장기적인 계획이 부족하면 뒤를 잇는 황제가 큰 문제를 겪을 것이다. 이대로라면 언젠가는 동란이 일어날 텐데, 너희 세대는 괜찮을지도 모르지만, 우리 손자 세대가 무사하지 못할까 걱정이구나!"

그리고 역사에서 알 수 있듯이 사마염 무제는 청사진을 그리지 않은 탓에 얼마 못 가서 우환을 가져왔고 그 뒤의 경과는 하증의 예상과 같았다. 사마염이 붕어한 후 우매한 황제로 유명한 서진 혜제惠帝 사마충司馬衷이 즉위했고, 큰 권력을 손에 쥐고 있던 황후 가남풍賈南風은 온갖 나쁜 짓을 저질렀다. 그러자 정국은 금방 어지러워지고 위기가 사방에 도사리고 있었으며 정세가 불안정해지더니 마침내 '팔왕의 난八王之亂'*이 일어나 천하에 대란大亂을 초래했다. 그리고 하증의 손자 중 하나인 하수何綏도 이 시기에 동해왕東海王 사마월司馬越의 손에 죽임을 당한다. 하증의 다른 손자인 하숭何嵩은 비통과 공포 속에서 조부가 옛날에 말한 예언을 떠올리고는 "조부께서는 정말 성인聖人이시구나!" 하고 자기도 모르게 감탄했다.

많은 사람들이 무장은 대부분 '정치 세포'가 모자란 편이라고 생각한다. 그래서 자주 '태평太平은 본래 장군이 이뤄 낸 것이지만太平本是將軍定, 장군이 태평을 누려서는 안 된다不許將軍見太平', '미인과 명장은自古美人如將軍 사람들에게 흰머리를 보이지 않는다不許人間見白髮'라고 감개한다. 하지만 모든 무장이

---

* 황족 8명의 왕이 관여한 내란

정치적 식견이 없었던 것은 아니다. "장수로 전쟁터에서 죽겠다馬革裹屍"라고 당당하게 포부를 밝혔던 동한東漢의 장군 마원馬援은 시대의 명장이기도 했지만 싸움만 잘하고 사고는 단순한 골수 무인이 아니었다. 오히려 혜안을 가진 장수라 해야 할 것이다.

마원이 살던 시대에는 성인이 된 황제의 아들들이 많았는데 그들은 자신의 세력을 넓히고 공고히 하기 위해, 혹은 겉치레로 자신의 고상함을 자랑하고자 서로 앞다투어 경성에 빈객賓客을 불러들여 명성을 얻었다. 마원은 이를 냉정하게 지켜보며 대단히 걱정했다. 조정의 관례에 따르면 정국의 안정을 유지하기 위해 제후에 봉해진 왕자들은 절대 빈객과 친분을 나누면 안 되는데 마원이 보기에 지금의 풍조는 조정의 규정과 역행하고 있었기 때문이다. 이 상태가 계속된다면 조만간 황제가 경계하게 되어 제지할 것이고, 그때가 되면 분명 큰 화가 일어날 것이었다.

아니나 다를까 얼마 후 어떤 사람이 황제께 상소문을 올려 제후 왕자들이 빈객들과 교류하며 모반을 꾸미고 있다고 고발했다. 그러자 순식간에 정세가 돌변하여 수천 명이 이에 연루되어 옥에 갇혔다. 이 일화를 통해 마원이 국가 대사에 뚜렷한 인식이 있었음을 알 수 있다. 그의 정치적 소양은 가족에게 미친 영향에서도 드러난다. 마원의 딸은 어릴 때 입궁하여 황후의 시중을 들다가 태자와 알게 되었는데, 태자가 황제에 즉위한 후에 황후로 책봉되었을 뿐만 아니라 현명하기로 유명하였다. 하지만 황제의 장인이 된 마원은 외척이 되었기 때문에, 그의 권세가 너무 커지지 않도록 견제당하여 '운대 28장'에서 제외된다. 이는 물론 불공평한 처사였지만 마원의 신중한 성격으로 봤을 때 크게 실망하지는 않았을 것이다.

동한 말에 범방范滂 등의 유사游士들은 천하의 대사를 자유롭게 논하며 조정을 비평하여 순식간에 유명해졌고, 공경관리公卿官吏들은 서로 그들과 친해지려 했다. 그들에게 고무된 태학생들 사이에서는 너도나도 그들을 추앙하고 본받는 것이 유행처럼 번졌다. 그러나 신도반申屠蟠이라는 학자는 이런 유행을 바라보며 배후에 도사리고 있는 위기를 느꼈다. 그는 춘추전국시대를 떠올렸다. 그때 각국을 떠돌던 서생들도 지금의 유사들처럼 거침없이 의론을 하며 정치 인물들을 위해 계책을 생각하면서 조정의 정치에 직·간접적으로 간섭하였다. 유생들의 이런 습관은 진시황의 집정 시대가 되어서도 바뀌지 않았다. 그리고 진시황이 그들의 의론에 염증을 느끼면서 그들이 잠재적인 위협이며 사람의 마음을 미혹시키고 시국의 혼란을 불러일으키는 근원이라고 생각하게 되었을 때, 분서갱유라는 큰 화가 발생했다. 신도반은 현재의 상황이 진시황 때와 흡사하다고 느껴져 이대로 가다가는 유사들이 분명히 어떤 이익 집단과 연루되거나 권력자의 불만을 가져오게 되어 진나라의 유생들과 같은 결말을 맞이하게 될 것이라고 예상했다. 그래서 신도반은 미리 화를 피하고자 나무로 집을 지어 은거하면서 조용히 사태를 지켜봤다. 그로부터 2년 뒤, 아니나 다를까, 관료들과 환관 세력이 충돌하여 관료들이 탄압을 당하게 되는 '당고의 화黨錮之禍'가 일어나면서 관련된 인물들은 모두 옥살이를 하거나 죽임을 당한 자가 태반이었으나, 신도반만은 연루되지 않고 무사할 수 있었다.

어떤 사람은 자신의 사후 일도 모두 계산할 수 있다. 당나라 때 유명한 재상인 요숭姚崇과 장열張說 사이에도 이와 비슷한 전기적 일화가 있다. 이 두 사람은 모두 유능한 신하요 어진 재상으로 유명했지만, 사이는 몹시 나빴다. 그래서 요숭은 임종 전에도 장열이 그가 죽은 후에 가족들에게 보복을 가할까 봐 걱정하여 대책을 생각해 냈다. 요숭은 아들들에게 자신이 죽은 후에 자신의 관 앞에 평소에 수집해 둔 진기한 보물들을 모두 꺼내 놓고 장열이 미끼를 물 때까지 조용히 기다리라고 일러두었다. 요숭은 만약 장열이 조문하러 왔다가 이 보물들을 보고도 관심을 보이지 않으면 멸문지화滅門之禍를 당할지도 모르지만, 만약 흥미를 보인다면 상황은 호전될 수 있을 것으로 생각했다.

조문 날, 평소 진귀한 보물을 좋아하던 장열은 요숭이 소장한 보물들에 크게 매료되어 거듭 자세히 살펴보며 감상했다. 요숭의 아들들은 때를 놓치지 않고 그에게 나아가 그 중 가장 진귀한 보물을 선물로 주면서 요숭을 위해 묘지 비문碑文을 하나 써 달라고 부탁했다. 진귀한 보물을 얻고 기분이 아주 좋았던 장열은 요숭을 위해 그의 생애를 매우 훌륭하게 서술하여 한 편의 걸작을 탄생시켰다. 그러자 요숭의 아들들은 아버지의 분부에 따라 아주 재빠르게 장열이 쓴 글을 미리 준비해 둔 석비石碑에 새기고, 그 비문을 황제께 헌상하여 감상하도록 하였다. 며칠 후, 글을 써 준 것을 후회하던 장열은 요숭의 집으로 사람을 보내 아직 수정해야 할 부분이 있으니 비문을 내놓으라고 했다. 그러나 상황은 이미 엎질러진 물이라, 비문은 벌써 새겨졌고 원고도 황제께 바친 후라 어쩔 도리가 없었다. 이렇게 장열은 요숭의 그물에 걸렸다. 장열은 바로 얼마 전에 요숭을 높이 평가하는 비문을 써 놓고서 갑자기 요숭의 일생을 철저히 부정할 수 없었다. 그리하여 장열은 보복하려던 계획이 물 건너간 것을 알고 언짢아하면서도, "요숭이 죽은 후에도 그에게 놀아나다니, 결국 그의 재능에는 못 미치는구나!" 하고 탄식하였다.

요숭과 비교해 재상 이임보李林甫는 매우 불행했다. 그도 임종 전에 양국충楊國忠이 분명히 자신을 가만두지 않을 것임을 예상했지만, 대응할 만한 효과적인 책략을 생각해 내지 못했다. 결국 이임보의 가문은 이임보가 죽은 지 얼마 채 되지 않았을 때 양국충의 계략에 의해 큰 불행을 겪게 되고 가산까지 몰수당하게 된다. 물론 요숭과 장열은 이임보와 양국충보다는 훨씬 더 정인군자正人君子라고 할 수 있다. 요숭의 지혜로 양국충의 권모술수에 대응할 수는 없다. 왜냐하면 설령 이임보가 양국충에게 묘지 비문을 써 달라고 한들, 양국충은 잘 쓰지 못할 것이다. 또 만약 돈과 보물을 뇌물로 준다 한들, 원래 탐욕스럽게 재물을 끌어모으던 양국충으로서는 그런 뇌물이 없어도 그다지 아쉽지 않았을 것이다. 게다가 양국충은 원래 암투를 벌이는 데 익숙하니, 어쩌면 예전부터 이임보의 사후에 대해 별의별 궁리를 다 해 놓은 상태라 절대 한순간의 이익을 위해 더 큰 이익을 포기하지는 않을 것이다. 장열은 어쨌든 한 시대의 명재상이었으며, 모든 관심을 요숭을 향한 원한에만 쏟았던 것이 아니었으므로 처음부터 요숭에게 기선을 빼앗겼던 것이다.

물론 사후에 대한 계획이 누구에게나 생사존망이나 국가 대계와 관계되는 것은 아니다. 때로는 가족의 감정과 그 밖의 자질구레한 일들을 돌보기 위해 계획될 수도 있다. 동진東晉의 치초郗超라는 사람이 중병에 걸렸다. 그는 죽기 전에 부친이 자신의 죽음을 너무 슬퍼할까 걱정되어 일부러 한 바구니나 되는 편지를 써서 가족에게 남겼는데, 그 내용은 모두 평소 부친이 당부한 내용과 완전히 상반되는 것이어서, 부친이 읽는다면 펄쩍 뛰며 노발대발할 것이 분명했다. 그 후 치초의 부친인 치음郗愔은 아들의 요절을 애통해하며 통곡을 그치지 못했는데, 가족들은 아무리 진정시키려 해도 소용이 없자 치초가 생각한 방법대로 편지 뭉치를 치음에게 보여 주었다. 편지를 읽은 치음은 과연 크게 화를 내며 더 이상 통곡하지 않았다.

5
과도한 욕심,
공신에서 역신으로 몰락한다

'부귀富貴하려면 위험을 각오해야 한다'라고 하지만 위험이 너무 커서 손대지 말아야 할 것도 있다. 다음에 소개할 인물은 바로 손대면 안 될 것을 건드려 황천길로 간 사람이다.

중당中唐 시대의 황제인 당대종 이예李豫는 고충이 많은 황제였다. 그가 아직 광평왕廣平王일 때 인품과 능력이 모두 특출해서 부황인 당숙종肅宗의 신임을 받았다. 그런데 그가 나날이 정치 경험을 쌓고 자신의 위신을 세워 갈 때 궁궐에서는 풍파가 일었다. 당시 숙종의 총비寵妃 장량제張良娣와 정권을 집권하고 있던 환관 이보국李輔國은 재간이 많은 대신인 이필李泌을 싫어했다. 숙종의 또 다른 아들인 건령왕建寧王 이담李倓은 이것이 불만이어서 이필을 대신해 그 둘을 제거하려 했지만, 이필에게 만류당했다. 그 후 이담은 숙종에게 몇 번이나 장량제와 이보국에 대한 불만을 표시했고, 이 소식은 그들의 귀에 들어갔다. 장량제와 이보국은 선제공격하기로 마음을 굳히고 숙종에게 이담이 음모를 꾸며 태자 자리를 빼앗고 광평왕을 해치려 한다고 거짓으로 고했다. 숙종은 진노하여 이담에게 사약을 내렸고, 광평왕은 자신의 자리 역시 풍전등화라는 것을 알고 공포를 느꼈다. 광평왕은 원래 먼저 손을 써서 이보국과 장량제를 죽이려고 했지만, 이필은 이를 반대하며 그에게 이담의 불행을 생각하며 같은 전철을 밟지 말라고 했다. 그래서 광평왕은 이필의 의견을 들어 숙종에게 지극정성으로 효도하고 절대 장량제와 맞서지 않으며, 그저 한결같이 반란군 토벌에만 힘쓴 결과, 그가 쌓아 올린 전공과 위신이 나날이 커져 마침내 태자로 책봉된다.

이쯤 되면 이미 광평왕 이예의 자리를 흔들 사람은 없어야겠지만 상황은 그렇지 못했다. 당시 장량제는 이미 황후로 책봉되었는데, 그녀는 이보국과 권력 투쟁을 벌이다가 갈등이 생기자 그를 제거하기로 마음먹었다. 그래서 숙종의 병이 위독한 틈을 타 장황후는 이예에게 이보국이 항상 황후와 태자에게 불만을 품고 있었으며 황제가 위독한 틈을 타 모반을 일으키려 한다며 그전에 먼저 이보국을 죽이자고 권유한다. 그러나 이예는 효자인데다가 즉위를 눈앞에 둔 중요한 시기에 잘못을 저지르고 싶지 않았다. 그래서 황후에게 "황공하오나 병이 위독한 황제께서는 오래된 신하를 죽이는 것을 원치 않으실 것이옵니다"라고 말하며 황후의 권유를 거절했다.

장황후는 태자를 이용할 수 없음을 깨닫자 차라리 그를 제거하기로 마음먹고 월왕越王과 연합하여 장생전長生殿에 부하 이백여 명을 매복시키고는 태자를 궁으로 불러들여 손을 쓰기로 했다. 그러나 권력을 쥐고 있던 또 다른 환관 정원진이 그들의 음모를 눈치채고서 이보국에게 알렸고, 두 사람은 신속하게 대응하여 궁문에 복병을 배치한 뒤 이예가 도착했을 때 그의 입궐을 저지하며 장황후의 음모를 고했다. 그러나 이예는 어떤 경우라도 죽음을 두려워해서 부친께 문안을 드리러 가지 않을 수 없다며 입궐을 고집했다. 그래서 정원진은 할 수 없이 태자를 보호하기 위해 병사들을 시켜 태자를 모셔가게 했다. 그날 밤 이보국과 정원진은 먼저 행동에 나서서 월왕 등을 붙잡고 태자의 이름으로 장황후를 후궁에 감금했다. 하루가 지난 후 당 숙종은 병사했고, 이보국은 장황후와 월왕 등을 죽인 후 이예를 황제로 옹립하니, 그가 바로 당대종이다.

이보국과 정원진은 황위 옹립을 도운 큰 공로가 있었기 때문에 그 기세가 나날이 높아졌고 제멋대로 방자하게 굴었다. 다행히 이예의 성격은 비교적 관대했는데 환관들의 세력이 너무 큰 것을 보고도 자신에게 화를 가져오지 않기 위해서 그들을 자극하고 싶지 않았다. 오히려 이예는 환관들을 총애하려 애쓰고, 궁 밖으로 파견시킬 때는 언제나 암묵적으로 그들이 여러 '불로소득'을 얻는 것을 허락하여 빈손으로 돌아오지 않도록 했다. 그러나 이예도 환관들의 세력이 지나치게 커져 자신의 통치권에까지 영향을 미치는 것은 용납할 수 없었다. 당시 이보국은 이미 황제를 추대한 공로로 여러 직함을 가지게 되었는데 병부상서兵部尙書, 판원수행군사마判元帥行軍司馬, 한구사閑廐使에서부터 상부尙父, 사공중서령司空中書令까지 맡아 조정의 중요 사무를 모두 장악하였다. 그리고 이때부터 점점 공로가 있다고 자처하며 거만해졌으며 방자하고 횡포가 심했다. 그뿐만 아니라 심지어는 황제에게 궁 안에서 쉬고 있으면 자신이 무슨 일이든 처리하겠다고 하였다. 이보국의 언행은 마침내 대종이 더는 용인할 수 없을 정도까지 방자해졌지만, 대종은 그가 과거에 장황후를 죽이고 자신의 즉위를 도왔을 뿐만 아니라 막강한 세력을 가지고 있으니 공개적으로 그를 다스리지는 않았다. 대신 밤에 사람을 보내 몰래 이보국을 죽이고 그에게 태박太博의 칭호를 내렸다.

이보국의 사후 공석은 곧장 정원진이 차지했다. 정원진은 이보국과 비슷한 인물로, 그 역시 황제의 옹립을 도왔기 때문에 이보국이 죽은 후 살아 있는 최대 공신이 되었다. 그래서 정원진은 자신의 권력이 곧 이보국을 뛰어넘게 되자 더 포악하고 독단적이 되었다. 심지어 그는 토번군이 공격해 왔을 때 군정軍情을 손에 쥐고도 보고하지 않아, 결국 대종은 황급히 섬주陝州로 피난 갔으며 장안長安 역시 토번군에게 점령당하고 말았다. 이런 제멋대로의 행동은 결국 스스로 화를 가져왔다. 이 사건이 발생한 후 관리들은 정원진의 책임을 추궁하며 그를 참살시켜야 된다고 강력하게 주장했지만, 대종은 그의 옛 공로를 생각하여 관직과 작위만 빼앗은 후 고향으로 돌려보내어 목숨만은 살려 주었다.

권력을 장악했던 두 환관이 앞뒤로 축출되고 나자 그를 대신한 것은 어조은魚朝恩 세력이었다. 그 역시 곧장 두 환관의 길을 답습하였는데, 조정의 일은 사사건건 참견하려 했고 만약 거절당하면 "천하에 내가 못 하는 것이 어디 있는가!"하며 매우 분개했다고 한다. 이런 상황이 계속되자 대종도 점점 그를 탐탁지 않아 했다. 재상 원재元載는 대종의 이런 심중을 알아채고 기회를 보아 황제께 "어조은의 독재가 법도에 맞지 않으니 그를 제거해야 한다"라고 상소했다. 그러자 이번에는 대종이 어조은을 향한 백성들의 분노가 매우 큰 것을 알고 원재와 치밀한 계획을 세워서 마침내 행동에 나서기로 했다. 처음 대종은 높은 대가를 미끼로 어조은의 도당들을 끌어들여 그의 모든 음모 동향을 파악하였지만, 정작 어조은 본인은 아무것도 몰랐다.

경솔한 실수로 계획이 누설되는 것을 막기 위해 대종은 어떤 내색도 하지 않고 여전히 평소처럼 어조은을 대했고 심지어 그를 더 총애하기까지 하여 어조은은 아무것도 눈치채지 못했다. 모든 준비가 끝나자 원재 등의 무리는 치밀한 계획을 짰다. 그리고 삼월 한식날, 대종은 궁중에 연회를 베푼 후 연회가 끝나자 어조은을 남게 하여 평소의 행동을 질책했다. 어조은은 이때까지도 자신이 큰 곤경에 처했음을 모르고 여전히 오만무도한 태도로 자신을 변호했다. 그러자 대종은 명령을 내려 그를 교살한 후, 외부에는 어조은이 명을 받들어 스스로 목을 매었다고 전한 후 그의 집에 장사 비용으로 이백만 전錢을 하사했다.

다행히 대종은 성정이 온화하고 조심스럽기까지 한 황제였는데, 이는 선천적인 요소 외에도 집권 초기에 그의 자리가 아직 튼튼하지 못했기 때문에 일을 크게 만드는 쪽보다는 가능한 한 빨리 안정시키는 쪽을 원했기 때문이다. 그래서 그는 관용을 베풀어 인심을 얻기를 더 원했다. 설령 적의 세력을 제거할 때라도 너무 많은 사람을 연루시키지 않아 남은 도당들이나 가족들이 그 은혜에 감사하도록 하여 정국을 안정시키는 효과를 거둘 수 있었다. 만약 대종이 이렇게 온화한 성정을 지니지 않고, 포악하고 잔인하며 조금만 잘못해도 뿌리까지 철저히 없애 버리는 성격이었다면, 당시의 당나라 정치권에 또 한번의 피바람이 불었을 것임을 상상할 수 있다.

자신감 넘치는 영웅들에게 가장 어려운 일은 적과 서로 싸우고 죽이는 것이 아니라, 자신의 능력이 부족하거나 혹은 통제할 수 있는 범위에 한계가 있다는 것을 인정하는 일이다. 왜냐하면 이런 일들은 체면이 매우 떨어지는 것처럼 보이기 때문이다. 그러나 사람은 자신을 잘 알아야 한다. 국가든 개인이든 모두 스스로 알맞은 통제 범위를 가져야 한다. 만약 그렇지 못하면 자신의 안위를 지키기 어렵다. 만일 통제 범위를 과도하게 확대하면 효과적으로 통제하기 어렵다.

예를 들어 서한西漢 초에 여후는 유방에게 시간이 얼마 남지 않았음을 알고 그에게 상국相國 소하蕭何가 죽은 후에 누구로 하여금 그의 자리를 잇게 할 것인지를 여쭈었다. 그러자 유방은 조참曹參을 선택했다. 조참 역시 자신을 잘 아는 사람으로, 상국이 된 후 자신의 능력이 소하에게 미치지 못함을 알았으며 소하의 정책이 실로 국정에 맞고 다시 수정할 필요가 없다고 여겼다. 그래서 그는 소하가 생전에 계획한 정책을 성실하게 따라 국정을 운영하여 과연 큰 성과를 거두었다. 이것이 유명한 '소규조수蕭規曹隨'*이다.

송나라 말기, 어사중御史中 승범풍丞范諷은 연회를 열어 손님을 초대하려 했는데, 그는 요리사가 준비해야 할 메뉴를 직접 짜고, 옆에서 계속 지시를 내리면서 자신의 명령을 수행하려던 부하들을 다시 불러 세워 재차 당부했다. 옆에서 이를 지켜보던 유명한 현량賢良 노아역老衙役은 그의 행동이 매우 적절치 않다고 여겨 그에게 말했다.

"만약 사람을 보내 일을 시킨다면 그에게 하는 방법만 가르쳐 주고 보내면 됩니다. 만약 그가 일을 제대로 못 하면 그때서야 규정에 따라 처벌하면 되지요. 그에게 끊임없이 당부해 봤자 무슨 소용이 있습니까? 원래 지휘를 책임질 사람이 있고 일을 책임질 사람이 있어 각자 자신의 직권 범위가 있는 법입니다. 만약 재상을 지내는데 일의 대소를 가리지 않고 일일이 모두 관여한다면, 천하의 일을 어떻게 돌볼 수 있겠습니까?"

제갈량 역시 모든 일에 신경 쓰는 타입이라 너무 과로하여 한창 나이에 일찍 세상을 떠난 것이다. 많은 사람들이 나이가 든 후에 판단이 흐려지지만, 조조는 나이가 들어서도 꽤 정신이 맑았다. 어느 날 손권孫權이 그에게 편지를 한 통 써서 빨리 한나라 헌제를 폐위하고 스스로 황위에 오르라고 충고했다. 조조는 이 편지를 읽은 후 대신들에게 보여 주며 말했다.

---

* 소하(~기원전 193년)가 제정한 법규를 조참(~기원전 190년)이 따른다는 뜻으로 예부터 그대로 따르거나 이어나가는 것을 이른다.

"손권 이 녀석은 나를 불구덩이에 밀어 놓고 싶은 모양이로구나!"

그러자 대신들은 이 기회를 이용해 조조에게 헌제를 대신하여 황위에 오르라고 말했다. 그러나 조조는 이를 물리치며 대답했다.

"만약 하늘이 정말 우리 조씨 가문을 보살핀다면 나는 주문왕周文王이 되겠다."

이 말의 뜻은 그의 아들을 황제로 옹립하고 싶다는 의미였다.

사람이 자신의 실력을 제대로 알면 해야 할 것과 해서는 안 되는 것을 알 수 있다. 확장 계획을 세울 때도 당시의 형세를 살펴 냉정하고 객관적으로 진행하여 선택해야 한다. 거란契丹의 야율아보기는 초원을 장악한 후, 계속 하북 지역의 장성長城을 따라 이어지는 영토를 동경하였다. 그래서 언제나 당나라 말 북방 번진藩鎭의 난투 중에서 이익을 얻고자 했지만, 자신의 실력에 부족함이 있기 때문에 자주 현실과 이상이 어긋났다. 그는 예전에 이극용의 아들 이존욱의 힘을 빌려 후량後梁과 교전할 때 유주성幽州城을 공격했다. 거란군은 화차火車를 만들고, 지하도를 파고 토산土山을 쌓는 등 생각할 수 있는 모든 방법을 모두 써서 성을 공격했다. 그러나 중원 사람들은 성을 방어하는 경험이 더 풍부했기 때문에, 성 꼭대기에서 거란 병사들에게 철과 동을 녹인 쇳물을 퍼부어 그들을 아비규환 속에 빠뜨렸다. 이렇게 서로 백 일이 넘도록 대치하고 나자, 이존욱이 보낸 원군이 도착했을 때 거란군은 철수할 수밖에 없었다.

한편, 유주에 할거하고 있는 변덕스러운 통치자 유인공劉仁恭 역시 몇 번이나 야율아보기에게 쓴맛을 보여 주었다. 그는 거란의 상황을 잘 이해하고 있었기 때문에 매년 상강霜降*이 되면 사람을 보내 북방 초원의 풀을 모두

---

* 양력 약 10월 24일 즈음

불태워 버려 거란의 말들을 대거 굶어 죽게 만들었다. 야율아보기의 손위 처남 술율아발術律阿鉢은 일찍이 군대를 이끌고 남하했는데, 유인공의 아들 유수광劉守光이 술율아발에게 친교를 맺고 싶다고 거짓말을 하면서 자신의 성 밖에 연회를 베풀고는 연회 중에 갑자기 그를 성 안으로 잡아갔다. 결국 거란족이 대성통곡하는 가운데 야율아보기는 이 무뢰한 납치범들에게 거금을 주고 손위 처남을 구해 올 수밖에는 없었다.

의무절도사義武節度使 왕처직王處直은 각종 재물을 보답으로 약속하면서 야율아보기를 자신과 이존욱 간의 분쟁에 끌어들였다. 야율아보기가 선뜻 출병을 결정하자, 아내 술율術律 황후는 그를 조소하면서 사리사욕에 눈이 멀어 맹목적으로 행동한다 했다. 결과도 정말 그랬다. 야율아보기는 사하沙河 강에서 이존욱이 이끄는 오천 정예 기병대와 마주쳐 크게 패배하고 돌아왔다. 당시 사하 강 수면에 얼어 있던 얼음은 매우 얇아서 많은 거란 병사가 얼음이 산산이 부서지면서 강에 떨어졌고, 거기다 사람도 말도 추위와 굶주림에 시달렸기 때문에 사상이 막심했다. 그래서 어쩔 수 없이 야율아보기는 철수할 수밖에 없었다.

반면 주원장은 언제나 의식이 똑바로 깨어 있는 인물이었다. 원元나라 말에 주원장이 군웅群雄들과 천하를 놓고 겨루고 있을 때, 장사성張士誠*의 세력 범위는 모두 주원장의 영지와 가깝게 있었다. 결국, 누가 먼저 누구를 공격하느냐가 결정적인 선택이 되었다. 주원장의 수많은 부하는 장사성의

---

* 원나라 말기에 군사를 모아 반란을 일으킨 주동자로, 소주蘇州를 도읍으로 정하고 나라를 세웠다.

군사력이 진우량陳友諒*보다 약한 것을 보고, 주원장에게 먼저 장사성을 공격한 후에 진우량을 공격하자고 제안했다. 그러나 주원장은 그들과 상반되는 판단을 내렸다. 주원장의 생각에, 장사성은 진취력이 부족하지만 진우량은 진격에 능하므로, 만약 자신이 장사성을 먼저 공격한다면 필시 진우량이 전력을 다해 자신을 공격해 와서 진퇴양난의 곤경에 빠질 것으로 예측했다. 그러나 만약 진우량을 먼저 공격한다면 장사성의 성격으로 볼 때 머뭇거리며 행보를 결정하지 못해 결국 자신과 진우량의 싸움에 끼어들지 않을 것이었다. 그래서 주원장은 과감하게 먼저 진우량과 맞붙기로 했다. 그리하여 주원장과 진우량은 응천應天, 강주江州, 파양호鄱陽湖 등에서 여러 차례 중대한 전투를 치렀으며, 사상자도 엄청났다. 특히 파양호 전역에서 벌어진 주원장의 이십만 부대와 진우량의 육십만 부대의 36일간의 전투는 양쪽 모두 온 힘을 다해 싸웠지만 결국 진우량이 화살에 맞아 죽음으로써 주원장의 승리로 끝났다. 그 후 주원장은 또다시 치밀한 계획을 짜서 장사성의 영지를 공격했다.

그리고 훗날 주원장이 대도大都를 공격하려 할 때, 대장 상우춘常遇春은 남쪽에서 북쪽으로 직접 대도를 공격하여 빼앗자고 건의하면서 대도를 함락시켜야만 다른 성들도 그 기세에 눌려 투항할 것이라 했다. 그러나 주원장은 그와 상반된 의견을 가졌다. 주원장은 대도는 원나라 정권이 백여 년 동안 다스린 도성으로 틀림없이 성이 견고하고 방어가 치밀하여 공격하기에 쉽지 않을 것으로 판단했다. 일단 시간이 지체되면 각지에서 원나라 지원군이 도착할 테고 그렇게 되면 사면초가에 빠질 수 있었다. 그래서 그는 다음과 같은 방안을 내놓았다. 먼저 산동山東을 빼앗아 대도의 보호막을 걷어

---

* 원나라 말기에 강서江西와 호광湖廣 일대에 위세를 떨친 군웅의 한 사람

내고, 다시 하남河南을 함락시켜 원나라 군대의 날개를 잘라 내며, 마지막으로 동관潼關을 함락시켜 대도의 출입문을 점령한다. 이렇게 하면 대도 주변의 몇몇 통제권을 장악할 수 있고, 그때 다시 대도를 공격하면 틀림없이 함락시킬 수 있을 것이었다. 그 후에는 서쪽으로 진격하여 적시에 운중雲中, 구원九原 그리고 관롱關隴 등의 지역도 신속하게 손에 넣을 수 있을 것이다.

그 뒤의 상황은 과연 주원장이 옳았음을 보여 준다. 시간이 지남에 따라 산동, 하남 등의 지역이 차례로 주원장에게 함락되었고, 원나라 순제順帝는 소수의 왕자, 공주, 인척, 관리와 군대만 데리고 경성의 북문으로 빠져나가 상도上都*로 도망갔다. 그리고 얼마 후 대도는 마침내 서달徐達** 등의 인물에게 함락당했다.

---

* 중국 원나라 때 도읍의 하나로, 쿠빌라이가 이곳에서 즉위했다.
** 주원장의 수하로, 중국 명나라의 개국 공신

7장

돌위술 突圍術

절체절명의 순간, 두려워 말고 목숨을 걸어라

누구나 위험에 처할 때가 있다. 죽느냐, 사느냐?

승부를 가르는 이 절체절명의 순간에

무엇을 해야 하는가?

두려워 말고 맞서야 한다.

어쩌면 마지막일지도 모르는 기회를 움켜 쥐고

목숨을 아끼지 않고 진력을 다해야 한다.

결정적 순간을 기다리며 준비를 해야 하고,

허를 찔러서 판세를 일순간에 뒤집어야 한다.

당나라의 이세민이 태자를 제거하고

황위를 차지하는 과정이 그랬다.

1
결정적 순간,
허를 찔러 판세를 뒤집어라

　현실에서의 이익 다툼은 종종 한 치의 양보도 없는 사투가 된다. 이 때문에 원수를 외나무다리에서 만나면 용감한 자만이 이길 수 있는 것이다. 승부를 가르는 결정적 순간에는 투혼을 발휘해 싸우는 자만이 승리를 거둘 수 있다. 도박사들은 누구나 적은 밑천으로 큰 판돈을 따고 싶으며, 최소의 투자로 최대의 이익을 얻고자 한다. 하지만 그 가능성은 매우 적다. 그래도 누군가는 시도한다. 이것이 바로 도박사의 본성이다.

　항우는 불퇴전不退轉의 각오로 용감하게 출전하여 진나라 군사를 크게 무찔렀고, 이는 오래도록 남을 무용담이 되었다. 이것이 바로 판돈이 큰 도박의 전형적인 예라 할 수 있다. 성공률은 낮지만, 이익은 매우 크다. 때로는 승리를 위해 인의仁義를 논할 여지도 없이 잔인하고 비정한 수단을 취해야 할 때도 있다. 부득이하지만 이러한 선택도 책략이다. 당나라 초기에 일어난 '현무문의 변玄武門之變'은 바로 이런 현실적인 선택을 생생하게 보여준다.

　수나라 말에 태원太原 유수留守 이연李淵은 군사를 일으켜 수나라 왕조에 반기를 들고 장안長安을 공격하여 대당大唐을 세웠다. 이 투쟁에서 이연의 아들들은 그를 도와 많은 공을 세웠다. 장남 이건성李建成은 냉정하고 침착하면서도 인덕이 있고 너그러워 태자로 책봉되었다. 차남 이세민李世民은 용감하고 과감하며 학식이 뛰어 났는데, 특히 기회를 잘 포착하고 전력을 다해 공격하는 데 능해서 진왕秦王에 봉해졌다. 사남 이원길李元吉은 성격이 포악했지만 매우 용맹했기 때문에 제왕齊王으로 봉해졌다. 삼남 이원패李元覇는 일찍 세상을 떠났다. 이연은 태원에서 군사를 일으킨 후 스스로 전군의 사령관이 되어 이건성과 이세민으로 하여금 각각 좌군, 우군을 통솔케 하고 이원길은 태원에 남겨 후방의 안전과 군수품 보급을 확보하도록 했다. 이처럼 모든 상황은 이씨 부자가 장악하고 있었고, 이연은 그의 세 아들을 무척 마음에 들어 했다.

하지만 그 중에서 역시 이세민이 가장 뛰어났다. 이세민은 어릴 때부터 학문을 수양하는 것보다는 무예를 수련하는 것을 더 좋아했다. 그는 가슴에 큰 뜻을 품고 있었다. 이세민은 태원에 있을 때 수왕조가 곧 멸망할 것으로 여기고 암암리에 재산을 풀어서 재능 있는 자들과 어울렸다. 이세민은 천하를 호령하려는 뜻을 품고 준비를 한 것이다. 군사를 일으킬 계획을 세우는 과정에서도 이연은 야심을 깊이 숨겼지만 이세민은 적극적으로 거병擧兵을 재촉하며 야심만만한 성격을 드러냈다. 그런데 이씨 부자가 장안을 점령한 후에도, 전국 각지에는 여전히 여러 군사세력이 서로 대치하며 할거한 채 스스로를 왕이나 황제라 불렀으며, 누가 최후의 승자가 될지 아무도 예측할 수 없었다.

당 고조 무덕武德 원년에서 무덕 7년까지(618-624) 7년의 세월 동안 여섯 차례의 전쟁을 거친 후에야 당왕조는 천하 통일이라는 대업을 이룩할 수 있었다. 이 과정에서 이세민은 동서를 정벌하고 군웅들을 평정하며 큰 공훈을 세웠으니, 당나라 천하 중 절반은 그가 얻어낸 것이라 해도 과언이 아니다. 이세민이 이렇게 큰 공을 세울 수 있었던 데에는 특별한 이유가 있다. 역대 왕조의 관습에 따르면, 태자는 황위皇位의 계승자로서 본래 마음대로 출정할 수 없었다. 태자의 주요 책임은 황제를 보필하여 국가의 사무를 처리하고 중앙의 권력 구조를 안정시키는 것이었다. 그렇지만 태원에서 군사를 일으키고 장안을 손에 넣기까지의 군사적 활동 중에서 이건성 역시 탁월한 지휘 능력을 발휘했으므로, 만약 그가 군사 통솔자가 되었더라면 결과가 또 어떠했을지 모를 일이다.

중국 황실은 전통적으로 태자가 중앙에서 안정을 유지하고 나머지 황자皇子들은 병권兵權을 나누어 받았다. 이런 책략의 뚜렷한 장점은 태자와 중앙 정권의 각 부서 및 조정 대신들과의 관계가 비교적 안정된다는 것이다. 그러나 한편으로 태자는 눈에 띄는 공훈을 세울 수 없었다. 인위적인 정치적 안배와 '장남을 정통正統 후계자로 옹립擁立한다'는 공인된 도덕적 원칙에 의거, 태자의 지위를 유지할 수밖에 없다는 약점이 있다. 다른 황자들의 공이 너무 크면 태자의 성망도 영향을 받을 수밖에 없다.

그리고 당나라 초기의 황실은 특수한 상황에 놓여 있었다. 이연은 우수한 군사 전문가는 아니었고, 전쟁의 고통을 두려워했다. 사남 이원길의 능력에도 한계가 있었다. 그래서 이연은 차남인 이세민에게 더욱 의지하게 되었다. 이세민은 재능과 식견이 뛰어났을 뿐만 아니라 용감해서 이런 기회를 잘 이용했다. 그는 노고를 마다하지 않고 위험을 무릅쓰며 영토를 확장하여 몇 번이나 큰 공을 세웠다. 이 때문에 이세민의 위엄과 명성은 점점 높아져서 태자인 이건성을 뛰어넘을 정도였다. 이때 이세민의 휘하에는 방현령房玄齡, 두여회杜如晦, 위지공尉遲恭 등의 인재들이 있었다.

태자 이건성 역시 절대로 평범한 인물은 아니었기에, 휘하에 수많은 인재들이 모여 있었다. 그 중 위징魏徵, 왕규王珪, 위정韋挺은 모두 뛰어난 현재賢才들이었다.

이건성과 이세민은 모두 현명한 정치가로서 인재의 소중함을 알고 있었다. 그들은 각자 인재를 끌어 모으는 한편 상대의 인재를 빼내려고 애썼다. 한 번은 이건성이 이세민 수하의 용맹한 장수인 위지경덕尉遲敬德에게 금은보화를 한 수레 가득 선물로 보내며 그와 신분을 떠나 평등하게 친교를 맺고 싶다고 했다. 하지만 위지경덕은 이건성의 청을 단호히 거절하고 이 사실을 이세민에게 보고하였다. 그런데 이세민은 이를 애석해 하며 말했다.

"장군은 보물을 받지 그랬소? 설령 다른 사람이 그대에게 황금을 산처럼 쌓아 줄지라도 나는 그대를 의심치 않을 것이오. 일단 선물을 받으면 그들의 음모를 알 수 있는 기회가 생기지 않겠소!"

이세민 역시 이건성 수하의 인재들을 빼내 올 궁리를 했는데, 그가 이건성보다 더 성공적이었다. 이세민이 태자와의 승부에서 최후의 승리를 거둘 수 있었던 것은 태자의 부하나 측근을 책동하여 모반을 일으키도록 한 것이 큰 역할을 했다. 이 밖에 조정 대신과 지방의 장군들 사이에서도 이건성과 이세민을 지지하는 무리가 나뉘어져 점점 태자 이건성 파와 진왕 이세민 파를 형성했다.

인재를 뺏는 것보다 더 직접적인 수단은 서로를 모해謀害하는 것이었다. 기록에 의하면, 이세민이 고조를 따라 제왕부齊王府에 갔을 때 이원길이 자객을 매복시켜 그를 살해하려 했다. 하지만 이건성이 이 사실을 알고 이원길을 말려 계획이 무산되었다고 한다. 이건성도 이세민을 죽이고 싶었을 테지만, 그 방법이 너무 위험하다고 여겼을 것이다. 또 한 번은 이세민이 이건성의 궁궐에서 술을 마셨는데, 돌아가서는 각혈이 멈추지 않았다. 이연은 이 소식을 듣고 의심하며 이건성에게 말했다.

"진왕은 술을 잘 마시지 못하니 앞으로 다시는 밤에 모여 술을 마시지 않도록 하라."

이세민의 각혈이 우연인지, 아니면 이건성이 독을 탔으나 제대로 듣지 않은 건지 그 진실을 알 수 없으나 아무래도 전자일 가능성이 비교적 크다고 여겨진다.

현존하는 사적史籍에는 이건성과 이원길이 어떻게 이세민을 모해하려 했는지 많이 기록되어 있으나, 이세민이 그들을 모해한 사실은 거의 기록되어 있지 않다. 사실 이건성은 합법적인 계승권을 지니고 있었기 때문에 어떤 면에서나 이세민보다 우위였다. 그러니 음모가 더 필요했던 이는 바로 이세민이라 해야 할 것이며, 결국 마지막에 음모로 성공한 이도 이세민이었다. 단지 기록이 많지 않은 관계로 후세 사람들도 얘기하지 않는 것이다. 그러나 무덕武德 7년에 일어난 '양문간楊文干 사변'에는 미심쩍은 점이 많다.

양문간은 예전에 태자가 있는 동궁을 호위하기 위해 숙직을 하였고 이건성과 관계가 긴밀했다. 그는 후에 경주도독慶州都督으로 임명되었는데, 관할지가 지금의 감숙성甘肅省의 섬서陝西와 가까운 지역이었다. 무덕 7년 6월에 이연은 이세민과 이원길을 데리고 인지궁仁智宮*으로 피서를 떠나고 이건성은 장안을 지키게 되었다.

역사 기록에 의하면, 이건성이 이 기회를 틈타 양문간에게 용사들을 모아

---

* 오늘날 섬서 요현耀縣에 위치

경성으로 보내라 명하고 병변兵變을 일으키려 했으나, 후에 사실이 폭로되자 양문간은 스스로 군사를 일으켜 모반을 꾀했다고 한다. 그러나 당나라 사람이 남긴 야사野史는 이 사건을 '무고誣告 당한 동궁'이라 기록하며 모함이라고 했다. 그럼 실제 상황은 어떠했을까? 당시 이건성은 동궁의 무장武裝을 계속 확장하고 있었는데 이는 진왕부秦王府의 힘을 견제하고 대비하기 위함이었다. 그가 양문간에게 용사를 모아 경성으로 보내라고 한 것도 이런 맥락이었으며, 양문간에게 병변을 일으키게 할 의도는 없었을 것이다. 왜냐하면 병변은 필요하지도 않았을 뿐만 아니라 성공할 가능성도 없었기 때문이다. 이건성은 그렇게 어리석은 자가 아니었지만 어쨌든 용사를 모은 것은 불법이었다. 이세민은 이 기회를 놓치지 않고 사태를 부풀려 사람을 시켜 이연에게 그 내막을 알렸고, 이연이 이건성을 의심하도록 선동했다.

역시나 보고를 받은 이연은 벌컥 성을 냈고, 장안으로 조서를 보내 이건성에게 속히 인지궁으로 오라 명했다. 이건성은 십여 명의 기마 호위병만 데리고 급히 부친을 알현하러 갔고 머리를 조아리며 용서를 빌었다. 이연이 계속 화를 내며 꾸짖자 이건성은 슬프고 분개하여 몸을 날려 벽을 들이박았다. 하지만 이연은 여전히 화를 삭이지 못하고, 이건성을 가둔 뒤 양문간을 잡아들이라 명했다. 사자使者가 경주慶州에 도착하여 양문간에게 실상을 설명하자 양문간은 매우 놀랐다. 그는 이 일이 결코 좋게 끝나지 않을 것이라 여기고, 아예 군사를 일으켜 모반했다.

그리하여 이연은 이세민에게 군사를 이끌고 가서 양문간을 진압하라 명했고, 이세민이 길을 떠나기 전에 이렇게 말했다.

"양문간의 일은 건성과 연관이 있어 많은 사람들이 거기에 편승할지도 모른다. 빨리 가서 일을 잘 해결하고 돌아오면 너를 태자로 삼겠노라! 하지만

건성의 목숨을 빼앗고 싶진 않으니 그를 촉왕蜀王에 봉하겠다. 촉은 지역이 외지고 영토가 작으니 견제하기가 쉽다. 만약 건성이 너를 섬기지 않더라도 잡아들이기 수월할 것이다."

이때가 이연이 처음으로 태자를 바꿀 생각을 했던 때가 아닌가 싶다.

그러나 이세민이 출병한 후, 많은 이들이 이연에게 이건성을 위한 탄원을 올리고, 사건의 실제 상황을 분석하면서 태자인 이건성이 모반을 꾀할 이유가 절대 없다고 아뢰었다. 이연도 그들의 말에 일리가 있으며, 이 모든 사건의 시작은 형제간의 다툼에서 비롯된 것임을 깨달았다. 그래서 이연은 이건성을 장안으로 돌려보내 예전처럼 경성을 지키게 했고, 죄를 몽땅 동궁과 진왕부의 부하들에게 떠넘겨 동궁의 왕규, 위정과 진왕부의 두여회를 유배 보냈다. 이 사건은 이처럼 애매모호하게 마무리 되었다. 그런데 차후 이연은 이건성을 한층 신임하게 되었다. 이연의 태도로 볼 때, 이연은 이 사건의 내막을 속으로는 분명히 알고 있었던 것으로 보인다. 여하튼 이씨 형제간의 원한은 더욱 깊어졌다.

결국 무덕 6년 이후 이씨 형제간의 갈등은 나날이 심각해졌고 물과 불처럼 서로 어울리지 못했다. 게다가 황제의 명령, 태자의 명령, 그리고 진왕의 명령이 종종 서로 맞지 않았기 때문에 당 왕조의 정치도 매우 혼란스러웠다. 관리들은 어쩔 수 없이 누구의 명령이 먼저 내려졌는지에 따라 명령을 수행했다. 이런 상태는 오래 갈 수 없었다.

그럼 부친이자 황제인 이연의 태도는 어땠을까? 부친으로서 이연은 삼 형제 중 그 누구도 특별히 편애하거나 편을 들지 않았다. 그러나 황제로서의 이연은 장자의 계승권을 반드시 옹호해야 했다. 이는 관습에 따른 것이었다. 그리하여 이세민 세력은 서서히 억압을 받게 되었다. 이연은 또한 이세민이 일정한 세력을 유지하며 이건성과 서로 견제하는 것도 필요하다고 생각했다. 제왕의 집안에 절대적인 신뢰란 있을 수 없다. 더군다나 그의 아들들이 모두 그들처럼 특출한 인물들이라면 더욱 그렇다.

상황은 계속 이세민에게 불리하게 전개되었다. 이세민은 무덕 5년 이후로 특별히 내세울 만한 전공을 세우지 못했는데, 이건성은 하북 평정이라는 중책을 완수했다. 또 양문간 사건은 이건성의 태자 자리를 위협하지 못했고 오히려 그 자리를 공고히 해주었다. 이연은 장남이 정통 계승자가 되어야 한다는 생각을 바꾸지 않았고, 조정과 지방 장군들 사이에도 진왕보다 태자를 지지하는 사람들이 더 많았다.

이건성은 이런 유리한 위치에서 이연의 지원 아래 차근차근 이세민의 세력을 약화시켜 갔다. 무덕 7년, 이원길은 이연에게 이세민의 장수인 위지경덕을 무고했다. 위지경덕은 투옥되어 사형을 당하게 되었다. 그러자 이세민은 결연한 태도로 위지경덕을 풀어 줄 것을 강력히 요구했고, 다행히 위지경덕은 처벌을 면하게 되었다. 같은 해 이세민 수하의 장수 정지절程知節이 강주자사康州刺史로 임명되었는데, 그는 임직을 거절하고 이세민에게 말했다.

"대왕의 고굉지신股肱之臣*들이 조만간 모두 떨어져 나가게 생겼습니다. 대왕 역시 몸을 오래 보존하기는 어려우실 겁니다. 저는 죽어도 강주로는 못 가겠으니, 대왕께서는 속히 결단을 내려주시옵소서!"

방현령과 두여회는 진왕부의 주요 책사였는데, 이건성은 이원길에게 진왕부에서 조심해야 할 인물로 방현령과 두여회를 손에 꼽았다. 그래서 이건성과 이원길은 이연에게 방현령과 두여회가 자꾸 이씨 형제들의 불화를

---

* 다리와 팔같이 중요한 신하라는 뜻으로, 임금이 가장 신임하는 신하를 이르는 말

부추긴다고 말했고, 이연은 방현령과 두여회에게 명을 내려 진왕부를 떠나 앞으로는 진왕의 지시를 따르지 말라고 했다. 방현령과 두여회는 그로부터 얼마간 장안에 남아 있었는데, 앞날이 어떻게 될지 알 수 없었다.

그리고 마침내 상황은 최악의 국면으로 들어섰다. 무덕 9년 여름, 돌궐의 수만 기병이 국경지대를 침략했다. 관례에 따르면 이세민이 군대를 이끌고 출정해야 했으나, 이번에는 이건성이 이원길을 내세워 그 역할을 하게 했다. 당연히 이세민이 다시 병권을 쥐지 못하게 하려는 속셈이었다. 이연은 이런 상황을 잘 알고 있으면서도 이건성의 의견에 동의했다. 뿐만 아니라 이원길은 이연에게 진왕부의 용장勇將 위지경덕, 정지절, 단지현段志玄, 그리고 진숙보秦叔寶를 자신의 수하로 데려와 함께 출정할 수 있게 해달라고 청했으며, 진왕이 지휘하는 정예병들도 그의 휘하에 두고자 했다. 이는 이세민을 무장해제를 시키려는 것이었다. 만약 이세민이 그 의견을 따르면 진왕부는 빈털터리가 되고 누구에게나 무시당하는 존재로 전락할 터였다. 결국 이 일은 최악의 상황을 초래하는 도화선이 되었다. 열세에 몰렸던 이세민은 이건성에게 대적하기 위해 정변을 몰래 꾸미며 선제공격에 나설 수밖에 없었다.

무덕 9년 전부터 진왕부의 부하들은 이미 정변을 생각하고 있었다. 방현령은 예전에 이세민의 처남인 장손무기長孫無忌에게 이렇게 말했었다.

"이제 적대관계는 돌이킬 수 없습니다. 일단 일이 터지면 진왕부는 절대 요행을 바랄 수 없습니다. 생사존망에 추호의 어긋남도 있어서는 안 됩니다. 오늘이 바로 결단의 날입니다!"

그들은 두여회와 회동하여 이세민에게 확실히 권고했다.

"반드시 제때 손을 써 건성과 원길을 처단해야 합니다!"

그리고 방현령과 두여회가 진왕부에서 축출되자 상황은 더욱 긴박해졌고,

남은 부하들은 서둘러 계략을 꾸몄다.

　이연이 진왕부의 장수와 병마들을 제왕 이원길의 휘하로 들이라고 명했을 때, 상황은 이미 최후의 국면으로 접어들었다. 위지경덕과 장손무기는 이세민을 알현하여 자신들은 속수무책으로 가만히 죽임을 당할 수는 없으니, 만약 이세민이 즉시 행동에 나서지 않겠다면 그를 떠나 도주하여 생명을 보존하겠다고 했다. 당연히 이세민도 자신의 숨통을 죄는 부친의 명을 따를 수는 없었다. 그는 장손무기를 보내 방현령과 두여회를 몰래 불러들여 거사를 상의하려 했다. 그런데 방현령과 두여회는 예상치 못한 대답을 했다.

　"황제께서 다시는 대왕과 만나지 말라고 명하셨습니다. 만약 사사로이 대왕을 알현하러 간다면 목숨을 잃게 될 것입니다. 신들은 감히 그렇게 할 수 없나이다!"

　사실 이 말의 뜻은 만약 진왕이 여전히 망설이며 결단을 내리지 못한다면 아무리 상의해 봤자 공허할 뿐이니 함께하고 싶지 않다는 뜻이었다. 이세민은 이를 전해 듣고 크게 화를 내며 검을 뽑아 들어 위지경덕에게 건네 주고는 말했다.

　"현령과 여회가 감히 나를 배신하겠다는 말인가? 네가 가서 보고 오너라. 만약 두 사람이 정말로 오지 않겠다고 하면 머리를 베어 나를 알현하게 하라!"

　위지경덕과 장손무기는 다시 방현령과 두여회를 만나 말했다.

　"진왕께서는 이미 결심하셨으니 의심할 필요 없다네!"

　그러자 방현령과 두여회는 마침내 도사의 모습으로 변장하고 몰래 진왕부로 갔다. 중국 역사상 보기 드문 대담한 정변 음모 계획이 바로 이때 결정되었다. 무덕 9년 6월 3일, 진왕 이세민은 황제 이연을 몰래 아뢰어 그들이 계획한 미끼를 던졌다.

정사正史의 기록에는, 무덕 9년 6월 4일에 이건성과 이원길이 미리 음모를 꾸미며 이원길의 출정 송별연에 자객을 매복시킨 뒤 이세민과 위지경덕 등을 살해하려 했기 때문에 이세민이 돌연히 정변을 일으켰다고 되어 있다. 이건성의 부하가 암살 계획을 미리 이세민에게 밀고했고, 이세민은 어쩔 수 없이 정변을 일으켰다는 것이다.

이 기록은 완전히 거짓이다. 이세민이 6월 4일에 일으킨 정변에 충분한 명분을 주고, 뛰어난 재능과 원대한 계략을 지녔으나 인의도덕은 깔보았던 이 정치가를 도덕적으로 미화시키려는 의도였다. 이건성의 계획은 이세민의 세력을 서서히 약화시키는 것이었다. 만약 이세민이 순순히 병권을 내놓고 진왕부의 장수들을 이원길에게 보냈다면 이세민은 그저 종이호랑이일 뿐인데 왜 굳이 이세민을 제거하려고 했겠는가? 정치가는 이득 없는 헛수고를 하지 않는다.

이건성은 완벽해 보이는 그 계획이 자신의 죽음을 초래할 줄은 꿈에도 몰랐다. 이는 그가 어리석어서가 아니라 그의 입장이 '너무' 유리했기 때문이다.

이세민은 걸출한 군사 전문가였다. 하지만 장안성에서는 군대를 움직일 방법이 없었다. 동원할 수 있는 무력은 극소수의 진왕부 호위대와 암암리에 양성한 무사들뿐이었는데 총 수가 몇백 명밖에 되지 않았다. 반면에 태자의 동궁 호위대는 규정에 따라 그 규모가 진왕부보다 훨씬 컸으며, 거기에 제왕부의 군사까지 더하면 총 합이 수천 명인 데다가 하나같이 반복된 선발과 훈련을 거친 용사들이었다. 뿐만 아니라 경성에는 수만의 금위군禁衛軍이 주둔하고 있었는데 이들은 명목상으로는 태자의 관할이 아니었지만, 태자가 여러 해 동안 경성에 주둔해 있었기 때문에 실질적으로는 대부분의 장수들이 그의 측근이나 마찬가지였다.

이렇게 전투력의 차이가 나는데 이세민이 군사를 일으킬 줄 이건성이 어찌 알 수 있겠는가? 과거에 이연은 세 형제간의 사이가 좋지 않자 이세민을 동도東都 낙양으로 보내려고 한 적이 있었다. 그러자 이건성은 그렇게 되면 이세민이 세력을 형성하고 군대를 손에 쥐게 되어 누구도 쉽게 어찌 할 수 없는 지경에 이르게 될 것이라고 생각했다. 그리하여 그는 온갖 방법을 궁리하여 마침내 이연의 생각을 바꾸게 했다. 이건성은 이원길에게 만약 진왕이 장안에 남아 있으면 일개 필부에 지나지 않는다고 말하며, 그래야만 진왕을 상대하기 쉽다고 이야기한 적이 있다. 그의 말에도 상당한 일리가 있었다.

하지만 모두가 범한 치명적인 실수가 있었으니, 바로 이세민이 어떤 담력과 기백을 지닌 인물인지 깨닫지 못한 것이었다.

무덕 9년 6월 3일, 이세민은 이연에게 거짓으로 이건성의 잘못을 밀주密奏*하였고, 이연은 이건성과 이원길에게 다음 날 아침 일찍 입궁하라 일렀다. 그때 궁의 밀정인 장첩여張婕妤가 이세민이 밀주한 내용을 이건성에게 알렸다. 이건성은 이원길을 불러 이를 상의했다. 두 사람 모두 이세민이 이런 상주문을 올린 후에 필시 이에 상응하는 행동을 취할 것이며, 사태가 더 심각해질 것이라 여겼다. 그래서 이원길은 이건성에게 말했다.

"당장 궁중 호위대의 경계를 강화시키고 몸이 불편해서 입궁할 수 없다고 한 후에 사태를 지켜봅시다."

그러자 이건성이 대답했다.

"그렇게 하면 스스로 잘못이 있음을 인정하는 꼴이 아니냐? 만일의 사태를

---

* 임금께 몰래 아뢰던 일

방지하기 위해 이미 경성 각처의 경비를 더욱 강화하라고 명해 놓았다. 우리가 두려울 게 무엇이냐? 아우와 입궁하여 부왕을 알현하고 영문을 밝힐 것이다!"

다음 날 아침, 이건성과 이원길은 몇몇 측근들만 대동한 채 황궁의 북문인 현무문玄武門을 통해 입궁했다. 현무문의 금위禁衛를 책임지는 상하常何는 예전에 이건성을 따라 하북으로 출정을 나갔으며, 이건성은 그를 매우 신임하였다. 궁문을 지나자 사방이 고요했고 몇몇 호위군만이 대문의 양쪽을 지키고 서 있었다. 이건성과 이원길은 천천히 임호전臨湖殿을 향해 걸어갔다. 그때 이건성은 순간 궁궐 측면에 사람 그림자가 움직이는 것을 발견하고는 크게 놀라 말머리를 돌려 "큰일 났다!"고 외치며 도망쳤다.

이때 세민이 튀어나와 크게 소리를 질렀다.

"큰형님 멈추시오! 큰형님!"

이에 이건성은 잠시 머뭇거렸지만 이원길은 이미 임호전 양쪽에서 수십 명의 기병이 몰려오는 것을 보고는 재빨리 활시위를 당겨 이세민을 쏘았다. 이원길은 평소 용맹했지만 이 때만큼은 마음이 너무 조급하고 당황스러워 활시위를 충분히 당기지 못했고, 세 번을 연달아 쏘았으나 하나도 명중시키지 못했다. 그러나 이세민은 말을 멈춰 세우고 침착하게 활을 쏘아 이건성의 등에 명중시켰고, 이건성은 바로 말에서 떨어졌다.

이러한 와중에 위지경덕이 수십 명의 기병을 이끌고 와 이세민을 지원하였고, 화살이 난무하는 전투가 벌어졌다. 이원길도 화살 한 대를 맞고 말에서 떨어졌다. 그런데 마침 그가 고개를 돌려 보니 이세민이 말에서 내팽겨쳐지고 있었다. 놀란 말이 길 옆의 수풀로 돌진하다가 땅바닥에 있는 고목 줄기에 걸려 넘어진 것이다. 이에 이원길은 급히 달려가 이세민의 손에 있던 활을 빼앗아 활시위로 목을 꽉 조르기 시작했다. 그때 위지경덕이 번개같이 말을 몰아 달려오면서 큰 소리로 외쳤다.

"역적이 간도 크구나!"

이원길은 재빨리 활을 놓고는 부친이 머무는 무덕전武德殿까지 달아나려 했다. 그러나 그를 도망가게 가만히 놔둘 위지경덕이 아니었다. 결국 이원길은 위지경덕이 쏜 활을 여러 번 맞고 죽었다.

한바탕 소동이 휩쓸고 지나가자, 현무문 안은 다시 평정을 되찾았다. 이연은 현무문의 참극을 알고 놀라서 창백하게 질렸지만 어찌할 힘이 없었고, 바로 황위를 이세민에게 넘겨주었다. 역사의 성군聖君은 이렇게 형제들 간의 피비린내 나는 상잔相殘을 거쳐 탄생했다.

당시 이건성과 이세민의 정치 형세와 힘을 비교해 봤을 때, 현무문 사변은 절대로 성공할 수 없는 매우 대담하고 위험한 계획이었다. 그럼에도 이세민과 그의 책사들은 다른 사람들이 생각할 수 없는 곳을 과감히 선택하여 치밀하게 모략을 짜고 오랫동안 준비하여 허를 찔러 공격했다. 금위군 대장을 매수하는 것은 하루아침에 이루어진 일이 아니었을 것이다. 바로 이 점이 성공할 수 있었던 결정적인 이유였던 것이다. 물론 이세민에게는 다른 방법이 없었다. 모든 면에서 열세에 몰리게 되면 가능성 있는 단 하나의 기회를 꽉 붙잡아 목숨을 아끼지 않고 전력을 다하여야 한다. 그래야 야망을 이룰 수 있다. 우리는 현무문 사변을 통해 이세민의 기개가 어떠했는지를 잘 알 수 있다. 이건성의 패인은 스스로 우월의식이 지나쳤던 데 있었다. 그는 이세민을 제거하고 싶었지만, 인자한 군자라는 미명美名을 함께 지키려는 욕심에 결국 스스로 무덤을 파 비명에 가고 말았다.

전제 정치 아래의 권력 투쟁은 정세가 매우 급변하고 복잡했기 때문에 우연의 요소가 아주 많았다. 그래서 관록 있는 정치가들은 숫자나 힘의 우위만 믿고 그것에 의존하거나 자만하지 않았다. 그들은 상황이 유리할 때도 미리 특별한 조치를 취하여 대비를 했다. 심지어 미래의 적이 될 가능성이 있는 상대는 일찌감치 그 뿌리를 뽑아 버렸다.

먼저 버려라!
위기에 맞서 주변을 정리하라

김용金庸의 무협소설 『녹정기鹿鼎記』에 나오는 위소보韋小寶란 인물에게는 기이한 특징이 있었는데, 그는 어떤 무공에도 흥미를 가지지 않으면서 유독 '도지요요逃之夭夭'라는 '줄행랑법'만 좋아하여 부지런히 배우고 연습하여 일찍이 고수가 되었다. 그는 왜 하필이면 이런 술수에만 관심을 기울였을까? 아마 그는 잘 알고 있었을 것이다. 관료 사회에 암묵적으로 통했던 규칙, 즉 위기의 순간에는 도망치는 것이 가장 효과적이라는 것을 말이다.

역사를 돌이켜 보면 그와 비슷한 인물이 실제로 존재한다. 송나라 시대의 장학張鷟은 일찍이 채경蔡京 가문의 자제에게 달리기 연습을 시켰는데, 이는 대란大亂이 일어났을 때 도망쳐 살아남게 하기 위한 것으로 그 혜안에 감탄하지 않을 수 없다. 또 전한前漢의 왕망王莽이 집정할 당시, 파군巴郡의 임문공任文公은 천하에 곧 대란이 일어날 것을 예견하고 매일 가족들에게 백 근이나 되는 짐을 짊어지게 한 뒤 빠르게 달려 집을 돌도록 했다. 임문공의 가족은 매일 이렇게 수십 번을 연습했는데 이웃들 중 누구도 그 의중을 몰랐기 때문에 그저 기이한 광경이 장관일 따름이었다. 그러나 후에 전란이 일어나자 사람들은 마침내 그의 뜻을 이해하게 되었다. 전란 속에서 많은 백성들이 위험을 벗어나지 못하고 죽었지만, 임씨 일가는 양식을 짊어진 채 빠르게 도망갈 수 있었기에 모두 무사히 안전지대로 피란갈 수 있었다.

이상의 일화는 '도망가기'를 연습한 사례이다. 역사를 보면 많은 사람들이 잣을 모으는 다람쥐들처럼 전란이 일어나기 전에 미리 식량을 비축하여 만약의 사태를 대비했다. 당나라 말기에 이극용李克用과 주온朱溫이 서로 싸울 때, 한 사원의 늙은 주지스님은 장차 큰 난리가 일어날 것을 예상하고 미리 대비하기 시작했다. 그는 매일 양식을 빻아 가루로 만든 다음 벽돌 모양으로 만들었다. 그리고 이 '양식 벽돌'로 하나하나 벽을 쌓아 올리고 수많은 목재를 가져와 이를 지탱하도록 하니 먹을 수 있는 집이 만들어졌다. 당시에는 아무도 그의 의중을 알 수 없었기에 그저 우스갯소리로 삼을 뿐이었다. 하지만 전쟁이 시작되자 그의 지혜가 빛을 발했다. 전쟁에 나선 군대는 부족한 양식과 땔감을 백성들의 집에서 강탈해 갔고, 순식간에 굶어 죽는 사람이 지천이었다. 하지만 이때 사원의 노승이 만든 '양식 벽'과 목재들은 드디어 진가를 발휘했다. 사원의 승려들은 이 목재들을 잘라 땔감으로 쓰고 먹을 수 있는 벽돌들을 끓여 먹어 모두 살아남을 수 있었다. 또 농서隴西의 어떤 부자 역시 전란을 예견하고 층을 나누어 벽을 만들어 그 사이에 식량을 말려 숨겨 두었다가 무사히 살아남을 수 있었다.

앞서 말한 것들은 모두 비교적 직접적인 '줄행랑법'이지만, 지금부터 이야기할 '줄행랑법'은 매우 함축적이다. 서진西晋 때의 장한張翰과 고영顧榮 등의 인물은 제왕齊王의 독재 정치를 보며 큰 난리가 일어날 것을 예상하고 자신의 퇴로를 궁리하기 시작했다. 그 중 장한은 매우 시적인 방식을 썼다. 그는 가을바람이 불기 시작할 즈음에 바람 속에 서서 길게 탄식했다.

"평안한 인생이 귀중하지 부귀영화가 다 무슨 소용인가!"

그러고는 고향에서 맛있게 먹던 음식인 순채농어스프가 먹고 싶다며 그날 바로 관리 생활을 청산하고 고향으로 돌아갔다. 이는 중국 역사상 가장 소탈하면서도 멋스러운 사직으로, 사람들은 화를 피하고자 했던 그의 본심은 잊고서 그저 추풍 속에서 고향을 그리워하던 그의 뒷모습만 기억하게 되었다. 이에 비해 고영의 방식은 훨씬 더 대범함을 필요로 했다. 그는 일부러 폭음하기 시작하고 정무를 돌보지 않는 등 소극적인 태업 방식을 써서 얼마 지나지 않아 좌천되었고, 이로써 그는 위험해지기 전에 무사히 도망갈 수 있었다.

명나라 때의 어느 날, 황제 주원장이 시를 한 수 지었다. 그 내용은 다음과 같았다.

"문무백관이 일어나기 전에 짐이 먼저 일어나네.

문무백관은 잠들었는데 짐은 아직 깨어 있네.

태양은 높이 떠 있는데 강남 부자들은 아직도 잠들어 있구나."

시의 문학적 가치는 그저 그렇지만, 이 소식이 강남 지역에 전해지자 그 지역 최대 부호였던 만이萬二는 모골이 송연했다. 다른 사람들은 주원장의 심중을 알지 못했지만, 만이는 글자 하나하나에서 황제가 단순히 강남 부옹富翁들의 부유한 생활을 부러워하는 것이 아니라 그들을 싫어한다는 것을 눈치챘고, 황제가 상황을 주시하다가 조만간 부옹들을 처벌할 것이라 생각했다. 그래서 만이는 재산을 관청에 맡겨 관리하도록 하고 자신은 가족들을 이끌고 고향을 떠나 천하의 명산과 대천을 유람하였다. 그가 떠난 지 2년도 채 되지 않았을 때, 주원장이 내린 명령으로 대부분의 강남 부옹들은 집과 가족을 잃게 되었지만 만이 일가는 무사히 화를 피할 수 있었다.

사람들이 위기에 처했을 때 취하는 가장 간단한 해결법은 물건이나 재물을 버리는 것이다. 동진東晉에서 왕돈王敦이 반란을 꾀하고 있을 때, 진晉 명제明帝가 첩보를 듣고 결판을 내기 위해 친히 말을 몰고 왕돈의 병영으로 염탐하러 간 적이 있었다. 조사 과정에서는 별 위험이 없었지만 빠져 나올 때 상대방이 눈치를 채 다섯 명의 밀정이 명제를 추격해 왔다. 진 명제는 어려움에 처할 것을 알고 자신의 칠보七寶 채찍을 길옆에서 음식을 팔던 늙은 아낙에게 주며 부탁하기를, 얼마 후 몇 사람이 말을 타고 쫓아와 자신의 행방을 물으면 이미 멀리 도망갔다고 말하면서 그 채찍을 보여주라고 했다. 명제가 떠난 후 과연 밀정들이 쫓아오기에 아낙은 그가 시킨 대로 채찍을 보여 주었다. 다섯 밀정은 그와 같은 황궁의 보물을 처음 보았기에 순식간에 마음을 뺏겼다. 그래서 그들은 칠보 채찍을 한참이나 돌려보며 감탄하느라 시간을 지체했고, 진 명제는 안전하게 탈출할 수 있었다.

또 동진東晉의 손은孫恩은 반란을 일으키고 관군의 추격을 받아 죽을 뻔하며 20만 명이 넘는 교도들을 이끌고 동쪽으로 피신한 적이 있었다. 손은은 도주하는 중에 많은 재물과 부녀자, 아이들을 버리고 갔는데, 그 뒤를 쫓아오던 관군들은 이를 보고 서로 차지하려 아우성이었다. 그리하여 결국 시간을 번 손은은 순조롭게 도망갈 수 있었다. 그의 일화는 백성들을 이끌고 강을 건너던 유비를 떠올리게 한다. 어떤 사람은 유비의 인자함이 그 자신에게 여러 문제와 화를 불러왔다고 하지만, 또 어떤 사람은 유비가 백성의 무리를 이끌고 갔던 이유는 추격병을 막는 보호막이 필요했었기 때문이라고 한다. 이처럼 같은 사건을 다른 관점으로 보는 사람이 많지만, 진실이 무엇인지는 알 수 없다.

제왕뿐만 아니라 문무 대신들도 위기의 순간에 물건이나 재물을 버리는 수단을 선택할 줄 알았고, 어린아이조차도 위험을 벗어나기 위해 자연스레 이 방법을 선택하였다. 고환高歡이 이주爾朱 일가를 살육할 때 이주영爾朱榮의 조카뻘인 이주창爾朱敞은 당시 겨우 12살이었다. 이주창은 궁 벽에 뚫린 구멍으로 빠져 나온 뒤 길가에서 무명옷을 입은 아이와 마주쳤다. 주창은 바로 자신의 비단옷을 벗어 그의 옷과 바꿔 입은 뒤 보통 아이처럼 꾸미고 도망쳤다. 병사들은 주창을 쫓아왔다가 당연히 비단옷을 입은 아이를 이주창이라고 생각하여 잡아가 심문했는데, 그들이 사실을 알았을 때는 이미 날이 저물어 주창을 쫓는 것을 포기할 수밖에 없었다.

물론 적을 피하기 위해 꼭 무엇인가를 버려야 할 필요는 없다. 적을 꼼짝 못하게 묶어두고 도주할 만한 충분한 시간을 벌 수만 있다면 이미 크게 성공한 것이다. 북주北周, 556~581 시대에 위지형尉遲烔이 모반하자 위효관韋孝寬이 이를 조사하러 간 적이 있었다. 위지형이 정황을 파악하고 빨리 떠나려고 할 때 누군가가 뒤를 쫓을 수도 있겠다는 생각이 들었다. 그래서 가는 길에 역참驛站을 보기만 하면 말을 전부 끌고 가고, 강을 건너고 나면 다리를 헐어 버렸다. 위지형은 역참의 관리에게 추격해 오는 군사들이 보이면 꼭 성대하게 연회를 베풀어 환대하라고 명령했다. 그의 수법은 효과가 있었다. 그가 떠난 후 몇백 명의 기병이 그를 쫓아왔지만, 지나는 역참마다 융숭한 환대를 받느라 시간을 많이 지체하여 결국 위지형을 따라 잡을 수 없었다.

그런데 앞에서 말한 인물들은 단지 물건을 버렸을 뿐이지만, 그보다 훨씬 더 아깝고 안타까운 것을 버리는 경우도 있었는데 바로 가족을 버리는 것이었다. 모두가 잘 알고 있는 예는 유방의 일화다. 한 번은 유방이 항우의 대군에 쫓겨 매우 난처한 상황에 몰리게 되었다. 그는 자신이 타고 있는 마차를 가볍게 하여 속도를 높이기 위해 스스로 자신의 아들과 딸들을 마차 밖으로 밀어 버렸다. 그의 부하는 죽을힘을 다해 두 아이를 구해 냈는데 유방은 또 다시 아이들을 밀어 냈다. 이러기를 여러 차례 반복하자 유방은 오히려 부하가 자신의 도주 계획을 방해한다고 여겨 화가 나서 자식들을 살려준 은인을 죽이려고 했다.

유방의 이런 행동은 이것이 처음은 아니었다. 모두가 잘 알고 있는 또 다른 일화는 바로 항우가 그의 부친을 인질로 잡았을 때의 일이다. 항우와 유방의 군대가 서로 대치하고 있을 때 항우는 유방의 부친을 삶아 죽이겠다고 협박했다. 그런데 유방은 태연자약하게 이렇게 말했다.

"우리들은 예전에 의형제를 맺지 않았소. 그러니 나의 부친은 그대의 부친이 되기도 하다오. 그대가 만약 오늘 부친을 삶아 죽인다면, 정을 생각해서 그 국물을 한 사발 주시오."

항우는 화가 나서 당장 유방의 부친을 죽이려 했다. 하지만 항백項伯이 말리며 충고하기를, 유방같이 천하를 넘보는 사람은 가족의 생사를 상관하지 않으니, 지금 그의 부친을 죽인다 한들 별 의미가 없을 것이라고 하여 항우는 손을 거두었다. 항우와 비교했을 때, 유방은 안팎으로 도덕과 규범에 대한 어떠한 생각도 가지고 있지 않았다. 유방은 이길 수만 있다면 부친이든 아내든 자식이든 모두 버릴 수 있었고, 결국 개국 황제가 되었다. 그러나 항우는 오강 기슭에서 스스로 목을 베어 죽을 수밖에 없었다.

다행히 유방 같은 사람은 많지 않으며 있더라도 지금까지 사람들이 꺼리는 반면교사가 되었다. 유방의 후예인 동한東漢의 개국 황제 유수 역시 자신과 가족 사이에서 선택해야 하는 상황에 처했는데 그는 유방과는 상반되는 선택을 했다. 당시 유수는 패전하여 병사는 사방으로 뿔뿔이 흩어지고, 그 역시 홀로 말을 몰아 살아남기 위해 도망치고 있었는데, 길에서 여동생 백희伯姬와 마주치자 황급히 여동생을 말에 태운 뒤 함께 도망쳤다. 그리고 얼마 안 가 이번에는 누나 유원劉元과 마주쳤는데 유수는 그녀 역시 태우려 했다. 그러나 유원은 셋이 함께 말을 타고 도망가기란 불가능하다며 셋이 함께 죽는 것을 피하기 위해서라도 어서 빨리 여동생과 도망가라고 했다. 똑같이 적군에게 쫓기는 긴박한 상황에서 유수는 가족을 지키기 위해 최선을 다했고, 그의 조상 유방처럼 권력에 눈이 멀어 인륜을 저버리지 않았다.

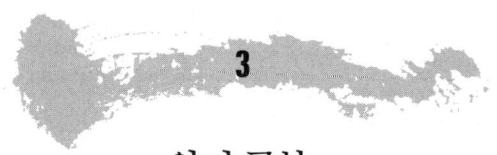

3

위기 극복,
간단하고 쉬운 일부터 시작해라

　일을 할 때는 먼저 간단하고 쉽게 파악할 수 있는 일부터 착수해야 한다. 송태조 조광윤이 정변을 일으켜 권력을 장악한 후에 품은 가장 큰 꿈은 하루 빨리 천하를 통일하고 진정한 천자가 되는 것이었다. 오대五代* 동안 이어진 혼란으로 천하는 이미 여러 세력으로 나뉘었고, 송태조가 모략을 통해 얻은 황권이 미치는 세력 범위도 후주後周의 원래의 영토와 같았기 때문에 동쪽으로 대해大海, 서쪽으로 진농秦隴, 남쪽으로 장강長江, 북쪽으로 하북河北까지로 제한되어 있었다. 그 주변에는 스스로 왕이나 황제라 칭하는 정권들이 할거해 있었다. 예를 들면 남쪽으로는 남당南唐, 오월吳越, 남한南漢, 남평南平, 무평武平이 있었고, 서쪽으로는 후촉後蜀, 서하西夏가 있었다. 북송의 세력권 안에는 십여 명의 절도사가 각자 지역을 관할하고 있었다.

＊ 동진東晉이 망한 뒤부터 당나라 이전까지 198년 동안에 번갈아 흥망한 다섯 왕조. 곧 남조南朝의 송, 제, 양, 진과 남북을 통일한 수를 이른다.

조광윤은 이렇게 많은 적수들을 한꺼번에 상대할 수 없었기 때문에 상황이 가장 긴박한 곳을 골라 자신에게 가장 위협이 되는 적부터 상대하기로 했다. 당시 조광윤이 가장 경계하고 있던 것은 산서山西 지역의 소의군昭義軍절도사 이균李筠과 강소江蘇·안휘安徽 일대의 회남군淮南軍절도사 이중진 李重進이었다. 소의군의 관할지는 산서 지역을 중심으로 태행산太行山을 요지로 하고 있었는데, 고지대라 개봉開封 일대를 훤히 내려다 볼 수 있었다. 이 지역이 전략적으로 중요했던 이유는 마침 송宋과 북한北漢 사이에 위치하고 있었기 때문인데, 이곳을 차지하는 쪽이 주도권을 잡을 수 있을 것이라 생각했다. 송나라에게 동남의 회남군은 매우 중요한 의미가 있었다. 회남군은 강소, 안휘, 호북湖北 등 11개 주를 장악하고 있었고, 중원에 위치한 송나라는 마치 이들 11주를 지름으로 하는 반원 안에 둘러 쌓여 있는 형세였기 때문이다. 게다가 당시 송나라 지역의 가장 큰 특징은 땅이 평평하고 널찍하여 의지하고 방어할 만한 요새가 없다는 것이었다. 그래서 만약 소의군이 회남군과 연합하여 개봉에 위치한 송나라의 수도를 침공하기라도 한다면, 조광윤은 황제 자리를 잃게 될 수도 있었다. 그래서 조광윤은 가장 먼저 이 둘을 상대하기로 했다.

그럼 이들을 어떻게 상대해야 했을까? 이균은 성격이 강직하고 외곬수이며 모략을 잘 쓰지 못했고, 이중진은 모략도 잘 쓰지 못하고 우유부단한 성격이었다. 조광윤의 비책은 각각 따로 공략하는 것으로, 이 둘의 연합을 가장 경계했다. 그래서 그는 먼저 재빨리 무모한 성격의 이균을 제거하고는 이중진을 안심시키려 노력했다. 그리고 이중진이 주저하며 결단을 내리지 못하고 있을 때 그를 제거했다.

건륭建隆 원년(960)에 이균은 군사를 일으켜 북으로는 북한北漢 황제 유균 劉鈞, 남으로는 회남군 이중진과 결탁했다. 그러나 이균은 덤벙대고 꼼꼼하지 못했기 때문에 군사를 일으키기 전에 심혈을 기울여 세밀한 계획을 세우지 않았다. 그래서 북한과의 연맹은 엉성해져 서로 의심만 하다가 결국 북한의 지원군이 오히려 불안 요소가 되는 사태가 벌어졌다. 조광윤은 원래 계획대로 신속히 사태를 진압했다. 이균과의 승부는 속도가 중요했는데 다른 절도사가 오기 전에 빨리 그를 제거해야만 했다. 그래서 조광윤은 군사들에게 명령하여 좁은 지름길을 밤낮으로 달려가게 했으며 그 자신도 험난한 산길을 지나가며 때로는 말에서 내려 돌을 치워 길을 뚫기도 했다. 이렇게 해서 송나라 군사는 놀랍도록 빠른 속도로 유리한 지형을 점거할 수 있었고 반란을 일찍 평정할 수 있었다.

이중진과의 승부는 시간을 끄는 것이 중요하여 그의 연약한 성격을 이용했다. 조광윤은 이중진에게 면사금패免死金牌*를 하사하고 내통자를 보내 그를 안심시켜 방심하도록 만들었다. 그리고 이중진이 군사를 일으킬 결심을 했을 때는 이미 이균과 합작할 기회를 놓친 상태였고, 결국 송나라 군에 의해 멸망하고야 말았다.

조광윤의 송왕조는 내부의 반항 세력들을 평정한 후에 나라의 기반을 닦을 수 있었기에, 전국 통일의 목표를 실현하고자 했다. 당시 북방에는 요遼나라가 있었는데 세력이 강했고, 남방에는 할거하고 있는 소국들이 많았지만 정권이 부패하여 세력이 약했다. 조광윤은 쉬운 일부터 먼저 손대기로 하고 우선 북쪽을 방어하고 남쪽을 공격한 후, 남쪽의 풍부한 인적, 물적 자원을 손에 넣게 되면 다시 힘을 모아 북쪽의 강적을 공격하기로 결심했다.

조광윤은 10여 년의 시간을 들여 남쪽의 수많은 정권들을 차례대로 평정해갔다. 그리고 마지막에서야 북방의 북한과 요나라를 공격했다. 비록 북한

---

* 황제가 공을 많이 세운 신하에게 하사했던 금패. 죄를 지어도 살려준다는 의미이다.

왕조는 그의 손에 의해서 몰락한 것은 아니지만, 조광윤에게 좋은 초석을 마련해 주었다고 할 수 있다. 일을 할 때는 간단하고 쉽게 해결할 수 있는 것부터 시작해야 한다. 만약 조광윤이 주변에 있는 수많은 적국 중에서 가장 강한 요나라를 먼저 상대했더라면 계획은 모두 실패하고 철저히 패배했을 것이다.

장지동張之洞은 관리 사회에서 '적당함'의 의미를 잘 알고 있었다. 그가 광동얼사廣東臬司 왕지춘王之春을 호북번사湖北藩司 자리로 추천하여 오게 한 과정은 완벽했으며 모두가 만족할 만한 결과를 얻었다. 장지동은 호북에 온 후 양무를 크게 번성시키고 싶었지만 도움이 될 만한 유능한 부하가 부족했다. 이때 마침 호북번사인 황팽년黃彭年이 세상을 떠나 번사 자리가 하나 비게 되었다. 장지동은 조정에서 아직 적당한 인물을 선정하기 전에 자신의 심복을 추천해 그 자리에 앉히면, 자신과 마음도 잘 맞고 호북에서 양무운동洋務運動*을 펼칠 때 도움도 많이 줄 것이라 생각했다.

장지동과 그의 심복들이 함께 의논해 본 결과, 광동얼사 왕지춘이 비교적 알맞은 인물이라 여겨졌다. 왕지춘은 장지동이 광동에 있을 때 발탁한 인물이었기 때문에 장지동에게 진심으로 충성하고 감사하며 호북번사로 임명되는 것을 당연히 동의했다. 그런데 이런 와중에 장지동이 생각해야 할 문제가 하나 더 생겼다. 왕지춘은 능력이 있으므로 호북으로 오지 않더라도 얼마든지 광동에서 번사로 승직될 수 있는데 이제 그를 호북으로 불러들이니 그가 비울 광동 번사 자리를 메울 만한 인물을 물색해야 하는 것이었다. 게다가 적당한 인물을 임명해야만 왕지춘이 광동을 떠나 호북으로 임명될

---

* 19세기 후반에 중국 청나라에서 일어난 근대화 운동

가능성이 더 커질 수 있었다.

장지동의 심복은 호북얼사인 성윤成允을 광동 번사로 추천하자는 의견을 냈는데, 두 가지 장점이 있었다. 하나는 성윤이 현재 군기처軍機處 조장인 예친왕禮親王 세탁世鐸의 먼 친척이기 때문에 세탁이 성윤의 일을 기꺼이 도우려 할 것이라는 점이었다. 만약 장지동이 나서서 성윤을 광동 번사로 추천하고 싶다고 하면 세탁은 반드시 수도 쪽으로 힘을 써서 이 일이 빨리 성사되도록 도울 것이고, 그렇게 되면 왕지춘을 광동에서 호북으로 데려오는 일도 더 수월해질 수 있었다. 두 번째 장점은 호북얼사 자리가 공석이 되니, 만일 장지동과 뜻이 맞고 그를 도와 양무 운동을 하고자 하는 인물이 있다면 그 자리에 앉혀 동료를 늘릴 수 있다는 것이었다.

장지동의 노력으로 왕지춘은 금방 호북번사로 승직되었고, 성윤도 광동 번사로 발탁되어 무척 기뻐하였으니 이것이 바로 일석이조이다. 그리고 장지동은 공석이 된 호북얼사 자리에 걸맞는 인물도 이미 생각해 놓았는데 바로 강서 의녕인義寧人 진보잠陳寶箴이었다. 십여 년 전에 경성에서 그를 알게 된 장지동은 그의 용모와 풍채가 범상치 않으며 실무를 잘 처리한다고 여겨 일찍이 여러 번 조정에 그를 추천하려 했었다. 진보잠은 3년 전에 절강 안찰사浙江按察使로 있다가 무고한 탄핵을 당해 현재 경성에서 한거하고 있는 중이었기 때문에 마침 그를 무창武昌으로 불러들여 성윤이 떠난 자리에 앉히기에 좋았다. 그리고 진보잠이 곤경에 처한 이때 그를 얼사로 추천하여 도움의 손길을 내밀었으니 자신에게 감사할 것이었다.

이렇게 장지동은 주도면밀하게 계획을 세워 그가 원하는 바를 이루었다. 왕지춘은 순조롭게 호북번사로 임명되고 진보잠은 얼사가 되었으니 장지동은 호랑이에 날개를 단 듯 든든했다.

전국 때의 어느 날 제나라가 대군을 보내 우구虞丘를 공격했다. 이에 조趙나라가 보낸 공청孔靑은 결사대를 이끌고 가 제나라 군을 크게 격파했다. 전쟁터의 뒷정리를 하고 있을 때 영월寧越은 산처럼 쌓인 제나라 병사들의 시체를 보며 공청에게 말했다.

"3만이나 되는 제나라 병사의 시체를 여기에 그냥 두면 그저 썩은 고기밖에 되지 않습니다. 차라리 이 시체들을 제나라로 보내 장사를 치르게 해서 그들이 쌓아 놓은 재물을 탕진시키는 것이 나을 것입니다."

그러자 공청이 물었다.

"만약 제나라에서 시체들을 받지 않으면 어쩔 것인가?"

영월이 대답했다.

"출병하여 전투를 치렀지만 승리하지 못하는 것, 이것은 첫 번째 금기입니다. 군대를 이끌고 출정하였으나 그들을 살아 돌아오게 하지 못하는 것, 이것은 두 번째 금기입니다. 전쟁의 전사자들을 보냈는데 이를 받지 않는 것, 이것은 세 번째 금기입니다. 제나라는 이미 앞의 두 가지 금기를 모두 어겼습니다. 만약 세 번째 금기까지 어긴다면 제나라 백성들은 분명히 국왕이 어질지 못하다고 크게 원망하면서 마음이 멀어질 것입니다. 이런 것이 바로 연속공격이라 할 수 있을 것입니다."

영월은 적군의 시체를 이용하여 두 번째 공격을 하려 한 것인데 아주 대담하고도 창의적인 사고라고 할 수 있다. 그는 제나라의 딜레마를 생각한 것인데 정리하자면 다음과 같다.

만약 제나라 국왕이 병사들의 시체를 받아 장사를 치르게 되면 막대한 국고가 지출될 것이다. 그러나 만약 제나라가 이 시체들을 거부하게 되면 백성들의 원성이 클 것이다. 결국 제나라는 어떤 선택을 하든 손해인 것이다.

이것은 전형적인 진퇴양난의 딜레마로 영월은 이 난제를 적에게 던졌다.

때로는 스스로 처리하기 곤란한 일이나 나서기 곤란한 일을 제 3자에게 해결하도록 시킬 수도 있다. 당 숙종肅宗이 바로 이렇게 했다.

당나라 숙종肅宗* 때, 이보국李輔國이라는 권세 높은 환관이 있었다. 지덕 원년에 숙종이 영무靈武에서 황위에 오른 후 이보국은 행군사마行軍司馬**가 되었다. 이보국은 숙종의 일상생활과 조령의 발표 등 내외적인 큰일을 모두 위임받아 처리했다. 당 숙종이 안록산을 물리치고 경성을 되찾은 후, 이보국은 은대문銀大門에서 경성 회복을 주관하고 금병禁兵 관리를 책임지게 되니, 조정과 민가에서 감히 그를 무시하는 사람이 없게 되었다. 상원上元 2년(761) 8월에는 병부상서兵部尙書의 직책까지 맡게 되었다.

그러나 이보국은 여전히 만족하지 못하고 자신의 공을 내세워 숙종에게 재상의 자리를 청했다. 숙종은 이보국이 기세등등하게 노골적으로 관직을 요구하는 것에 크게 반감을 가졌을 뿐만 아니라 그의 권력이 너무 커지는 것 또한 경계했다. 그래서 숙종은 이보국에게 재상 자리를 주고 싶지 않았지만 이보국이 황실에 공로가 있는 것 또한 사실이라 자신이 직접 거절하였다가 원망을 듣고 싶지는 않았다. 그래서 숙종은 이렇게 말했다.

"그대가 당나라를 위해 세운 공을 생각하면 무엇인들 못하겠는가? 하지만 조정에서 그대의 명망은 아직 충분치 않으니 어찌 할꼬?"

그러자 이보국은 바로 배면裵冕 등의 인물들에게 자신을 재상으로 추천하도록 했다. 숙종은 이를 알게 된 후 매우 걱정하여 몰래 재상 소화蕭華를 불러 말했다.

"이보국이 재상이 되고 싶어 하는데 짐은 그를 등용할 생각이 없다. 듣자 하니 대신들이 그를 재상으로 추천하려 한다는데 사실인가?"

---

* 연호는 지덕至德

** 전투 지휘를 비롯해 각종 군사방면의 실권을 가진 직책

소화는 말은 하지 않았지만 이미 황제의 의중을 깨달았다. 그래서 궁에서 물러난 후 배면을 찾아가 그의 의견을 구했다.

배면이 말했다.

"전 처음부터 이보국을 재상으로 추천하는 상주서를 올릴 생각이 없었습니다. 그가 스스로 찾아와 추천해 달라고 하며 그것이 황제의 뜻이라고 말했습니다. 이제 황제께서 어떤 생각을 하고 계시는지 알게 되었으니, 황제께 안심하시라고 전해 주십시오. 제 팔이 달아나도 절대로 이보국을 재상으로 추천하지 않겠습니다."

소화가 다시 숙종을 알현하여 배면의 뜻을 아뢰자 숙종은 매우 기뻐했다. 결국 이보국은 끝끝내 숙종의 재위 기간 동안에는 재상이 될 수 없었다.

원망 받는 일을 어찌 황제에게 시킬 수 있겠는가? 소화 등의 인물은 황제의 난제를 대신 처리했다. 이것 또한 일을 처리하는 책략이라 할 수 있다. 일상생활에서 자신이 직접 나서기 어려운 일은 적당한 사람을 찾아 대신 나서도록 할 수도 있다. 자신이 직접 말하기 어려운 일도 적당한 사람을 찾아 대신 말하도록 할 수 있다. 하지만 '적당한 인물'은 잘 골라야 하며, 반드시 맡은 임무를 잘 처리할 수 있는 인물이어야 한다. 만약 당신이 일을 잘 처리하지 못하는 사람에게 부탁한다면, 상황은 더 악화될 수도 있다.

8장

평형술 平衡術

A와 -A의 관계,
중용과 타협으로
새 판을 짜라

균형이란 중용과 타협이다.

균형을 유지하는 지혜와 타협하는 능력을 키워야 한다.

이러한 능력이 평형술이다.

평형술은 상하 관계가 복잡하게 얽혀 있고,

여러 세력이 각축전을 벌이는 시기에 더욱 빛을 발한다.

특히 관료 사회에서는 이러한 평형 감각이 필요한데,

청나라의 호종헌을 귀감으로 삼을 만하다.

그의 평형술은 자신의 안위는 물론

국가와 민생에도 도움이 되었다.

태양,
한 하늘에 오직 하나뿐이다

 부모들은 보통 자식들 중에서 한 아이를 편애한다. 용상에 앉아 있는 황제들도 마찬가지이지만, 때때로 이 균형이 무너지면 피바람을 몰고 올 수도 있다. 황가皇家에서는 뜻이 크고 재능이 뛰어난 아이는 하나로 족하다. 만약 모든 자식들이 이러하다면 문제가 생긴다. 가장 전형적인 예가 바로 강희황제康熙皇帝인데, '구왕탈적九王奪嫡'*의 역사를 잘 아는 사람이라면 여러 황자들이 각자 포부를 지니고 자신의 능력을 한껏 발휘하는 모습, 그리고 이로 인해 일어난 치열한 다툼과 피바람을 떠올리고 간담이 서늘해질 것이다.

 북위에는 형이 죽으면 아우가 뒤를 잇는 전통이 있었지만, 개국 황제인 탁발규拓跋珪는 중원의 황제들처럼 자신의 아들에게 황위를 물려주고 싶었다. 그의 아우인 위왕衛王 탁발의拓跋儀는 여러 해 동안 그를 보필했는데, 용맹하고 전투에 능하며 세인들에게 많은 존경을 받았기 때문에 그는 아우를

---

* 아홉 왕자가 황태자 자리를 놓고 싸우다

경계하는 마음이 있었다. 손자 탁발도拓跋燾가 태어나자 탁발규는 매우 기뻐하면서 그날 밤 척발의를 궁궐로 불러 자신의 손자가 태어났다고 알려주고는 그의 반응을 보려고 했다. 척발의는 당연히 형이 자신에게 황위를 자손에게 물려주고 싶다는 뜻을 암시하고 있다는 걸 알았고, 바로 축하의 뜻을 표시했다. 그러자 탁발규는 매우 기뻐하면서 대신들을 모두 불러 그 자리에서 탁발의에게 많은 상을 내렸다. 이는 탁발의가 이미 정식으로 황위 계승권 다툼에서 물러난 것을 뜻했다. 그러나 사건은 여기서 끝난 것이 아니었다. 세월이 흐른 후, 탁발의는 결국 의심 많은 형의 손에 목숨을 잃었다.

조조의 아들 간에 벌어진 '동근상전同根相煎'*고사는 더 유명하다. 조조의 아들 중 첫째 조비曹丕와 셋째 조식曹植의 재능이 가장 뛰어났고 계승자가 될 가능성도 가장 컸다. 조식은 시인의 기질이 다분한 인물이었는데 시를 짓든 문장을 쓰든 모두 매우 훌륭하였다. 조조는 조식을 매우 아껴 원래 그를 계승자로 삼을 생각이었지만, 후에 그가 자신이 시킨 일들을 수행하는 것을 보면서 조식이 재능은 있지만 약삭빠르지 못하고 낭만을 좋아하며 스스로를 구속하지 않고 정치와 군사에 별 뜻이 없음을 알게 되었다. 그래서 차라리 열심히 노력하는 모습을 보이기 위해 온갖 궁리를 다하는 그의 형이 더 낫겠다고 생각하여 결국 조비에게 자리를 물려줬다. 조비는 어릴 때부터 동생 조식에 대한 증오과 질투가 심했다.

조비는 아우가 황제의 자리에는 관심이 없고 시를 짓는 것에만 관심이 있었지만 여전히 불안했다. 결국 조비는 세월이 흐른 후 '칠보시七步詩'고사를 연출한다.

---

* 형제 다툼

어느 날 조비는 조식에게, 자기가 일곱 걸음을 걷는 동안에 시를 지으라고 명령했다. 만약 그 동안에 시를 짓지 못하면 칙명勅命을 어긴 이유로 중벌에 처한다고 했다. 조식은 걸음을 옮기며 다음과 같이 시를 지었다.

콩대를 태워서 콩을 삶으니 煮豆燃豆其
가마솥 속에 있는 콩이 우는구나 豆在釜中泣
본디 같은 뿌리에서 태어났건만 本是同根生
어찌하여 이다지도 급히 삶아대는가 相煎何太急

형을 콩대에, 자신을 콩에 비유하여 육친의 불화를 상징적으로 노래한 이 시가 바로 그 유명한 '칠보시'이다. 즉 '부모를 같이하는 친형제간인데 어째서 이렇게 자기를 들볶는 것이냐'는 뜻을 넌지시 읊은 것이었다. 조비는 이 시를 듣자 민망하여 얼굴을 붉히며 부끄러워했다고 한다.

황제 역시 재능 있는 아들 사이에서 괴로움이 많을 것이다. 심지어 어떤 때는 그 자신도 아들 사이의 다툼에 말려든다. 예를 들어, 수나라, 당나라 두 왕조의 개국 황제들도 이런 문제에 직면했는데, 그 결과는 친아들끼리 서로 죽이는 모습을 봐야 했을 뿐만 아니라 자신마저도 아들에게 살해되거나 강제로 퇴위 당해 태상황太上皇이 되었으니, 참으로 비통한 일이다.

수문제 양견의 이야기는 참으로 비극적이다. 양견은 건국 이후 장남인 양용楊勇을 태자로 책봉하고 다른 아들은 모두 왕으로 봉했다. 수문제는 과거 다른 왕조들의 황자들은 어머니가 각기 달랐기 때문에 온갖 분쟁이 발생했지만, 그의 다섯 아들은 모두 독고황후獨孤皇后의 소생이므로 그런 문제는 절대 생기지 않을 것이라 확신했다. 그러나 그는 부모 밑에서 태어난 형제들일지라도 황위를 두고 서로 죽일 수도 있다는 것을 미처 알지 못했다.

　태자 양용은 재능 있고 인자했으며 양견이 수나라를 세우는 과정에서도 큰 공을 세웠다. 하지만 양용은 외관을 화려하게 꾸미는 것을 좋아했는데, 수문제는 그것을 못마땅하게 여겼다. 어느 날 태자는 화려했던 갑옷에 새로 무늬를 새겨 넣었다. 양견은 태자의 이러한 행동이 자신이 계속 제창하고 있는 근검절약 정신과 맞지 않는다고 여기며 불쾌해 했다.

　양견의 이러한 태도는 다른 아들인 양광楊廣에게는 기회가 되었다. 양광 역시 우수한 황자였는데, 그가 태자와 다른 점은 꾀가 많았다는 점이다. 그는 부모가 자신을 근면한 아들로 여기도록 머리를 썼다. 양견과 독고황후를 자신의 궁전으로 초대한 후 그들이 도착하기 전에 궁 안의 첩들을 모두 숨기고 본처인 소비蕭妃만 남겨 놓았고, 늙거나 못생긴 궁녀들만 눈에 띄도록 했다. 또 집 안에 있는 화려하고 값비싼 물건들은 모두 거두어 들이고 목재 가구들만 남겨 두었다. 이렇게 위장을 해놓으니, 수문제와 독고황후는 이를 보고 대단히 기뻐하며 그를 매우 칭찬했다.

　그 후 양광은 수문제의 명에 따라 양주대총관楊州大總管으로 가게 되었는데, 경성을 떠나기 전 독고황후를 찾아가 눈물로 석별의 정을 고하니 황후가 몹시 감동하였다. 양광은 기회를 봐서 태자를 헐뜯고, 자신이 경성을 떠난 후에 태자가 자신을 독살할지도 모른다고 하소연했다. 양용은 태자로서 황후의 기분을 일일이 헤아려 그녀의 바람대로만 일을 할 수는 없었다. 반면 황제가 되고 싶었던 양광은 모친의 환심을 사기 위해 온갖 궁리를 다 했고, 결국 이 때문에 독고황후는 양광을 더 편애하게 되었다.

　양광은 독고황후의 지지를 얻은 후 조정의 중신 양소楊素를 끌어들여 황제께 자신을 치켜세우며 두둔하게 했다. 수문제는 여러 대신들과 번갈아 가며 의견을 나눈 후 마침내 양용을 폐위시키고 양광을 태자로 책봉하기로 결정했다. 사실 양용은 잘못한 것이 없었다. 그러나 부모와 성격이 맞지 않았고, 거기다 수문제와 독고황후가 양용을 미심쩍어하는 부분이 있어 중상모략을 그대로 믿은 탓에 결국 모함을 당한 것이다. 양용은 폐위된 후 몇 번이나 수문제를 알현해 자신을 변호하고 싶었지만, 양광은 절대 그에게 기회를 주지 않았다. 양용은 아무리 해도 황제를 알현할 수 없자 아예 자신이 갇힌 뜰 안에 있는 큰 나무 위로 올라가 큰 소리로 억울함을 호소했는데, 그 소리가 양견의 귀에까지 들렸다. 양견도 그전부터 아들을 만나고 싶었지만 양용이 이미 실성하여 제정신이 아니므로 만나면 해를 입을 수도 있다고 해서 만날 생각을 접었다. 양견은 병이 위독해서야 양광이 자신의 총비인 선화부인宣華夫人에게 집적거린 사실과 양광에게 속았다는 것을 알게 되었다. 그는 격노하여 양광을 폐위시키고 양용을 다시 태자로 책봉하려 했다. 그러나 주위에는 양광과 내통하는 자들이 많았고, 이 사실이 먼저 양광에게 알려지게 되었다. 그래서 양광은 수문제의 유언을 허위로 작성하여 양용을 강제로 자진自盡*시키고, 병상에 누워 있던 문제를 살해하였다.

양광이 태자의 자리를 탈취하는 데 성공한 것이 그가 영악했기도 하지만, 수문제가 그를 중용했던 원인이 더 클 것이다. 양광은 양견의 명을 받아 남진南陳 정권을 평정하고 전국을 통일했다. 또 양주대총관으로 임명 받아 강남江南에서 10년이나 임직하였기에 전국 통일을 공고히 했을 뿐만 아니라 자신의 세력을 형성할 수 있었고, 이로써 태자와 맞설 수 있었던 것이다.

---

* 스스로 목숨을 끊음. 자살

절묘한 균형, 삼각 관계를 적극 활용하라

삼국정립, 트로이카troika, 삼각 관계……. 생활 속에는 여러 형태의 삼각 관계가 존재한다. 쌍방의 승부는 차라리 간단하지만, 제3의 세력이 승부에 뛰어드는 순간 변수는 더 많아진다. 자신을 포함한 세 세력 중에서 자신의 세력이 비교적 약할 때 어떻게 나머지 두 세력을 상대해야 패배하지 않을까? 이것은 연구해 볼 문제이다. 역사에 비슷한 예가 많으니 교훈으로 삼을 만하다.

동진東晋 시대의 대장大將 은중감殷仲堪과 환현, 양전기楊佺期는 서로 견제하며 삼각관계를 형성하였다. 은중감은 지혜와 실력은 보통이었지만 평형을 잘 유지할 줄 알았고 이 때문에 약육강식의 시대에서 살아남을 수 있었다. 이 세 명 중, 환현의 실력이 가장 좋고, 야심도 가장 컸다. 양전기는 거만하고 횡포도 심해서, 종종 스스로 신분이 높다고 뽐내었다. 양전기가 다른 사람 앞에서 자신의 출신과 고귀함을 과시할 때마다 환현은 그가 일개 서생에 지나지 않는다고 비웃었다. 그래서 양전기는 환현의 머리를 잘라 그 때에도 혀가 살아 있는지 보고 싶은 마음이 굴뚝같았다. 훗날 환현은 맹주로 추천되어 더욱 기세등등하였고, 양전기는 자신을 골치 아프게 만드는 환현의 얼굴을 계속 보고 싶지 않았다. 그래서 양전기는 스스로 대단하다고 여기는 이 맹주가 연단에 올라 맹세를 할 때 그를 죽여 버리겠다는 계획을 세웠다.

은중감은 환현을 그다지 좋아하지 않았고, 마찬가지로 양전기 형제가 남보다 용맹스럽고 위세가 있어 항상 경계하고 있었다. 그는 양씨 형제가 환현을 죽인 후 자신에게 칼을 겨누게 되는 것을 원치 않았다. 은중감은 양전기가 환현의 목을 치려 한다는 소식을 듣자 바로 나서서 말렸고, 양전기는 포기할 수밖에 없었다. 진晉 안제安帝 융안隆安 연간이 되자 환현은 도독형주사군都督荊州四郡으로 임명되고 그의 형 환위桓偉는 보국장군輔國將軍과 남만교위南蠻校尉가 되니, 그 권세가 점점 높아졌다. 이렇게 되자 은중감도 환현이 자신에게 해가 될 수도 있다고 걱정하기 시작했다. 환현과 양전기는 형제들이 도와주고 있는데, 자신은 지원군도 없이 홀로이니 불리하지 않는가! 그는 양전기와 환현이 견원지간이니 이를 이용해, 차라리 양전기를 자신의 편으로 삼아 만일에 대비하려고 했다. 그리하여 은중감은 양씨 가문과 혼인을 맺어 정치 생명을 함께 묶었다.

은중감의 판단은 정확했다. 환현은 정말 욕심이 많았다. 바로 얼마 후에 황현은 조정에 더 많은 권한을 요청하면서, 가장 먼저 양전기와 은중감의 관할지를 노렸다. 마침 조정도 그들을 서로 싸우게 하는 것이 그들 모두를 통제하는 데 더 이익이 될 것이라 생각하여, 양전기의 네 개 군을 환현에게 내주었다. 그러나 조정의 생각은 지나치게 낙관적이었다. 대권을 장악하고 있는 이들 군벌들은 그저 살점이 붙은 뼈만 씹으면 만족하는 집에서 키우는 개가 아니었다. 그들은 늑대보다 더 포악한 인물들이었다. 양전기는 환현의 돌발 공격에 뜻밖의 일격을 당했지만, 바로 앞뒤 가리지 않고 그에게 덤벼들지는 않았다. 양전기는 낙경洛京의 위기를 돕고 요흥姚興의 침략을 격파하겠다는 명목으로 환현이 미처 준비하지 못했을 때 그의 숨통을 끊어 놓으려 했다.

은중감은 사돈 양전기의 야심을 손바닥 보듯 잘 알고 있었다. 그는 양전기가 웃으며 건네주는 독주毒酒를 미리 경계했다. 그래서 은중감은 양전기에게 자신은 사돈이 계획하고 있는 예사롭지 않은 사냥에는 참가하지 않겠다고 미리 경고했다. 양전기는 은중감의 생각을 받아들였고, 그 역시 혼자 계획을 감행하다 오히려 환현에게 치명적인 손상을 입고 싶진 않았다. 결국 양전기는 잠시 휴전하기로 한다.

이 때 환현도 낙경을 지원한다는 명목 하에 은중감을 끌어들여 양전기를 치려했다. 그러나 은중감은 노련하고 주도면밀했다. 은중감은 환현이 옛날 춘추전국시대에 진나라가 괵국虢國을 멸망시키고 바로 우국虞國을 멸망시킨 것처럼 일단 양전기를 처리한 후에 자기를 처리할 것임을 모를 리가 없었다. 은중감은 지금껏 환현과 양전기 모두의 안전을 보장하려 애쓰면서, 서로 견제하도록 하고 자신은 그 사이를 맴돌았다. 이러면 정국이 태산처럼 굳건하고 안정되지 않겠는가? 만약 환현과 양전기 중 누군가가 힘을 잃게 되면 은중감의 안전 또한 보장받기 힘들었다. 그래서 은중감은 환현에게 단호히 경고했다.

"만약 그대가 면수沔水에서 출병하려고 고집한다면, 살아서 장강長江을 건널 수 있는 이는 없을 것이오!"

환현은 은중감의 말이 단순한 협박이 아니라는 것을 잘 알았다. 그는 양전기를 제거하려던 계획을 포기할 수밖에 없었다. 은중감은 이처럼 미묘한 삼각관계를 잘 이용하여 자신의 안정적인 지위를 상당히 오랫동안 보존할 수 있었다.

염석산閻錫山은 상호 견제에 능한 고수였다. 장개석蔣介石, 염석산 그리고 풍옥상馮玉祥의 삼각 투쟁의 회오리 속에서 염석산은 한때 치명적인 재난에 직면했지만, 위기를 호기로 바꿔 육·해·공군 부총사령관副總司令官의 자리에 올랐다. 그럼 그가 어떻게 위기를 호기로 바꾸었는지 살펴보자.

장개석은 천하를 통일하기 위해 염석산과 풍옥상을 제거하기로 마음먹고 우선 서북에 광대한 영토를 가지고 있는 풍옥상을 첫 공격 목표로 삼았다. 얼마 지나지 않아 풍옥상은 전투에서 패배했고 강제로 하야하게 된다. 이때 염석산은 좌불안석이었는데, 그는 일단 장개석이 풍옥상의 군대를 모아 재편성을 끝내기만 하면 자신의 처지도 나빠질 것이라는 것을 알고 있었다. 그래서 염석산은 더 이상 중립에 서있지 않기로 결심하고 풍옥상과 연합하여 장개석이 서북군西北軍을 흡수하는 것을 막고, 풍옥상이라는 카드를 이용하여 장개석과 흥정하려 했다.

그러던 때에 풍옥상의 측근이 염석산을 찾아 태원太原으로 왔다. 그 측근은 염석산과 연합하여 장개석을 타도하고자 했고, 이를 통해 진용을 재정비하려 했다. 염석산은 풍옥상의 측근이 찾아오자 매우 기뻐하면서 그와의 연합에는 두말없이 동의했다. 하지만 장개석 타도에 대해서는 입장을 제대로 밝히지 않았다. 나중에 장개석으로부터 이득을 보지 못할까 우려해서였다. 결국 염석산은 풍옥상의 측근에게 이렇게 말했다.

"풍 총사령總司令에게 전해 주시오. 태원에서 만나 연합에 대해 자세히 상의하기를 절실히 바라고 있으니 빨리 태원으로 오기 바란다."

풍옥상은 염석산의 말을 전해 듣고 그가 무슨 꿍꿍이가 있는 것은 아닌지 의심하였다. 그래서 무턱대고 그를 만나러 급히 산서성山西省 태원으로 가지는 않았다. 얼마 후 상황에 또 변화가 생겼다. 장개석은 몰래 염탐하여 염석산과 풍옥상이 왕래하고 있음을 알았다. 장개석은 그들의 연합을 막기 위해 중앙상임위원회를 열어 풍옥상을 파면, 당적을 박탈하고, 외국으로 떠날 것을 요구했다. 장개석은 염석산에게 전보를 보내, 풍옥상의 출국을 정중히 독촉하라고 요청했다. 또 염석산을 북로군총사령北路軍總司領에 임명하고 산서山西에서 출병하여 장개석이 서북군을 치기 위해 발동한 '오로진공五路進攻'에 협조하기를 요구했다. 영리한 염석산은 이 전보를 받고는 자신이 이미 주도권을 쥐고 있으며, 이제 정식으로 풍옥상이라는 카드를 쓸 수 있음을 깨달았다. 즉, 장개석을 이용하여 풍옥상의 신임을 얻은 후 다시 풍옥상을 이용해 장개석을 압박할 수 있게 된 것이다.

다음 날 염석산은 장개석에게 답전을 보냈다. 자신은 내전을 반대하고, 평화로운 해결을 주장한다. 풍옥상과 함께 하야하여 외국으로 나갈 것이며, 이로써 평화 제창의 의지를 보이겠다고 했다. 그러고는 천진天津으로 사람을 보내 배편을 예약하고 일본에 거처를 정하여 이미 퇴진을 결심한 듯한 모습을 연출했다.

풍옥상은 염석산의 태도가 이처럼 결연한 것을 보자 그에 대한 의심을 일시에 거두고, 태원으로 가서 거사를 협의하기로 했다. 그런데 풍옥상이 염석산을 만나니 자질구레한 이야기만 나누게 되고, 풍옥상이 연합하여 장개석을 타도하자는 얘기를 꺼내면 염석산이 고의적으로 회피하였다. 이렇게 회담은 불쾌한 분위기로 끝났다. 회의가 끝나자 염석산은 지체 없이 자신의 책략을 펼치기 위해 행동에 착수했다. 그는 남경으로 재차 전보를 보내 풍옥상과 함께 하야하여 해외로 나가겠다는 의지를 보였다. 한편으로는 각지에 사람을 풀어, 염석산과 풍옥상이 함께 해외로 떠난다는 소문을 퍼뜨렸다. 장개석은 이 때문에 마음이 급해졌다. 염석산과 풍옥상이 같이 외국으로 떠나면 서북군과 진군晉軍은 연합하게 될 것이며, 그들을 각개격파하려는 목표는 실현하기 어려워진다. 그래서 장개석은 급히 조치를 취했다. 염석산의 외국행을 말리면서 그를 서북선위사西北宣慰使로 위임하고, 서북지역의 뒷수습에 대한 전권을 맡긴다. 그러나 염석산은 장개석이 그에게 준 대가가 아직 충분치 않다고 여겼다. 그는 계속해서 풍옥상이란 킹 카드를 이용해 장개석에게 더 높은 대가를 얻어내기로 했다. 염석산은 다시 한 번 강경한 태도로 풍옥상과 함께 외국으로 가겠다고 선언하면서, 만약 장개석이 허락하지 않겠다면 국부위원國府委員도 사직하겠다고 했다. 장개석은 급히 국민당중앙國民黨中央의 이름으로 염석산에게 전보를 보내, 염석산이 국내에 머무르기를 바라며 직접 북평北平*으로 가서 염석산과 면담하기로 했다고 전했다. 염석산은 자신의 몸값이 배로 오른 것을 은밀히 기뻐하면서 연극을 계속 해나가기로 결심했다.

장개석은 염석산이 양다리를 걸치는 태도를 철저히 고치고, 풍옥상을 계속 고립시키기 위해 오치휘吳稚暉, 조대문趙戴文, 공상희孔祥熙를 보낸다. 이들은 장개석의 친필서신을 지니고 태원으로 가서 다시 한 번 염석산을 만류하며 절대 외국으로 나가지 말라고 요청했다. 이 세 명은 염석산을 만나고 난 다음 날 진사晉祠로 찾아가 풍옥상을 만나서 장개석의 서신을 전했다. 그리고 풍옥상과 염석산이 북평으로 와서, 풍옥상이 외국에 나가 여러 산업을 시찰하는 문제를 함께 상의하자고 요청했다.

그러나 염석산은 이에 대해서는 신경도 쓰지 않고 중앙으로 전보를 보내 풍옥상에 대한 처분을 거두어 달라고 요청했다. 그리고 풍옥상을 만나 자신은 북평으로 가서 장개석을 만난 뒤 즉시 산서성으로 돌아와 풍옥상과 함께 외국으로 나갈 것이라고 속였다. 그러나 염석산은 북평에 가서 또 다른

---

* 북경의 옛날 이름

패를 썼다. 그는 장개석과 의욕적으로 거래를 시작했다. 요구사항을 서로 조율한 후, 장개석은 염석산을 전국 육·해·공군 부총사령副總司令으로 임명했다. 이로써 염석산의 지위는 비할 바 없이 높아졌다. 염석산은 이에 대한 교환조건으로 장개석에게 협조하여 가능한 빠른 시일 내에 서북군 문제를 해결하기로 했다.

염석산은 장개석, 풍옥상, 염석산이라는 삼각 투쟁 속에서 이들 사이를 교묘하게 오가며 풍옥상을 카드로 내밀어 장개석을 위협하고, 한편으로는 장개석을 이용하여 풍옥상을 압박했다. 그리고 마침내 위기에서 벗어났을 뿐만 아니라 악재를 호재로 바꾸고 최대의 이익을 거둘 수 있었다. 염석산의 탁월한 수완은 확실히 쉽게 배울 수 있는 것이 아니다. 그러나 위기를 호기로 바꿀 수 있는 가능성은 존재한다. 이는 승부사에게 큰 깨달음이 된다.

황제의 권력이 무한하다고 생각하지 마라. 사실 황제도 위험한 직업 중 하나이다. 중국 역사에는 235명의 황제가 있는데, 그 중 재위 기간에 살해당한 황제가 45명에 이른다. 하야 후까지 포함하면, 역사서에서는 은밀히 감추고 있지만, 역사가들이 신하에게 찬시簒弑당했을 것이라 추정하는 황제까지 더하면 모두 60명이 넘는 황제가 살해당했다. 황제를 살해하는 인물은 주로 권신들로, 그들은 황위를 찬탈하려 했다.

양한兩漢 때 발생한 황제와 외척 간의 갈등을 살펴보자. 먼저 동한東漢 때 장제章帝와 환관 정중鄭衆은 외척 두헌竇憲을 죽였고, 안제安帝와 환관 강경江京 등은 외척 등씨鄧氏 가문을 멸하였으며, 환제桓帝는 환관 단초單超와 연합하여 외척 양씨梁氏 세력을 제거했다. 그리하여 이들은 흩어졌던 황제의 권력을 다시 되찾았다. 그러나 서한西漢 평제平帝는 외척 왕망王莽과의 대립에서 왕망이 준 독주를 마시고 운명을 달리했다. 또 동한 질제質帝는 나이가 어려

책략이 부족했고 결국 외척 양기梁冀에게 독살당했다.

외척은 대신 같은 존재라 쉽게 정치에 간섭한다. 그런데 사실 조정에서 황제의 진정한 정적은 권신이다. 권신의 권력이 커져 황제를 폐위시킬 수 있을 정도까지 되면, 황제는 이미 그의 적수가 못 된다. 삼국시대 위魏나라의 네 번째 황제 조모曹髦는 사마소司馬昭가 권력을 쥐고 있는 것을 보고 그 분노를 견딜 수 없어서 대신大臣 왕침王沈, 왕경王經, 왕업王業을 불러 말했다.

"사마소의 야심은 길 가는 사람도 다 알 것이오! 짐은 더 이상 앉아서 치욕을 당할 수는 없으니, 오늘 그대들과 함께 사마소를 처벌하겠노라!"

왕경은 책략을 세워야 한다고 생각했지만, 왕침과 왕업은 그 길로 사마소에게 달려가 밀고했다. 황제 조모는 직접 검을 뽑아 들고 수레를 이끌며 군대를 이끌었고 중앙의 병사들은 북을 치고 함성을 질렀다. 사마소를 따르던 대신 가충賈充은 추호도 망설이지 않고 중호군衆護軍을 이끌고 가 남궐南闕에서 황제의 부대와 맞서 싸웠다. 그 때 사마소의 심복인 성제成濟가 가충에게 물었다.

"사태가 긴박합니다. 어떻게 합니까?"

그러자 가충이 말했다

"사마공께서 너희를 거둔 것은 바로 오늘을 위해서다. 망설일 게 무어냐!"

그러자 성제는 앞장서서 창을 뽑아 들어 황제를 찔렀다. 스무 살의 황제 조모는 마차 밑에서 눈을 감았다. 그런데 그 후 사마소는 황제를 죽인 성제를 대역무도大逆無道 죄를 물어 사형시켰다. 하지만 황제를 시해한 사람은 바로 사마소 자신이었다. 같은 해에 권신 손림孫琳에 의해 회계왕會稽王으로 폐위되었던 오吳나라의 황제 손량孫亮도 돌연 세상을 떠났는데, 그 때의 나이가 겨우 18세였다.

황제를 폐위시킨 권신들이 폐제廢帝와 같은 하늘 아래에서 평온하게 지낼 수 있었겠는가? 권신들은 공개적으로 혹은 암암리에 폐제의 목숨을 끊었다. 예를 들어 동한東漢 동탁董卓은 어린 황제 유변劉辨을 폐위시킨 후, 사람을 보내 독주가 든 주전자를 보냈다. 남조南朝 송나라의 어린 황제 유의부劉義符는 권신 서선지徐羨之 등에 의해 영양왕營陽王으로 폐위되었다가, 한 달 후에 서선지 일당이 보낸 특사의 손에 죽임을 당했다. 남제南齊의 15세 황제 소소문蕭昭文은 세 달 동안 꼭두각시 황제로만 지내다 폐위되었지만 결국 죽음을 피할 수 없었다. 북위 후기에 권신 이주조尔朱兆는 심지어 두 황제를 잇달아 폐위시키고 시해했으며, 그의 뒤를 이어 정권을 잡게 된 고환高歡 역시 얼마 지나지 않아 황제 둘을 폐위시키고 시해했다. 북위의 마지막 황제는 권신 우문태宇文泰로부터 독주를 받고 죽었다. 북주北周의 다섯 황제 중 두 황제가 권신 우문호宇文護에게 시해되었다.

권신들은 뛰어난 지모와 용기로 황제 다음의 높은 지위까지 오를 수 있었다. 권신들의 이런 재능은 분별력 없고 무지한 소년 황제보다 더 뛰어났다. 황위 찬탈을 꿈꾸는 권신들이 자주 사용하는 수법은 이렇다. 먼저 재위하고 있는 성인 황제를 폐위시키고 시해한 후, 어린 황제를 옹립하고, 다시 황위를 찬탈하는 것이다. 이런 예가 실제로 당나라 때 있었다. 군사로 가문을 일으킨 주전충朱全忠은 38세의 당 소종昭宗을 시해하고 그의 13세 난 어린 아들을 옹립했지만, 삼 년 후 황위를 찬탈하고 어린 황제는 독살했으니, 이 어린 황제에게 '애제哀帝'라는 칭호가 내려졌다.

신하 간의 승부는 사실 본질적으로 군신 간의 승부와 다르지 않다. 봉건 사회의 정치 환경에서는 상급 관리가 하급 관리에게 소황제小皇帝나 다름이 없었다. 이런 관계 역시 매우 복잡했지만, 귀결해 보면 결국 권력 투쟁의 일종인 셈이었다. 권력이 사악한 점은 바로 모든 것을 손에 넣을 수 있다는 점이다. 그래서 중국 봉건 관료 사회에서는 언제나 각양각색의 권력 다툼이 벌어졌다.

승부는 단순한 대결이 아니다. 승부에 임하는 양쪽이 직접적으로 충돌하는 경우가 많지만, 이런 충돌의 배후에도 일종의 잠재적인 협력 요소가 숨어 있다. 바로 앞서 말한 황제와 권신의 승부처럼, 비록 그 사이에 빈번하게 투쟁이 일어났지만 결국 최후에는 협력을 필요로 했다. 우리가 역사 속의 승부들을 연구하는 이유는, 다른 사람과 어떻게 싸워야 하는지를 배우기 위해서가 아니라, 사람들과 어떻게 협력하느냐를 배우기 위해서다. 물론 이를 배우기 위해서는 지혜를 필요로 한다.

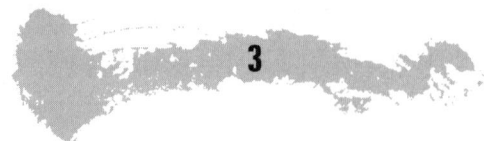

3

언행 일치, 융통성으로 승부하라

보수파頑固派, 양무파洋務派, 청류당淸流党은 청나라 말 관료 사회의 삼대 문파였다. 양무파와 보수파는 실력과 군사력, 자금력을 모두 갖춘 당대의 주요 문파였다. 반면에 청류당은 입으로 먹고 살면서 주로 두 가지 일을 했다. 하나는 탐관오리를 욕하고, 또 하나는 외국인을 욕하는 일이었다. 청류당은 '입'으로 일했기 때문에 그다지 실용적이지 않았다. 그러나 자희慈禧태후*는 문파 간의 균형을 맞추기 위해 청류당을 삼대 문파의 분립과 견제에 효과적인 필적 세력으로 여겼다. 그 덕에 그들도 나라의 녹을 먹을 수 있었다.

중국 역사에서 관리가 되는 것과 일을 잘하는 것은 서로 다른 문제이다. 때로는 일을 잘했다고 해도 반드시 직장에서 그만큼의 효과와 이익을 얻을 수는 없었다. 예를 들어 상앙商鞅은 업적이 많은 개혁가였지만 최후에는 관직을 잃고 그 자신과 일가의 생명마저 잃고 말았다.

---

* 서태후

장지동張之洞은 관리로서 능력이 탁월했는데 그냥 잘하는 것이 아니라 천부적인 소질이 있었다. 그는 학식도 있고 수완도 있었을 뿐만 아니라 정치 수완에도 꽤 일가견이 있었다. 동광신정同光新政* 때 청류淸流는 조정의 한 기류였는데, 사람들은 청류를 '청우靑牛'**라고 불렀다. '청우'들은 자주 악을 반대하고 선을 권장하면서 시정을 풍자하고 권세가를 규탄했다. 그들은 특히 양무를 주창하는 일부 지역의 독무督撫***들을 곤란하게 만드는 데 능했다. 하지만 이 때문에 청류는 종종 사방에 적을 만들었고, 그들의 결말은 대부분 좋지 않았다. 결국 북청류의 지도자 이홍조李鴻藻와 남청류의 지도자 옹동화翁同龢는 모두 해직당했다. 장지동은 북경에서 청류로 있을 때 거리낌없이 간언하기로 유명하여 '우각牛角'이라 불렸다. 이 별칭만 봐도 그의 전투력을 알 수 있다. 이 우각은 다른 청류들과 다르게 상대를 반박하다가 관직을 잃지 않았다. 알고 보니 장지동이라는 청우는 말만 좀 번지르르하게 하는 다른 청우들과는 달랐다. 그는 말을 잘 할 뿐만 아니라 일도 잘하여 많은 관료들에게 도움이 되는 금상첨화의 인물이었다. 이런 인물의 관운이 좋지 않을 수 있겠는가?

1875년, 사천四川 동향현東鄉縣의 손정양孫定揚은 규칙을 어기고 가혹하게 세금을 거두어 군중의 분노를 샀다. 촌민들이 성으로 몰려가 항의를 하자, 손정양은 도리어 이들을 반역죄로 무고했다. 그러자 사천제독四川提督은 시비곡직是非曲直을 가리지도 않고 촌민들을 토벌하러 가서 집에 불을 지르고 마을을 파괴했다. 4백 명이 넘는 죄없는 촌민들이 학살당하는 참으로 억울한 사건이 발생했다. 그런데 이 사건에 서태후西太后가 특별히 아끼는 오당吳棠이

---

* 양무운동洋務運動을 말함
** 중국어로 청류는 '칭리우', 청우는 '칭니우'로 발음된다
*** 총독과 순무의 합칭

라는 인물이 연루되었다. 그 때문에 아무리 언관이 탄핵하는 상주문을 올리고, 조정에서 위아래로 난리가 나고, 외국인들까지 이 사건의 진상을 알게 되는 상황이 벌어졌어도 잘못을 바로잡지 못했다. 그런데 이 때 장지동이 나섰다. 그는 오당을 조준하지 않고 사건에 책임이 있는 손정양에게 직접 죄를 물었다. 그리하여 장지동의 노력에 의해 이 사건은 깨끗이 해결되었고, 억울한 이들의 누명도 벗겨졌다.

 1880년, 궁궐 조야朝野에 큰 소란을 불러일으킨 사건이 발생했다. 사실 사건 자체는 대수롭지 않았지만, 서태후의 체면과 관련되어 난리가 난 것이다. 하루는 서태후가 태감을 시켜 그녀의 여동생에게 순친왕醇親王의 복진福晉* 이 보낸 찬합을 전해주려고 했다. 그런데 찬합을 배달하던 태감이 규칙에 어긋나게 허리에 차던 출입 증명서인 요패를 차고 있지 않았다. 게다가 궁을 지키는 호위군에게 사전에 미리 전갈을 보내지 않아 결국 궁문에서 통행을 저지당하고 말았다. 태감은 서태후의 총애를 믿고 호위군과 다투기 시작했고, 격분한 나머지 찬합을 집어 던진 후 서태후를 찾아가 호위군이 무례하게 자신의 통행을 막았을 뿐만 아니라 물건도 못쓰게 만들었다고 고했다. 서태후는 이 말을 듣고 크게 노하여 즉시 명령을 내려 호위군 도통都統을 파면시키고, 당시 당직한 호위군을 형부로 보내 심문하게 했다. 결국 장지동이 나섰는데, 그는 다른 간관諫官들과 달리, 나서자마자 바로 태감의 횡포에 초점을 맞췄다. 장지동은 호위군들이 서태후의 안전을 생각해서 가경嘉慶** 때의 임청林清 사건***을 거울로 삼은 것이라 말하며, 궁문 호위제도를 엄격하게 할 필요가 있음을 역설했다. 장지동이 이처럼 이치에 맞게 조목조목

---

* 청나라 때 귀족의 부인을 지칭함
** 인종仁宗의 연호, 1796~1820
*** 1813년 임청을 수장으로 하는 천리교天理教 반란군이 황궁에 잠입했다가 체포된 일

말하니 서태후의 마음도 움직였고, 결국 호위군은 생명을 보전하고 태감은 벌을 받았다.

이 밖에 장지동은 내심 돈으로 관직이나 공명첩空名帖을 사는 것에 반감을 가지고 있었다. 그는 이것이 공무 집행을 망치게 하는 근원이라 생각했다. 그러나 돈으로 관직을 사는 것은 당시의 풍조였고, 장지동 스스로도 규정을 어기는 일이 아니라는 데 동의했기에 문제 삼지 않기로 했다.

청나라 말, 명신 장지동이 산서순무山西巡撫로 임명되어 관할지로 떠나게 되었다. 그가 막 출발하려 할 때 산서 출신의 부상富商인 태유표호泰裕票號의 공씨孔氏 주인장이 찾아와 은화 1만 냥을 바치고 싶다고 했다. 표호는 옛날 산서성의 상인이 경영하던 개인 금융기관의 일종이다. 주인장이 장지동에게 말했다.

"당신이 청렴한 관리이기 때문에 주머니 사정이 그다지 좋지 않다는 것을 알고 있습니다. 이 돈은 당신에 대한 공경과 사모의 뜻이니, 변변찮지만 예의 표시로 받아주시어 출장비로 쓰시기 바랍니다."

장지동은 공씨 주인장의 호의를 완곡하게 거절했다. 장지동이 산서에 도착해 현지의 상황을 조사해 보니, 산서의 많은 백성들이 양귀비를 재배하는 것이었다. 장지동은 이를 보고 무척 놀랐다. 그는 백성들이 양귀비를 모두 뽑아 버리고 다시 농작물을 재배하도록 만들겠다고 결심했다. 백성들이 농작물을 재배하려면 밭을 가는 소와 씨앗을 사야 했는데, 산서는 몇 년째 계속된 가뭄으로 흉작이 들었고, 여기에 탐관오리들의 착취까지 더해져 백성들을 도울 만한 구제금을 출자할 방법이 없었다. 장지동은 세상사에 어려움이 많다는 것을 깊이 느꼈다. 너무 원칙만 고수하는 자세가 어떤 경우에는 도리어 해가 될 수도 있다고 생각한 그는 상인들에게 기부를 요청하기로 했다. 이 때 제일 먼저 떠오른 사람은 공씨 주인장이었다. 장지동은 공씨 주인장이 자신에게 뇌물을 주려 했던 이유가 훗날 보살핌을 받기 위해서라고 생각했다. 공씨 주인장을 설득하여 기부금을 받으면 그 기부금으로 산서 백성들을 위해 좋은 일을 할 수 있고, 또 공씨 주인장도 명성을 얻을 수 있으니 그가 기부에 동의할지도 모른다고 생각했다.

공씨 주인장은 장지동과 상의한 끝에 기부금으로 은 5만 냥을 내놓기로 했다. 그러나 전제 조건 두 가지를 들어달라는 요구가 있었다. 첫째는 장지동이 공씨 주인장의 표호 대문에 '천하제일 성심표호天下第一誠心票號'라는 여덟 글자를 써주는 것이었고, 둘째는 도대道臺* 자리가 비면 자신이 등용될 수 있도록 장지동이 힘을 써주는 것이었다.

장지동은 공씨 주인장의 두 가지 요구를 모두 승낙할 수 없었다. 그의 태유표호가 성실한지 아닌지 모르는데, 어떻게 '천하제일 성심표호'라고 말할 수 있겠는가? 또 이제껏 관직을 돈으로 사는 행위를 싫어했고, 그것이 관리의 공무집행을 어지럽히는 더러운 일이라고 생각해 왔는데, 자신이 싫어하는 일을 어떻게 스스로 직접 할 수 있단 말인가? 장지동은 생각했다.

'공씨 주인장도 너무 하는군. 돈 몇 푼으로 도대까지 되려 하다니! 수많은 독서랑讀書郎들이 수십 년 동안 고생스레 공부하여도 죽을 때까지 정4품의 자리에 오를지 장담 못하는 것을! 하지만 내가 그 조건을 받아들이지 않으면 어디서 은 5만 냥을 구할 수 있을까? 이 돈이 있어야 수천 명의 백성들에게 씨앗과 소를 보급하고, 그들의 땅에 자라고 있는 양귀비를 없앨 수 있을 터인데. 이 지역을 아편 금지 지역으로 만들겠다는 다짐은 공허한 소리가 되고 말 것인가?'

---

* 도원道員의 존칭

은 5만 냥은 실제로 적은 액수가 아니었다. 장지동은 모처럼의 기회를 선뜻 뿌리칠 수 없어서 거듭 생각한 끝에 우회 수단을 선택하기로 했다. 그는 공씨 주인장의 표호에 '천하제일성심'이라는 여섯 글자를 쓰기로 했다. 이는 공씨 주인장이 요구한 여덟 글자에서 '표호'라는 두 글자가 빠진 것이지만, 사실 그 의미는 크게 달라진다. 왜냐하면 '천하제일성심'이라는 여섯 글자는 '천하에서 제일 중요한 것은 성심'이라는 뜻이 되며, '공씨 주인장의 태유표호의 성심이 천하제일'이라고 하는 것은 아니기 때문이다.

장지동은 두 번째 요구에 대해서 오랫동안 고민하다가 결국 자기 스스로를 설득시킬 만한 이유를 대기로 했다.

첫째, 돈으로 관직을 사는 풍조는 오랫동안 존재하고 있었으니 이를 탓할 수 없다. 둘째, 설령 공씨 주인장이 도대 후보가 된다 해도, 어차피 표호 사업을 계속 해야 하기 때문에 자리가 빌 때까지 기다리지는 않을 것이며, 다른 사람의 자리를 뺏을 수도 없을 것이다. 그러니 도대는 공씨 주인장에게 있어 형식상의 직함이 될 뿐이다. 그리고 조정의 규정에 따르면, 은 4만 냥만 내면 도대 후보가 될 수 있는데 공씨 주인장은 5만 냥을 내놓겠다고 하니 이미 규정한 금액도 넘어섰고, 그에게 도대의 허명虛名을 주는 것이 상황이나 도리에 비추어 잘못된 일도 아니다. 그러니 역시 그의 요구를 들어주기로 하자. 그렇지 않으면 어떻게 그에게 선뜻 5만 냥을 내놓게 할 수 있을까?

이렇게 해서 장지동은 은 5만 냥으로 백성들의 어려움을 구제하기 위해 마침내 스스로 자신을 '설복'시켰다. 그리고 공 주인장도 마지막에 장지동의 절충 방안을 받아들였다.

4

보상과 체벌, 새로운 균형을 만들어라

　게임의 균형이 딜레마를 불러오는 이유는 사람들에게 저마다 이기적인 본성이 있기 때문이다. 게임 참가자가 개인 이익의 극대화만을 좇게 되면 딜레마는 피할 수 없게 된다. 그 딜레마는 깨부수지 못할 정도로 견고한 게 아니다. 많은 경우 게임의 조건만 바꾸면 균형도 함께 바뀌게 되고, 당연히 딜레마에서 빠져나올 수 있게 된다. 예를 들어 죄수의 게임을 살펴보자.

　갑과 을이라는 죄수가 있다고 하자. 만약 이 둘이 서로 대화를 나눌 수 있도록 허락한다면, 둘은 충분히 공수동맹을 맺을 수 있고, 서로 배반하지 말자고 약속할 것이다. 물론 그저 입으로만 약속하는 것은 소용없다. 왜냐하면 생각이 있고 이기적인 사람이기 때문이다. 취조를 할 때, 갑은 이런 생각을 할 것이다. '을이 우리의 약속을 과연 지킬까? 만약 안 지키면 나만 손해 보는 것 아닐까? 만약 지킨다면, 내가 배신하는 편이 훨씬 많은 이익을 챙길 수 있겠지' 그래서 똑똑한 갑은 을을 배신하는 쪽으로 마음을 기울이게 된다. 마찬가지로 을 역시 갑처럼 생각할 수도 있다. 이렇게 하여 두 사람은 결국 서로를 배신한다. 하지만 만약 두 사람이 애초에 약속할 때부터 '누구든 배반하기만 하면 출소 후에 보복을 당할 것이다'라고 처벌 조치까지 정하고, 거기다 이 보복이 충분히 현실적이기까지 한다면, 결과가 다르게 나타날 수도 있다.

'죄수의 딜레마The prisoner's Dilemma'가 생기는 이유는 게임에 제3자가 영향력을 가했기 때문이다. 경찰은 영리하게 행동한다. 경찰은 두 죄수를 각기 다른 감방에 수감하고 따로 취조하기 시작하는데, 사실 두 죄수는 이미 매우 단순한 게임을 시작하고 있는 것이다. 갑과 을은 조건이 변한 것을 알게 되고, 게임은 더 복잡해지기 시작한다. 그렇게 되면 승부의 결과는 그들이 바라는 대로 끝나기 힘들다.

게임의 균형을 바꾸기 위한 방법은 사실 주로 두 가지를 벗어나지 않는다. 하나는 격려이고 또 하나는 처벌이다. 이를 보상과 보복으로 말할 수도 있겠다. 이 두 방법의 차이는 각기 수단이 다르다는 것이지만, 결국 균형에 영향을 주는 경로는 같다. 격려와 처벌은 모두 게임 참여자의 수익을 바꿈으로써 균형 상태의 변화를 노린다. 물론 달라진 게임도 균형이 없는 것은 아니다. 기존의 균형을 깨고 나면 새로운 균형이 생긴다.

송宋 인종仁宗 강정康定 연간에 서하西夏의 왕 원호元昊가 군사를 이끌고 연주延州를 침략했다. 그러자 대장大將 유평劉平과 석원손石元孫 등은 합병하여 이에 대항했고, 두 번의 대승을 거두었다. 그러나 그 후 감군監軍을 맡고 있던 환관 황덕화黃德和가 모든 일에 대해서 아는 척하며 사사건건 참견하여 결국 송군宋軍은 대패하고 대장 유평도 전사했다.

이 소식이 조정에 전해지자, 많은 대신들은 송나라 군이 대패한 이유는 조정이 환관을 파견하여 군사를 감독하게 하여 사령관 유평이 자신의 지휘력을 충분히 발휘할 수 없었기 때문이라고 생각했다. 대신들은 예전부터 환관이 감군을 맡는 것에 반감이 매우 컸다. 그래서 이 기회를 이용해 인종에게 각 사령관 부대에 감군을 폐지시켜 달라고 요청했고, 인종은 명령을 내려 환관 황덕화를 죽였다.

당시 군대에 감군을 두는 것은 이미 태조 때부터 시작되어 쭉 이어져 온 제도였다. 송나라 황제가 감군을 두게 된 것은 각 장군들이 군권軍權을 믿고 황실을 위협할까 두려워해서였다. 하지만 이제 대신들이 태조가 정한 제도를 없애달라고 요청해오니 인종은 주저하며 결정짓지 못하고 여이간呂夷簡에게 의견을 구했다. 여이간이 말했다.

"감군을 없앨 필요가 없사옵니다. 충직하고 신중한 환관을 뽑아 감군으로 임명하시면 됩니다."

이에 인종은 여이간을 보내 환관을 선택하게 하려 했으나, 여이간은 또 이렇게 말했다.

"저는 죄과가 있는 재상으로서 환관과 사적인 친분을 맺어서는 아니 되옵니다. 사귀어 보지 않았으니, 제가 어떻게 누가 어질고 바른지 알 수 있겠습니까? 그러니 황제께서는 환관총관宦官總管에게 알맞은 인물을 추천하라고 명령하시고, 만약 그들이 추천한 환관이 감군의 직무를 능히 감당하지 못하면, 그들 역시 감군과 같이 처벌하시옵소서."

그러자 인종은 이 의견을 수렴했다. 황제의 명령이 내려진 다음 날, 함께 벌을 받는 것이 두려웠던 환관총관들은 인종에게 머리를 조아려 절하며 감군을 맡고 있는 환관들을 모두 물리시라고 간청했다. 조정의 대신들은 모두 여이간의 지모를 칭찬했다. 생각해 보면, 감군을 하나 죽이더라도 다른 감군들은 여전히 남아 있을 것이다. 그런데 만약 그들을 전부 물러나게 했다가 후에 군사상의 손실이 또 발생한다면, 환관들은 당시에 감군을 없애지 말아야 했다고 주장할 것이다. 그러니 그들 스스로 물러나게 하는 것이 제일 좋았다. 이는 처벌과 보복을 수단으로 하여 게임을 바꾸는 전형적인 예다.

송나라 황제는 무장을 가장 두려워했다. 황제는 병권을 손에 쥔 장군들이 말을 듣지 않을까 걱정하여 자신의 사람들을 군대로 보내 각 군대의 총사령관들을 감시하게 했다. 사실 황제의 사람들이라고 해도 겨우 궁의 노비인 환관들밖에 없었지만, 황제에게 있어서는 어쨌든 온종일 밖에서 군대를 이끌고 있는 장군보다 환관들이 더 안심이 되었다. 그리고 이 환관들은 궁에 있는 것보다 장군을 감시하러 가는 파견 업무가 더 이득이 많았고, 권세를 높일 기회가 되었다. 그래서 송나라 초기 때부터 환관들은 군대에서 뭐든 아는 척하며 지휘를 방해했고, 황제는 자신의 사람들이 장군들을 관리하고 있다고 생각하니 비교적 안심할 수 있었다. 이것이 바로 그들 사이의 '안정적인 균형'이었다.

그러나 여이간이 등장한 후 상황은 달라졌다. 그는 '유평劉平 사건'을 이용해 황제께 책임제를 실시하자고 건의했다. 환관들은 원래 별 능력이 없었기 때문에 책임제가 실시되자 낭패에 빠졌다. 만약 군대의 일에 관여했다가 문제가 발생하기라도 하면 연좌되어 처벌을 받을 것이고, 만약 군대의 일에 관여하지 않았다가 문제가 발생해도 역시 연좌되어 처벌을 받아야 했다. 이렇게 하여 기존의 균형은 깨졌다. 환관들은 감군 제도가 자신들에게 이익이 될 것이 없다는 것을 알게 되어 이성적으로 따져본 뒤, 감군 제도를 없애는 것이 더 좋다고 판단했다. 그래서 환관들은 자발적으로 감군 제도를 폐지하자고 황제께 의견을 올렸다. 그리고 황제는 망설이고 있던 차에 환관들이 스스로 요청해 오니, 감군을 폐지하기로 했다. 그리하여 옛 균형은 파괴되고 새로운 균형이 만들어졌다.

남송南末 초에 금金나라 여진족女眞族이 대거 침입했는데, 당시 명장으로 알려졌던 유광세劉光世와 장준張浚 등의 인물은 그저 적을 피해 도망만 가고, 감히 반격할 엄두를 내지 못했다. 그들이 천성적으로 기개가 약하기도 하지만, 또 한편으로는 그들의 관직이 이미 오를 만큼 오른 상태라 설령 큰 공을 세울지라도 더 이상 올라갈 자리가 없었기 때문이었다. 그래서 그들은 현재에 만족하여 국가의 이익 같은 것은 안중에도 없었다.

당시 악비岳飛는 장수가 된 지 얼마 되지 않았는데, 이미 두각을 나타내고 있기는 했지만 아직 명성과 지위가 그다지 높지 않았고, 오직 여진족과 목숨을 건 격전을 벌일 뿐이었다. 그러던 차에 군즙郡緝이라는 사람이 조정에 악비를 추천하는 상소를 올렸는데, 그 추천서의 내용이 참 재미있다.

"지금의 대장들은 이미 부귀영화를 누리고 있어서 이제 더 이상 나라를 위해 힘쓰지 않습니다. 어떤 장군은 심지어 강력한 군대를 손에 쥐고 조정을 위협하기까지 하면서 참으로 제멋대로 날뛰고 있습니다. 이런 사람을 어떻게 다시 중용할 수 있습니까? 이런 사람들을 다스리는 방법은 사냥매를 키우는 방법과 비슷합니다. 굶주리게 만들면 사냥감을 물어올 것이나, 배불리 먹이면 날아가 버릴 것입니다. 지금의 장군들은 모두 사냥하러 나서기 전에 이미 신선한 고기를 잔뜩 먹어 배가 부른 상태인지라, 이들을 보내 적을 상대하게 하면 모두 돌아서서 도망칠 것입니다. 그러나 악비는 다릅니다. 그는 수만 병사를 거느리고 있지만 아직 관직과 작위가 낮고, 조정도 그에게 특별한 은총을 베풀지 않았습니다. 그는 이름이 세상에 알려지지 않는 무명의 군관인데, 지금이 바로 이 굶주린 독수리가 날개를 펴고 높이 날아갈 준비를 하고 있는 시기입니다. 마치 사냥매를 키울 때, 사냥매가 토끼 한 마리를 물어 오면 쥐 한 마리를 먹이로 주고, 여우 한 마리를 잡아오면 가금을 먹이로 주는 것처럼 그를 전쟁터로 보내 공을 세우게 하고 관직과 작위를 내린 후, 한 가지 공을 세울 때 마다 영예를 안겨줘야 합니다. 이런 방법으로 그를 다룬다면, 그는 제자리에만 안주하지 않고 언제나 적과 싸우려 할 것이고 반드시 국가를 위해 거듭 공을 세우게 될 것입니다."

이 이야기는 보상이 균형을 바꾼 경우이다. 이야기 속에서 군즙이라는 인물이 말한 이치는 치밀하고 확실하다. 그 후 송나라 고종高宗은 군즙의 말을 귀담아들었는지, 악비를 계속 중용했다. 군즙은 봉건 관료 사회에서 직위가 오르는 '승직昇職'에 대한 본질을 파악하고 통찰하고 있었을 것이다. 그처럼 이성적인 분석과 이를 통해 거둔 결과는 언제 생각해도 소름이 끼칠 정도이다.

이 이야기에서 군즙은 우리에게 관직 임명이 초래하는 악성 균형을 말한다. 군즙은 이 악성 균형을 바꾸고자 황제에게 두 가지 책략을 제시했다. 첫째는 부하를 관직에 임명할 때 천천히 승진케 하여 만족감에 진취성을 잃지 않도록 하는 것이다. 둘째는 영원히 원하는 위치에 도달하지 못하도록 하는 것이다. 이 두 가지 책략을 하나로 정리하면, 부하들이 영원히 노력할 수 있도록 원동력을 부여하라는 것이다. 부하들은 열심히 진취적으로 일하는 것이 제자리에 머물러 있는 것보다 자신에게 더 큰 이익이라는 것을 알게 될 것이다. 이로써 사람들을 곤혹스럽게 하는 악성 균형도 깰 수 있다.

| 역자 후기 |

이 책은 난세를 평정한 중국 역사 속 승자들에 관한 이야기들이다. 다양하고 흥미진진한 역사적 사실과 인물들 간의 일화에 기초하여 승자들의 세상살이와 처세 방식은 물론이고, 더불어 다양한 인간 군상도 소개한다. 이 책에 등장하는 역사 속의 수많은 승자와 패자들 모두가 치열한 삶을 살았을 것이다. 그들 중에 일부는 혼잡하고 힘겨운 난세를 평정하고 승자가 되어 살아 남았고, 대다수는 패자가 되어 역사의 뒤안길로 사라져 갔다. 그 이유는 무엇일까? 승자들의 지략은 때로는 현명하고 때로는 잔인하기까지 하다. 때로는 현실과 동떨어져 보이거나 무척이나 살벌하게 느껴질지도 모르겠지만 엄연한 역사적 사실들이다. 저자는 승자들이 펼친 지략에 주목하여, 이를 여덟 가지로 나누어서 소개하고 있다.

승부술, 도회술, 입위술, 감인술, 통전술, 전신술, 돌위술, 평형술이 바로 그것이다. 이 여덟 개의 키워드가 바로 난세를 슬기롭게 살아갔던 '승자의 지략'인 셈이다. 이를 알기 쉽게 다시 정리해 보면 다음과 같다.

첫 번째, 승부술. 사람들은 누구나 게임을 벌이고 모험을 감행해야 할 순간이 있다. 그 순간에 주변 상황이나 자신의 처지를 잘 판단하고 적응하는 한편 긍정적인 결과를 얻어낼 수 있도록 노력해야 한다.

두 번째, 도회술. 많은 일에는 타이밍이 중요하다. 자기 자신을 내보이거나 숨겨야 할 때, 계획 실행 여부를 판단할 때 가장 중요한 것이 적절한 시기를 택하는 것이다. 그래야 더 좋은 결과를 얻을 수 있다.

세 번째, 입위술. 누구라도 인정할 만한 위신을 세우는 것이 중요하다. 우선 자신의 정체성을 스스로 찾아야 할 뿐만 아니라 자신만의 고유한 이미지를 구축해 때로는 타인에게 자신을 알리는 노력도 필요하다.

네 번째, 감인술. 조직 생활에서는 사람을 잘 살펴야 한다. 주변 사람들과 친목을 유지하되, 때로는 냉정하게 관찰하여 적과 아군을 구별해야 한다.

다섯 번째, 통전술. 유능하고 존경받는 리더가 되고 싶다면 자신을 충실히 따를 무리를 만들고자 노력해야 한다. 유연한 사교 능력을 발휘하고 때로는 대범하게 사람들을 포용할 줄 알아야 하며, 갈등을 피할 수 없다면 피해를 최소한으로 줄여야 한다.

여섯 번째, 전신술. 스스로의 몸과 마음을 잘 다스려야 한다. 자신을 믿고 솔선수범해야 하며, 식견을 넓히고 혜안을 지니고자 노력해야 한다.

일곱 번째, 돌위술. 살면서 누구나 마주하게 되는 결정적인 순간, 꼭 필요한 순간에는 신속히 결단을 내리고 자신을 드러내 보일 줄도 알아야 한다.

여덟 번째, 평형술. 균형과 중용의 중요함을 알아야 한다. 사람이든 일이든 한 쪽으로만 치우치면 갈등을 초래한다. 미묘하고 혼란스런 상황에서 적당한 균형을 유지하여 자신의 자리를 더욱 확고히 다질 수 있다.

이 책은 '승자의 지략'을 구체적으로 다루면서, 인간 관계, 즉 '처세술'을 다루고 있다. 세상을 살아가면서 인간 관계만큼 중요하고 어려운 것이 없다. 인간 관계의 승패가 결국 승자와 패자를 결정 짓고 있다. 인간은 혼자만의 힘으로만 살아갈 수 없으며, 좋든 싫든 언제나 여러 사람과 관계되어 있다. 하다못해 자신이 먹는 밥, 자신이 입는 옷 등 어느 것 하나도 혼자만의 힘으로 얻기가 힘들다. 특히 사회라는 거대한 조직에서 승자가 되려면 주변의 사람들과 잘 교류해야 하며, 서로에게 필요한 인간 관계를 형성하는 것이 중요하다.

특히 오늘날처럼 다양하고도 복잡한 사회에서는 자신의 성공을 위해 인간 관계를 맺는 경우가 많다. 그래서 소위 '인맥'이라 불리는 인간 관계를 의도적으로 만들어 성공의 발판으로 삼는 경우도 많다. 그래서 인맥의 달인들은 종종 부러움과 동시에 비난의 대상이 되기도 한다. 인맥이란 것은 자신의 직업적 성공이나 명성을 위해 동원되기도 하지만 친한 지인과의 사귐처럼 친밀한 감정 교류와 정서적인 풍요로움을 꽃피우는 데도 필요하다. 어떤 인맥을 형성하게 될 것인가는 개인의 가치관과 필요에 따라 다르겠지만, 누구든 좁든 넓든 자신만의 인간 관계를 형성하고 살아간다는 것은 분명하다.

이 책에서 살펴볼 수 있는 인간 관계들은 오늘날과 유사한 부분이 많다. 결국 사람이 사는 모습은 예나 지금이나 비슷하며, 가족을 이루고 사회를 구성하며 국가를 형성하는 과정에서 보여지는 사람들의 생각과 행동, 존경과 두려움, 믿음과 배신, 협력과 경쟁, 포용과 시기猜忌 등은 어느 시대에나 존재해 온 양상일 것이다. 그리고 이들이 어우러진 과거의 긴 역사를 살펴봤을 때, 결과가 좋으면 개인으로는 든든한 인간 관계를 쌓고 국가로는 강국이 될 수 있었지만, 결과가 나쁘면 적을 만들고 패전국 혹은 망국으로 끝을 맺었던 것이다.

이 책에는 다양한 인물들이 등장한다. 그 중 중국 근대를 풍미한 두월생과 호설암의 이야기가 꽤 흥미롭다. 두월생은 사회의 밑바닥부터 시작해 서서히 자신만의 가치관과 원칙을 세우면서 훗날 암흑조직의 핵심인물이 되어 상해탄을 장악했다. 그는 사교계의 큰 손이 되어 여러 명사들과 친분을 쌓았으며 자선가로 변모하여 재단을 운영하고 막대한 이익을 취하면서 정치적 지원으로도 이름을 날렸다. 물론 범죄를 저지른 점은 비난받아 마땅하나, 그의 드라마틱한 일생은 세간의 주목을 받았고, 여러 작품의 소재가 되기도 했다. 호설암은 신의와 인정을 중시했다. 그는 자신이 믿는 사람을 전심전력을 다해 도왔고, 훗날 돈독한 인간 관계를 바탕으로 중국 최대 거상

중 한 명이 된 인물이다. 그 역시 수많은 난관을 헤쳐 가며 역사에 남을 거상이 되었는데, 그 바탕은 그의 대범함과 신의와 인정을 중시하는 마음, 그리고 진심으로 맺은 인맥이었다.

저자가 말하는 '잡식동물형' 인간도 재미있다. 얼마 전까지 우리나라에는 '초식남성', '건어물녀' 등의 유행어가 한창이었는데, 비록 사회적인 문제로 인해 생겨난 모습이라고는 하지만 이들보다는 잡식동물형 인간이 되는 것이 더 건강하고 즐거운 삶을 누리는 데 도움이 될 것이다. 본문을 인용하자면, 잡식동물형 인간은 여러 가지 능력이 있는 사람, 혹은 환경 변화에 잘 적응하는 사람으로 이해할 수 있다. 잡식동물형 인간은 남이나 하늘을 탓하기 전에 먼저 자신의 과오를 인정하고, 일을 수행함에 있어 주변의 환경을 탓하기 보다는 스스로의 능력을 키우기 위해 노력하는 사람이다. 변화가 빨라지고 생활이 점점 각박해지는 현실에서 잡식형 동물이 되기 위해 노력하는 것도 좋을 것이다.

이 책은 박혜린과 이건영의 공동 번역으로 출판되었다. 전반부는 박혜린, 중반부와 후반부는 이건영이 번역했으며 상호 의견을 교환하고 여러 차례 말을 다듬고 교정했다. 중국 역사 속의 인물과 사건이 많이 등장하는데, 독자들의 이해를 돕기 위해 풀어서 번역하거나 주석을 달기도 했다. 가능한 정확하고 자연스러운 표현을 위해 노력했으나 아직 부족한 점이 많다. 앞으로 독자들께서 지적하실 오류나 귀중한 조언의 말씀은 항상 겸허한 자세로 감사히 수용하겠다. 끝으로 늘 지지해 주시고 힘이 되어 주신 부모님과 번역에 대한 조언을 아끼지 않으셨던 한국외대 통번역대학원 문영란 교수님, 그리고 좋은 가르침을 주신 존경하는 교수님들, 함께 하는 벗들에게 감사의 인사를 전한다.

2012년 6월

박혜린, 이건영

지은이

시광(時光)

중국 인민대학을 졸업했으며, 법학박사 학위를 받았다. 주로 언론계에 종사하며
기업 고위직 교육 및 법무·재무 자문을 활발히 하고 있다.
주요 저서로는 『펀드정복吃定基金』『제국의 그림자帝國的背影』 등이 있다.

임호지(任浩之)

역사를 현대적 시각으로 재해석해 소개하는 책을 주로 집필하는 전문 저술가이다.
주요 저서로는 『국도: 중국 역사 속의 승부술局道: 中國歷史上的博弈術』『왕도: 중국 역사 속의
제왕술王道: 中國歷史上的帝王術』『역사 속에서 인품을 배우다讀史學做人』 등이 있다.

옮긴이

박혜린

북경대외경제무역대학北京對外經濟貿易大學을 졸업했으며, 국제경제 및 무역을 전공했다.
그리고 한국외국어대학교 통역번역대학원 한중과 31기로 번역 및 순차통역을
전공했다. 현재는 시원 아키브 콘텐츠 프로덕션 중문 기획번역 1팀에서 광범위한 리뷰
작업을 통해 국내에 소개할 만한 중문도서 발굴에 힘쓰고 있다.
번역서로는 『중국식 모델은 없다』와 『하루 한 장 논어 경영』을 공역하였다.

이건영

중국 상해외국어대학교上海外國語大學에서 대외한어 경제무역을 전공했다. 대학 졸업
후 본격적으로 통번역에 관심을 가져 한국외대 통역번역대학원 한중과에서 번역 및
순차통역을 전공하고 석사학위를 취득했다.
현재는 시원 아키브 콘텐츠 프로덕션 중문 기획번역 1팀에서 주로 중국의 역사서와
인문서 번역을 담당하고 있다.